LÜYOUYE
DUI QUYU JINGJI CHAYI DE YINGXIANG YANJIU
YI XIBU DIQU WEILI

旅游业

对区域经济差异的影响研究

——以西部地区为例

赵雅萍 著

知识产权出版社
全国百佳图书出版单位

图书在版编目（CIP）数据

旅游业对区域经济差异的影响研究: 以西部地区为例/赵雅萍著. —北京: 知识产权出版社, 2017.6

ISBN 978-7-5130-4890-3

Ⅰ.①旅… Ⅱ.①赵… Ⅲ.①地方旅游业－旅游业发展－影响－区域经济发展－区域差异－研究－西南地区②地方旅游业－旅游业发展－影响－区域经济发展－区域差异－研究－西南地区 Ⅳ.①F592.7②F127

中国版本图书馆CIP数据核字（2017）第101678号

内容提要

本书综合运用了区域分工理论、经济增长理论和空间分析等技术手段，系统分析了我国西部地区旅游产业系统与区域经济系统之间的逻辑关系和影响机理，提出了通过发展旅游业实现西部地区区域经济协调发展的路径和保障措施。如何实现我国尤其是西部地区的区域经济协调发展，是政府和学术界关注的重点，本书以旅游产业为研究对象，从理论研究到产业实践，对回答上述目标导向提供了有益的探索和尝试。本书适合作为旅游管理学、人文地理学、产业经济学等专业的教师和学生的专业读本。

责任编辑：李海波　　　　　　　　　责任出版：孙婷婷

旅游业对区域经济差异的影响研究——以西部地区为例

赵雅萍　著

出版发行：**知识产权出版社** 有限责任公司	网　　址：http://www.ipph.cn
电　　话：010-82004826	http://www.laichushu.com
社　　址：北京市海淀区西外太平庄55号	邮　　编：100081
责编电话：010-82000860转8582	责编邮箱：277199578@qq.com
发行电话：010-82000860转8101/8029	发行传真：010-82000893/82003279
印　　刷：北京中献拓方科技发展有限公司	经　　销：各大网上书店、新华书店及相关专业书店
开　　本：720mm×1000mm　1/16	印　　张：12.25
版　　次：2017年6月第1版	印　　次：2017年6月第1次印刷
字　　数：224千字	定　　价：42.00元

ISBN 978-7-5130-4890-3

前　言

　　当前，我国东、中、西三大地带之间的经济差异十分明显，而西部地区与东部地区乃至全国平均水平的差异更大，西部地区已经成为制约我国区域经济协调发展的"短板"。"十二五"时期是我国进一步实施区域协调发展总体战略的重要时期，而西部大开发战略被摆在了优先位置。国家鼓励西部地区充分发挥资源优势，实施以市场为导向的优势资源转化战略，在资源富集地区发展特色优势产业，以促进地区经济快速发展，并逐步缩小与东部地区的差异。旅游业是综合性和关联性很强的产业，且旅游者在空间上的流动，会带动资金、信息、技术、人才等生产要素在空间上的集聚与扩散，进而导致区域经济差异的收敛和发散，因此，通过发展旅游业来协调区域经济差异是可行的。

　　本书首先运用区域分工理论、经济增长理论等基本理论，分析我国西部地区以旅游业为优势产业，实现地区经济快速发展，从而缩小与东部发达地区经济差异的可行性；然后运用区域要素流动理论和区域旅游流理论分析旅游业对区域经济差异的影响机理，并对该影响机理进行初步验证；继而从时间和空间两个维度对我国的区域经济差异、旅游经济差异及其之间的关系进行分析；最后，根据区域经济协调发展的一般机制与路径，提出以旅游业带动区域经济协调发展的机制、路径和保障措施。主要结论如下。

　　（1）发展旅游业是西部地区在保护环境、发展经济、富民兴边等多重目标下的必然选择，旅游业可以作为西部地区促进区域经济发展，尽快缩小与东部地区经济差异的"特色优势产业"或主导产业。

　　（2）区域旅游流可以分为区际旅游流和区内旅游流。区际旅游流对区域经济差异的影响是双重的，即一方面产生要素的扩散效应，缩小区域经济差异；另一方面旅游漏损导致回流效应，并使区域经济差异扩大。一般认为，一个地区基础设施条件和产业发展环境越好，旅游企业的自生能力越强，那么，该地区的旅游漏损就越少。因此，在区际旅游流影响下，区域经济差异存在条件收敛。区内旅游流的特征是，发达地区内旅游流在流量、流速上都要大于欠发达地区，从而使得要素在发达地区的流动性更强、更活跃，范围也更广阔，从而对发达地区经济增长产生更大的促进作用，导致区域经济差异扩大。

（3）我国东、西部之间存在着双向的跨区域旅游流，东部地区的西向旅游流规模略大于西部地区的东向旅游流规模；而东、西部地区内的旅游流特征，表现为东部地区的区内旅游流规模大，西部地区的区内旅游流规模小。

（4）短期内，旅游业对区域要素集聚能力空间分布格局的影响并不显著，但从长期来看，旅游业的经济效应在东、中、西三大地带之间的差异趋于收敛。也就是说，随着时间的发展，在初始年份旅游业发展水平较低的省份拥有更快的增长速度，西部地区在旅游业和经济社会发展上具有后发优势。

（5）旅游业协调区域经济差异的机制有三种：赶超机制——基于区内旅游的区域自我发展能力的培养机制、帮扶机制——基于区际旅游的先行区域的拉动机制，以及协同机制——基于区内和区际旅游共同发展的互动机制。

目　　录

第一章　引言

实施区域经济协调发展战略是我国在区域发展道路上不断摸索之后的经验总结。"十二五"期间，区域经济协调发展仍然是我国区域发展的重大议题。旅游业关联度高、综合性强，以旅游者的流动为基础，旅游业的发展能够加快资金、信息、技术、人才等要素在区域之间的流动和交换，并带动交通、商贸、金融、信息等产业的发展，在促进区域经济快速发展的同时，对区域经济协调发展有着"牵一发而动全身"的促进作用。当前，我国已经进入了由旅游大国向旅游强国迈进的重要时期，旅游业在国民经济中的地位和作用显著提升。在这样的背景下，充分发挥旅游业对区域经济的带动作用及其对区域经济差异的协调作用，是旅游业自身发展的需要，也是区域经济协调发展战略得以较好实施的关键。

第一节　研究背景和意义

一、研究背景

（一）我国区域发展的显著差异已经引起了各方关注

我国地域广袤、人口众多。由于地区之间在自然禀赋、地理区位、人口分布等因素上存在着显著差别，我国成为世界上经济社会发展差异最大的国家之一。胡鞍钢（2001）曾以"一个中国，四个世界"对我国的区域差异状况进行了形象描述。区域发展不均衡具有一定的客观性，也是我国改革开放以来实施以沿海地区优先发展为核心的区域非均衡发展战略所带来的必然结果。1978年以后，为了加快国家整体经济的发展速度，我国区域发展战略逐步由均衡发展战略向非均衡发展战略转变。非均衡发展战略更加注重区域经济发展的效率，旨在通过沿海地区的率先发展，提高国家整体经济实力，并通过发达地区的溢出效应带动中、西部欠发达地区的发展。该战略的实施使沿海地区的经济实现了腾飞，整个国家的经济也实现了高速增长，创造了20世纪后20年为世界所瞩目的中国经济增长奇迹（吴殿廷，2011）。然而，在沿海地区经济高速发展的同时，中、西部与东部地区之间的经济差异不断扩大。适度的经济差异有利于推动资源的有效配置和产业的空间转移，而过大的经济差异则会弱化业已形成的经济分工与合作，进而对经济发展和社会稳定造成严重的负面影响（潘竟虎，张佳龙，张勇，2006）。因此，如何处理区域经济发展效率与公平的关系，如何在保持区域经济发展活力和经济增长率的同时适度缩小区域差异，以保证国家经济持续、健康和稳定地发展是现阶段人们关注的重点。

（二）"十二五"期间，区域协调发展仍然是我国区域发展的重大议题

区域经济协调发展是我国区域经济中一个重大的理论和实践问题。从理论上讲，它是学术界对我国区域经济发展战略进行科学反思的结果；从实践上看，区域经济协调发展是我国为解决区域差异扩大问题所提出的一个新的区域经济发展战略（张敦富，覃成林，2001）。新中国成立以来，我国的区域经济发展战略经历了三次大的调整，从为追求各区域发展的绝对均衡性，国家在"一二三线"地区"遍地开花"，均衡布局生产力；到旨在提高国家整体经济效率，将经济建设重点东移，"让一部分地区先富起来"；再到效率与公平并举，推进西部大开发，振兴东北，促进中部崛起，鼓励东部率先发展等，区域协调发展逐渐成为区域发展战略的"主旋律"（陆大道，刘毅，樊杰，1999；陆大道，2009）。

我国区域政策的调整对促进区域协调发展起到了积极的作用。目前，我国已经逐步形成了"东中西良性互动，公共服务和人民生活水平差异趋向缩小的区域协调发展格局"。但长期的非均衡发展也积累了诸多的矛盾和问题，"十二五"时期，我国的区域协调发展仍然面临着重大的挑战，包括资源环境约束加大、区域产业结构严重趋同、生产力布局总体上不尽合理、资源和要素空间配置效率低下等（汪阳红，2010）。2011年3月，中共十一届全国人大四次会议通过了《中华人民共和国国民经济和社会发展第十二个五年规划纲要》，强调要继续实施区域协调发展战略，并将"十一五"时期所提出的主体功能区概念正式上升为国家战略。主体功能区战略将不同的区域按照资源环境承载力、现有开发密度和发展潜力等因素，划分为四大类型区。按照类型区促进区域协调发展，可以有效避免按照板块区推进区域协调发展过程中板块区内部异质性太强而导致区域政策针对性不强的问题（贾若祥，2010）。它与以板块划分为基础的区域发展战略相辅相成，将共同推动我国的区域协调发展战略进入一个新的高度。在这样的形势下，对区域经济差异及其协调发展进行深入、具体的研究，探索实现区域协调发展的新途径和新方式，是我国区域发展理论与实践所面临的重大议题。

（三）旅游业产业地位的提升使得旅游在区域发展中的作用突显

旅游业具有广泛的关联带动性，在促进区域经济发展、增加就业机会、改善区域基础设施建设和提升区域软实力等方面具有重要的作用。"十一五"期间，我国旅游业总收入年均增长 15%，旅游直接就业达 1350 万人，旅游消费对社会消费的贡献超过 10%（邵琪伟，2011）。伴随着产业规模的不断壮大，旅游业的产业地位逐步提升。从 1981 年的综合性经济产业、1998 年的国民经济新的增长点，到 2006 年的国民经济的重要产业，再到 2009 年的国民经济战略性支柱产业和人民群众更加满意的现代服务业，旅游业对国民经济和社会发展的促进作用日益受到中央、地方政府以及社会各界的高度重视，并在国家经济战略和区域发展战略中扮演着越来越重要的角色。从 2007 年到 2009 年，国家先后发布的关于四川汶川、重庆、长三角、东北地区、广西、海南等地的发展指导意见均将旅游业作为区域发展的重要产业；在图们江、长株潭城市群、山东半岛蓝色经济圈、海南岛、北部湾等国家重点区域规划中，旅游业也都被置于重要的位置。

"十二五"时期，我国将进入全面贯彻科学发展观、构建和谐社会的重要时期，这也是促进区域协调发展的关键时期。在这一形势下，进一步明确旅游业在区域发展中的地位和作用，引导旅游业持续健康发展，实现旅游业发展与区域经济社会的良性互动，以旅游业发展推进国家经济战略和区域发展战略的有效实施，具有重大意义。

（四）旅游业的产业属性使其对区域经济差异进行协调成为可能

导致区域经济差异产生的原因有多种，而对于我国西部的大多数欠发达地区而言，地理区位不优、交通不便、自然环境恶劣是制约其经济发展的主要客观因素。再加上我国长期实施区域非均衡发展战略，机会、优惠政策及相关的物质支持等都严重向东部沿海地区倾斜，使得西部一些原本基础和条件比较好的区域也丧失了发展机会。先天的不足与后天的失调使得我国西部地区与东部沿海地区的差异越来越大。近年来，国家实施了东部率先发展、西部大开发、振兴东北、中部崛起的区域发展总体战略，旨在平衡四大地带之间经济发展差异，促进区域经济的协调发展。协调发展战略的实施使得西部地区经济有了较快的增长，并对四大地带之间区域经济差异持续扩大的态势产生了一定的抑制作用。部分地区，如内蒙古鄂尔多斯、陕西榆林等地依靠丰富的矿产资源和能源，人均 GDP 已经跃升至全国前列。然而，高经济增长率的背后隐藏着高能耗、高污染的隐患。在资源环境约束加剧和国家大力调整产业结构、转变经济发展方式的背景下，探索有利于西部地区经济可持续发展的优势动力产业的任务势在必行。

旅游业所具有的产业属性使其可以成为西部欠发达地区的重点产业和优选产业，并对区域经济差异产生协调作用。

首先，旅游业作为生态特色鲜明的"无烟产业"，具有较强的可持续性和环保性。旅游业的生态化发展将最大限度地减少对环境的损害，能有效地回避工业化、现代化进程中对传统文化生存环境的直接改变和破坏（刘锋，2011）。"十二五"时期，国家将全面推进主体功能区战略，按照该战略的划分方法，西部有很大部分地区都将被归为限制开发和禁止开发区，旅游业由于其鲜明的生态特色将成为西部地区的重点产业和优选产业。

其次，旅游业包含食、住、行、游、购、娱等环节，所涉及的要素非常广泛，是一个综合性的产业。通过吸引、促进、引导、规范、协调游客的跨区域流动，旅游业可以带动资金、物料、技术、信息和人才等要素的跨区域流动和交换，从而实现相关要素和产品的价值增值。同时，旅游业通过为众多产业部门搭建跳板，带动交通、商贸、金融、信息等产业的发展，促进社会产品由生产到价值实现的惊险一跃，从而加快了需求到供给的转化过程（黎洁，2007）。通过对旅游业的发展进行适度引导，发挥其在区域经济社会发展方面的积极作用，在促进区域经济快速发展的同时，可以有效地缩小区域差异，促进区域协调发展。

二、研究意义

（一）理论意义

目前，国内外学者已经就区域经济差异和区域协调发展进行了大量的研究，多数的研究视角集中于制造业，认为是制造业的区域发展不平衡导致了区域经济差异的不断扩大（范剑勇，杨丙见，2002；贺灿飞，谢秀珍，2006；郑若谷，2009）。实际上，服务业是促进东、西部地区经济发展，缩小地区差异的重点产业（林毅夫，蔡昉，李周，1998），而作为服务业重要组成部分的旅游业，由于具有显著的关联性和带动作用，已在国际上被公认为对区域经济协调发展起着重要的作用。目前，国内外有关旅游业的区域经济影响的研究数不胜数，但针对旅游业对区域经济发展差异的影响和作用的研究却并不多见。为数不多的相关研究都是在论述旅游业的区域经济效应时轻描淡写地对旅游业的区域经济协调发展作用进行描述，旅游业对区域经济差异的影响研究尚未形成完整的理论体系。

本书运用区域要素流动理论和旅游流理论系统地分析旅游业对区域经济差异的影响机理，并就基于旅游业的区域经济协调发展机制与路径进行阐述，对旅游业的区域经济影响和区域经济差异及协调发展两个领域的研究都形成了有益的补充；本书还从时空二维角度分析我国的区域经济和旅游经济的差异现状及演变，弥补了旅游业的区域经济影响研究中重时间维度、轻空间维度分析的薄弱环节。

（二）实践意义

从宏观背景来看，区域协调发展战略已经成为我国区域发展战略的核心。"十二五"时期，区域协调发展仍将是区域发展的主流形式。因此，对区域经济差异进行适度调节，实现区域经济发展效率与公平并举，是各省份乃至全国所要解决的首要问题。在旅游业已经被确定为我国国民经济的战略性支柱产业的背景下，旅游业在区域发展中的作用更加突显。全国有众多省份将旅游业确立为本区域的支柱产业或主导产业，寄期望于借助旅游业的综合带动作用来促进区域协调发展。本书在对旅游业对区域经济差异的影响进行了规范与实证研究之后，从区域经济协调发展的一般路径与机制入手，详细分析了旅游业影响下的区域经济差异协调机制和基本路径，并提出了以旅游业协调区域经济差异的政策建议和保障措施，从而为充分理解和把握旅游业与区域经济发展之间的关系和互动规律，为促进区域经济协调发展，以及旅游业自身的健康发展提供重要的指导作用。

第二节 研究方案

一、研究目标与思路

本书的研究对象是区域经济差异，研究的尺度是我国东、中、西三大地带，研究的目标是以西部地区为例，全面、系统地分析旅游业对区域经济差异的影响机理，为实现区域经济协调发展提供指导作用和借鉴意义。

围绕上述目标，本书展开以下思考。

（1）缩小区域经济差异的关键是欠发达地区根据自身的资源禀赋特点，选择合理的产业来实现经济社会的全面发展。那么，旅游业是否可以成为我国西部欠发达地区的优势产业，从而促进当地经济发展，尽快缩小其与东部地区的经济差异呢？

（2）如果旅游业可以被赋予上述使命，那么，旅游业是如何影响区域经济差异的？其对区域经济差异的影响机理是什么？

（3）现实中我国东、中、西三大地带之间的区域经济差异有多大？差异的变动趋势是什么？三大地带的旅游业发展是否存在差异？差异现状和变动趋势是什么？

（4）协调区域经济差异的一般路径和机制是什么？以旅游业来带动区域经济协调发展，应当采用怎样的发展路径和保障措施呢？

二、研究结构与内容

对以上问题的一一回答，就构成本书的基本内容。

（一）以旅游业作为协调区域经济差异的战略优势产业的可行性分析

通过对区域分工理论、区域经济增长理论进行分析，认为在合理的区域发展战略下，基于比较优势开展的区域分工是欠发达地区加快经济发展步伐，尽快追赶发达地区的可行路径，从而对我国"十二五"规划纲要中所提出的以"发挥区域资源优势，发展特色优势产业"来促进区域经济协调发展这一观点（建议）进行了理论验证。

在上述结论的基础上，构建了基于区域分工理论的比较优势分析框架，并从自然资源、劳动力、物质资本和人力资本四个方面对西部地区的比较优势进行分析，结果显示，西部地区在自然资源和劳动力资源方面都具有明显的比较优势；对西部地区的产业发展现状和问题进行分析，结果显示，西部地区的第一、第二产业所占比重过大，产业结构对民生的带动作用有限，尤其是对于劳动力就业、城市化和消费的带动作用有限。另外，在生态环境压力下，西部地区的第一、第二产业未来的增长潜力较小，比较优势将逐步下降，只有第三产业具有比较优势。

旅游业是第三产业的龙头，发展旅游业可以充分发挥西部地区在旅游和劳动力资源方面的比较优势，而且还可以促进西部地区农村剩余劳动力的转移，有利于西部地区两型社会的建设，并有利于西部地区的边疆稳定和民族团结。因此，旅游业是西部地区在保护环境、发展经济、富民兴边等多重目标下的必然选择。

（二）旅游业对区域经济差异的影响机理

首先，分析要素流动下的区域经济差异变动规律。结果显示，区域经济差异的存在是生产要素流动的前提，而生产要素的流动也会反作用于区域经济差异的变动过程，即要素的扩散效应会缩小区域经济差异，极化和回流效应则会扩大区域差异。在市场机制的自发作用下，生产要素的极化效应和回流效应大于扩散效应，从而导致生产要素向发达地区集聚，使欠发达地区与发达地区的经济差异不断扩大。

其次，将区域旅游流分为区际旅游流和区内旅游流，分析两种旅游流模式下的要素流动效应。区际旅游流对区域经济差异会产生双重影响：一方面，产生要素的扩散效应，缩小区域经济差异；另一方面，流入欠发达地区的要素也会由于旅游漏损而导致回流效应，并使区域经济差异扩大。一般来说，一个地区的区域旅游漏损与当地旅游企业对其他区域要素市场的依赖程度有关，依赖程度越高，则漏损越大。因此，区际旅游流影响下的区域经济差异存在着条件收敛。区内旅游流的特征是发达地区内旅游流在流量、流速上都要大于欠发达地区。在区内旅游流的影响下，要素在发达地区流动性更强、更活跃，范围也更加广阔，因此，区内旅游流对发达地区经济增长的促进作用大于欠发达地区，从而导致区域经济差异扩大。

最后，对上述理论分析结果进行初步验证。结果显示，在旅游业的影响下，我国的区域要素集聚能力呈现东、中、西三级递减的空间格局，这表明受发达地区经济规模较大、旅游基础设施较完善等因素的影响，短期内，旅游业对区域要素集聚能力空间分布格局的影响并不显著，但从长期来看，旅游业的经济效应在东、中、西三大地带之间的差异趋于收敛，也就是说，西部欠发达地区在旅游业和区域经济发展上具有后发优势，在未来很长的一段时间内，旅游业对西部地区经济社会发展的综合贡献要大于东部地区。

（三）旅游业对我国区域经济差异影响的实证分析

主要采用探索性空间数据分析方法（ESDA），通过运用反距离空间插值（IDW）、全局空间自相关（Moran's I）、趋势分析等分析模块对区域经济和旅游经济发展格局的静态特征进行可视化表达；运用区域重心模型法分析区域经济和旅游经济发展格局的动态演变；运用主成分分析法（PCA）分析区域经济差异和旅游经济差异的主要影响因素；运用栅格数据空间相关性分析（BCS）模块分析区域经济格局与旅游经济格局的相关性。

（四）旅游业影响下的区域经济差异协调机制与保障措施

根据区域经济协调发展的相关研究成果，归纳了区域经济协调发展的一般路径与机制。在此基础上，结合旅游业对区域经济差异的影响机理的相关结论，归纳总结旅游业协调区域经济差异的三种机制，即基于区内旅游的区域自我发展能力的培养机制、基于区际旅游的先行区域拉动机制，以及基于区内和区际旅游共同发展的协同机制。根据上述协调机制，以及政府和市场在区域经济发展过程中的协调互补作用，尝试构建旅游业协调区域经济差异的基本路径；进而针对当前西部地区旅游业与区域经济的发展现状，就基于旅游业的区域经济协调发展模式提出政策建议和保障措施。

三、研究方法与技术路线

（一）研究方法

本书在区域经济差异和区域经济协调发展相关领域前人研究的基础上，借鉴产业经济学、区域经济学、统计数学等相关学科的理论和方法，综合采用了规范分析与实证分析相结合、静态分析与动态分析相结合、系统分析与比较分析相结合、横向比较与纵向比较相结合的方法。具体采用的研究方法有如下几种。

本书定位于规范和实证研究，在侧重于规范研究的第三、第四章中，主要借助于一些已经成熟的经济理论，如要素流动理论、区域分工理论、区域旅游流理论来进行理论归纳与推演；在侧重于实证研究的第五章，综合运用时间和空间分析方法，对我国的区域经济差异、旅游经济差异的空间特征和演变规律，以及二者之间的相关关系进行解析。具体来说，采用探索性空间数据分析方法（ESDA），通过运用反距离空间插值（IDW）、全局空间自相关（Moran's I）、趋势分析等 ESDA 分析模块对区域经济和旅游经济发展格局的静态特征进行可视化表达；运用区域重心模型法分析区域经济和旅游经济发展格局的动态演变；运用主成分分析法（PCA）分析区域经济差异和旅游经济差异的主要影响因素；在区域经济差异与旅游经济差异的关系方面，主要运用栅格数据空间相关性分析（BCS）模块进行相关性分析。

（二）技术路线

本书的技术路线如图 1-1 所示。

图 1-1 本书的技术路线

四、研究的特色与创新

本书以"旅游业对区域经济差异的影响"为题，试图在以下三个方面有所创新。

（一）深入、细致地分析旅游业对区域经济差异的影响机理

本书涉及的研究领域有区域经济差异、区域经济协调发展，以及旅游业的区

域经济影响。目前，有关这三个方面的研究不胜枚举，但从旅游业发展的角度来分析其与区域经济差异关系的研究还比较少见。要素流动是区域经济差异变动的重要影响因素，而游客在不同游览和观光节点流动的过程，必然伴随着劳动、资金、技术、信息等生产要素在空间上的流转，因此，区域旅游流是研究旅游业对区域经济差异影响的一个重要切入点和中间变量。

本书将区域旅游流分为区际旅游流和区内旅游流，详细分析两种旅游流的流动特征及其影响下的要素流动效应，并从旅游流和要素流动的视角对旅游业对区域经济差异的影响机理进行深入的分析，进而对我国的区域旅游流，以及旅游流影响下的要素流动特征和趋势进行初步验证，以期为深入理解旅游业对区域经济协调发展的作用，并提出基于旅游业发展的区域经济差异协调机制和路径提供理论依据。

(二) 从时间和空间两个维度分析旅游业对区域经济差异的影响

以往有关区域经济和旅游经济差异的量化研究主要采用基尼系数、泰尔指数、标准差、变异系数等方法从时间维度对我国的区域/旅游经济差异进行分析，并主要运用基尼系数对差异进行产业和效应分解。

本书从时间和空间两个维度入手，使用不同的空间、计量和统计分析方法，分别分析我国区域经济和旅游经济差异的动、静态时空特征，旅游经济差异与区域经济差异的相关关系，弥补了现有文献量化研究不足、对空间维度的关注不够等缺陷。此外，本书还构建了加权重心矢量分解模型对影响区域经济差异和旅游经济差异的主要因素进行分解，具有一定的方法创新性。

(三) 构建旅游业影响下的区域经济差异协调机制与基本路径

本书根据区域经济协调发展的相关研究成果，结合旅游业对区域经济差异的影响机理的相关结论，归纳总结旅游业协调区域经济差异的三种机制：赶超机制——基于区内旅游的区域自我发展能力的培养机制、帮扶机制——基于区际旅游的先行区域的拉动机制，以及协同机制——基于区内和区际旅游共同发展的互动机制；根据政府和市场在区域经济发展过程中的协调互补作用，尝试构建旅游业协调区域经济差异的基本路径，并就基于旅游业的区域经济协调发展模式提出政策建议和保障措施。

第二章 理论基础与相关研究进展

第一节 理论基础

区域经济差异是一个复杂的区域现象，国内外学者从不同的角度对区域经济差异问题进行了大量的研究，但研究的理论基础都集中在与区域经济差异密切相关的经济增长理论和区域分工理论上，这两个基本理论从不同的侧面对区域经济差异存在的客观性和长期性进行了解释。

一、经济增长理论

经济增长理论作为经济学的基本理论，一直是经济学家研究的重点。到目前为止已经经历了古典增长理论、新古典增长理论、新增长理论三个主要的发展阶段。

（一）古典增长理论

古典经济增长理论的代表人物是亚当·斯密、马尔萨斯和大卫·李嘉图。亚当·斯密从劳动和分工的角度分析了经济增长的演变规律。他认为，基于分工的生产专业化有利于积累生产经验、提高劳动熟练程度和生产技术，是经济增长的推动力。马尔萨斯和大卫·李嘉图对经济增长抱着比较悲观的看法（潘士远，史晋川，2002），他们认为，经济增长处在生产要素和人口总量的约束之下，最终会停滞。其中，马尔萨斯认为，当人均收入超过其均衡水平时，死亡率下降的同时生育率会上升，反之亦然。因此，长期内每一个国家的人均收入将会收敛到其静态的均衡水平，这就是著名的"马尔萨斯陷阱"。大卫·李嘉图认为，要素的边际收益是递减的，因此，在资源和人口总量的约束下，经济的增长最终会停滞。但是，如果一国处于开放经济状态下，那么，它可以借助国际贸易在一个更大的市场范围内通过市场机制用本国相对丰裕的要素与他国进行置换，来获取相对稀缺的生产要素，最终使本国经济增长突破要素和人口的限制得以持续。

（二）新古典增长理论

新古典增长理论是以哈罗德-多马模型和索洛-斯旺模型为基础派生出来的。哈罗德-多马模型以技术系数固定不变的生产函数为基础，推导出了一条经济增长的刀锋均衡路径。索洛-斯旺模型采用新古典的科布-道格拉斯生产函数，即在哈罗德-多马模型的基础上把技术作为独立的经济变量引入了模型，这样，随着时间的推移，资本和劳动可以根据技术的变化而平滑地相互替代。该模型假定各种要素的边际报酬递减，但要素组合的规模报酬不变。在这一假设下，劳动存量给定，随着资本积累的增加，资本的边际报酬递减，使得经济增长稳定在一个固定值上，即达到经济稳态。索洛-斯旺模型进而以经济稳态为基础，预测了经济增长的收敛性。一是绝对收敛性，即相对于发达地区，欠发达地区倾向于有更高的增长速度，最终二者之间的经济增长差异趋于收敛；二是条件收敛，即各地区真实人均 GDP 的起始水平相对于各自的稳态水平越低，增长率越高。收敛之所以是有条件的，是因为在该模型中，人均资本和产出的稳态水平依赖于储蓄率、人口增长率和生产函数的位置，而经济将收敛于各自不同的稳态（王维国，杜修立，2003）。

（三）新增长理论

20 世纪 80 年代中期，以罗默、卢卡斯等为代表的经济学家用规模收益递增、技术外部性来解释经济增长，使新增长理论的研究围绕着技术进步内生化展开。新增长理论不像新古典增长理论那样有一个被多数经济学家共同接受的基本模型，而是由一些持相同或类似观点的经济学家提出的各种增长模型构成的一个松散集合体（朱勇，吴易风，1999）。

AK 模型是最基本的内生增长模型，它假定总量生产函数具有 $Y = A \cdot K$ 的形式，把投入的生产要素全部抽象为资本。根据所设置的生产函数形式，可以得到资本的边际报酬是恒定的，因此，随着资本的积累，经济增长会有一个恒定的值，只是这个恒定的值也和新古典增长模型中一样，是外生的，而不是从模型中得到的。

最早用内生技术进步解释经济增长的模型是由阿罗建立的。阿罗针对新古典增长理论的局限性提出了技术进步或生产率的提高是资本积累的副产品的观点。这样，技术进步就可以被看作由经济系统内生决定的。但是，在阿罗的模型中，一个社会的技术进步率最终取决于外生的人口增长率，因此，该理论仍然无法说明一个国家的经济增长速度是如何由经济系统本身内生决定的。罗默的技术外溢模型继承了阿罗的思想。他认为，知识的外溢效应可以抵消由固定生产要素所引起的知识资本边际效应递减的趋势，使知识的投资收益率保持不变或递增，从而使经济增长得以持续。但是，由于存在着知识的溢出效应，厂商的私人收益率低于社会收益率，使得在不存在政府干预的情况下，厂商用于生产知识的投资偏少。因此，罗默建议，政府采取以下措施来鼓励私人厂商生产知识，并引导一部分生产要素从消费品部门流向研究部门：向生产知识的厂商提供补贴，或在对知识生产提供补贴的同时对其他生产课税，从而提高经济增长率和社会福利水平。

罗默模型强调知识的溢出效应对宏观经济的影响，而卢卡斯模型（Lucas，1988）则认为全经济范围内的外部性是由人力资本的溢出造成的。卢卡斯的人力资本模型借鉴了贝克尔等人的研究成果，认为技术进步取决于人力资本的投入。他指出，人力资本积累会使生产要素的边际收益和规模收益递增，从而使得经济能够保持长期增长。人力资本既可以通过学校教育积累，也可以通过边干边学积累。

与新古典增长理论相比，新增长理论将技术视为经济系统的内生变量，突破了新古典增长理论将生产率视为按不变比率增长的理论假设，因此，新增长理论可以很好地解释一些诸如各国经济增长率存在着广泛差异、欠发达国家与发达国家开展国际贸易可能对欠发达国家的经济增长产生不利影响等经济现象。

二、区域分工理论

对区域分工的理论分析主要是从国际贸易理论借鉴过来的（吴殿廷，2003）。从广义上看，从亚当·斯密和大卫·李嘉图古典贸易理论、赫克歇尔和俄林的新古典贸易理论，到以克鲁格曼为代表的新贸易理论，再到以杨小凯为代表的新兴古典贸易理论等都可以视为区域分工理论（陈秀山，张可云，2003）。

（一）比较优势理论

1776 年，亚当·斯密在《国富论》中提出的绝对成本理论被看作比较优势理论的发端。200 多年来，比较优势理论伴随着西方资本主义生产方式的发展和演变，经历了亚当·斯密的创立、大卫·李嘉图、赫克歇尔、俄林、萨缪尔森等人的发展和完善等不同时期，反映了不同历史阶段区域贸易的条件和要求的变化，并被学术界公认为自由贸易理论的奠基石。

亚当·斯密（1972）强调分工的重要性，他认为，分工可以使各国在不同的产品生产上拥有绝对成本优势。因此，不同的国家用自己具有绝对成本优势的某些产品与其他国家的另外一些产品进行交换，就可以使各个国家的资源得到最有效的利用，并从剩余产品的交换中相互获利，从而促进国家经济的增长和国民福利的增进。亚当·斯密的这种通过贸易分工互利的共赢思想对后世产生了很大的影响，是之后很多区域分工理论的重要基础。然而，根据亚当·斯密的观点，如果一个区域在产品生产的各个方面与其他区域相比都不具有成本优势，区域分工和贸易就很难甚至根本不可能发生，这也是绝对成本理论被人诟病之所在。大卫·李嘉图（1962）继承了亚当·斯密的部分思想，认为亚当·斯密所提出的绝对成本虽然是国际贸易产生的充分条件，却不是必要条件。在劳动不能在国家之间完全自由流动的前提下，不可能按照亚当·斯密的绝对成本进行国际分工与贸易，而只能按照比较成本进行国际分工与贸易，即两个国家可以依照"两害相权取其轻，两利相权取其重"的原则通过国际分工和贸易而实现互补，从而在使用和消耗等量资源的情况下，提高资源的利用效率，促进本国经济增长。

大卫·李嘉图的理论奠定了后世纯贸易理论的发展方向。赫克歇尔和俄林以大卫·李嘉图的理论为基础，进一步以生产要素禀赋结构解释了比较成本优势的来源。他们认为，一个区域应该生产并出口那种需要使用当地大量拥有、价格便宜且在生产总成本中占比例大的要素的产品；进口那些需要大量消耗当地匮乏、价格高昂的生产要素的产品。这样，既能发挥各区域的要素比较优势，又能满足各自的需求。H-O 理论用全新的方法和体系对古典比较利益理论进行了重新诠释，但是，这一理论在很大程度上是对大卫·李嘉图比较成本理论的补充而不是替代（李辉文，2006），因此，它仍然处在古典贸易理论关于产品和生产要素市场完全竞争、生产函数的规模收益不变、各个国家的技术水平和消费偏好一致等边界的严格约束下。这些约束弱化了其对现实中国际贸易现象的解释力。

（二）新贸易理论

新古典贸易理论用要素禀赋的差异来解释国家或区域之间的分工与贸易。但从国际贸易的实际情况来看，第二次世界大战之后，尤其是 20 世纪 60 年代以来，在世界贸易总量中，发达国家之间的贸易量大增，且产业内贸易占了很大的比重。这些国家大多具有相似的要素禀赋结构，且产业内贸易又以要素密集度相似的产品交换为主。这些贸易进展没有在比较优势理论那里获得合理的解释。1977 年，迪克西特和斯蒂格利茨通过构建 DS 模型，对存在着规模经济和消费偏好异质性两难冲突的国际贸易活动进行了分析。之后，克鲁格曼、赫尔普曼和布兰德等人以 DS 模型为基础，将规模经济、产品差异性和偏好多样化引入了贸易理论的分析框架中，解释了要素禀赋和技术条件相似的发达国家之间的贸易现象和产业内贸易现象，并使得规模经济成为 20 世纪 70 年代末以来国际贸易理论中的热门话题（杨小凯，张永生，2001）。

新贸易理论对传统贸易理论的再审视使国际贸易的理论解释更接近现实，并对罗默、格罗斯曼和赫尔普曼的内生经济增长理论起到了重要的启发作用（杨小凯，张永生，2001）。但是，由于该理论产生于市场经济高度发达国家的背景之下，故其无法解释经济发展和社会分工水平由低到高时，国内贸易向国际贸易的转变，也未能从发展中国家的视角来解释贸易现象。

（三）新兴古典贸易理论

20 世纪 80 年代以来，以杨小凯为代表的经济学家采用非线性规划（所谓的超边际分析法）等方法对古典贸易理论中关于分工和专业化的思想进行重新演绎，并提出了新兴古典贸易理论模型。

新兴古典贸易理论认为，无论是国内贸易还是国际贸易都是对专业化经济与交易费用进行权衡的结果。交易效率与交易费用负相关，在交易效率低下时，高昂的交易费用会使人们以自给自足来代替交易，因而不需要任何贸易活动；而当交易效率得以提升时，贸易开始出现，地方性市场开始形成。随着交易效率的进一步提高，国内统一市场就会形成，而随着交易效率的不断提高，国内市场规模会限制分工的发展，此时，需要更大的市场规模来适应高效率的分工水平，这时国际贸易就会从国内贸易中产生。当交易效率再进一步提高时，国际贸易的依赖程度会继续提高，直到形成统一的世界市场（杨小凯，张永生，2001）。

与新古典贸易理论相比，新兴古典贸易理论最重要的特征是放弃了生产者和消费者两分的假设，并用专业化经济替代规模经济，同时引入交易费用，第一次明确地解释了国际贸易从国内贸易产生而来的原因，并将国内贸易与国际贸易的原理统一起来。另外，该理论成功解决了规模报酬递增与竞争市场相容的问题。然而，新兴古典贸易理论还存在着一些缺陷和不足。为达到数学上的演进和理论上的完美，新兴古典框架往往作出一些较强的假定，其中有些不尽合理，这在一定程度上限制了新兴古典贸易理论的实际应用。

（四）竞争优势理论

迈克尔·波特在《国家竞争优势》一书中把企业竞争战略理论引入对国家竞争优势的分析，进而形成了国家竞争优势理论。竞争优势理论对企业或行业国际竞争力的来源进行解释，因此，竞争优势理论直接构成了一种国际贸易理论（林毅夫，李永军，2003）。

迈克尔·波特认为，企业的竞争优势分为"低成本竞争优势"和"产品差异性竞争优势"两个不同的层次。差异性竞争优势往往能够给企业带来更高的利润，且其竞争优势更难以被竞争对手模仿和复制，因此，差异性竞争优势代表着更高的生产率水平，更有可能在长期中保持下去。为了创造高层次的竞争优势，迈克尔·波特提出了国际竞争力的钻石模型（见图2-1）。该模型主要包括四种因素：①生产要素，初级的生产要素（如普通的人力资源和天然资源等方面）和被创造出来的生产要素（如知识资源、资本资源和基础设施等方面）；②需求条件，如市场需求的结构、市场需求的质量和市场需求国际化的程度等方面；③相关产业和支撑产业的表现，包括纵向支持（如上游产业在设备和零部件等方面的支持）和横向支持（相似的企业在生产合作和信息共享等方面的支持）；④企业战略、结构和竞争，如企业规模、组织形式、产权结构、领导风格和竞争状况等方面。

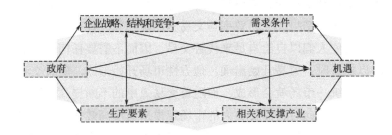

图 2-1　迈克尔·波特的"钻石模型"

资料来源：根据迈克尔·波特的《国家竞争优势》图 3-1 改编（迈克尔·波特，2002）。

三、区域经济差异理论

上述基本理论是区域差异理论的基础，两种理论从不同的侧面解释了区域经济差异存在的客观性和长期性。按照新古典增长理论和比较优势理论，经济增长和比较优势来源于劳动、自然禀赋和资本等生产要素，这些要素具有边际报酬递减的特性，因此，生产要素的流动会最终导致地区间要素报酬的均等化，进而带来地区经济增长和收入水平的均等化。而按照新增长理论和各种"新"贸易理论，经济增长来源于知识、技术等内生要素的积累，这些要素的边际报酬递增特性与规模经济、专业化经济的规模报酬递增效应相叠加，最终会导致区域经济差异的不断扩大。区域差异理论在上述基本理论的基础上，结合各区域经济现象，归纳了区域经济差异的三种变动趋势：区域经济差异趋于收敛（缩小）、区域经济差异趋于发散（扩大）和区域经济差异的阶段性变动趋势（见图2-2）。

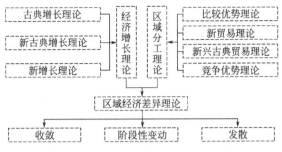

图 2-2 区域经济差异理论基础分析

（一）区域经济差异的收敛

大卫·李嘉图（1962）认为以相对成本优势为基础的区际贸易对所有的区域都是有利的，它可以使"人们都得到好处，并以利害关系和互相交往的共同纽带把文明世界各民族结合成一个统一的社会"。而 H-O 理论的重要推论之一——萨缪尔森的要素价格均等化理论（也称为 H-O-S 理论）认为，自由贸易可以消除生产要素收入的区际差别，从而使两个区域的相对和绝对要素价格和商品价格趋于相等。由此可见，古典贸易理论和新古典贸易理论都不同程度地表达了这样的一种思想，即自由贸易可以促进贸易参与区域的经济增长和国民福利的增加，并间接地对区域经济差异产生收敛作用。马克思和恩格斯也认为，"随着贸易自由的实现和世界市场的建立，随着工业生产以及与之相适应的生活条件的趋于一致，各国人民之间的民族隔绝和对立日益消失"（马克思，恩格斯，1995）。

拉姆齐在其均衡路径的动态模型，即"拉姆齐模型"中首次明确提出了收敛假说。他认为，在一个封闭经济中，各地区人均增长率可能与人均收入或人均产出水平负相关；如果存在相似的技术条件和需求偏好，欠发达区域比发达区域经济增长的速度要快，即出现收敛现象。以索洛-斯旺模型为代表的新古典增长理论以要素边际收益递减和要素自由流动的假设为基础，提出了区域经济差异将趋于收敛的观点。按照新古典增长理论，与发达区域相比，欠发达区域的资本-劳动比率比较低，资本的投资回报率较高，因此，在自由竞争的市场条件下，欠发达区域可以吸引更多的投资，劳动生产率和居民福利水平也随之相应提高。另外，由于生产要素的边际收益递减，随着资本积累的不断增加，要素的边际产量趋于零，因此，经济体不具备长期增长的内在动因，在不存在外部"刺激"和"动荡"的情况下，经济增长将最终停滞。

大量的研究支持了索洛-斯旺模型的收敛假说。鲍莫尔（Baumol, 1986）对1870—1979 年 16 个 OECD（经济合作与发展组织）国家的生产数据进行了线性回归分析，发现增长率与初始产出水平之间有较强的负相关性，即初期生产率越高的国家，其经济增长速度越慢，这意味着存在落后国家与先进国家的经济增长收敛现象。但是，索洛-斯旺模型所提出的经济增长将最终停滞的情形与现实的经济发展现象并不相符：在过去的一个多世纪里，许多国家的经济不仅没有停滞，反而保持着较高的增长率。在这一背景下，巴罗和萨拉伊·马丁（Barro, Sala-I-Martin, 1992）在他们的技术扩散模型中提出了条件收敛的概念。他们认为，在政府政策、制度、教育体系的性质等变量保持不变的条件下，欠发达国家和发达国家的经济收敛到相同的平衡增长路径。曼昆、罗默和韦尔（Mankiw, Romer, Weil, 1992）在他们提出的 MRW 分析框架中，也通过引入人力资本变量证明了新古典增长模型的收敛假说。他们认为，人力资本可以减缓物质资本边际收益递减的过程，但却无法抵消这种趋势，区域经济增长将趋于收敛，只是收敛速度要比传统的新古典增长模型所分析的慢。

（二）区域经济差异的发散

尽管大量研究支持区域经济增长的收敛性，但也有一些实证研究认为地区之间的经济差异是不断扩大的，即存在区域经济差异的发散现象。以缪尔达尔和赫希曼为代表的非均衡增长理论从对空间二元结构的分析入手，阐述了区域经济差异产生的原因。缪尔达尔认为，由于空间非均质性的存在，经济发展过程在空间上不是同步展开和均匀扩散的，而是从一些区位、资源禀赋等条件较好的地区开始的，一旦这些地区由于优越的初始条件而比其他地区超前发展，这些区域就会通过"循环累积"过程不断地积累有利因素，并继续超前发展，从而使其他地区与该地区之间的经济差异不断扩大，形成区域空间的二元经济结构。与缪尔达尔的观点类似，赫希曼也认为，经济的发展并不是同时出现在每一个地区和每一个产业部门的，而是沿着一条"不均衡的链条"由主导产业通向其他产业的。

自 20 世纪 90 年代以来，新增长理论的诞生，使区域经济差异理论在非完全竞争和规模报酬递增的框架下获得了新的发展。以罗默、卢卡斯等为代表的新增长理论认为，随着时间的推移，区域之间的经济增长不仅不会收敛，反而发散的趋势将不断增大。在罗默（Romer, 1986）的技术外溢模型中，知识的外溢效应可以抵消由固定生产要素引起的边际收益递减的趋势，使知识的投资社会收益率保持不变或递增，从而使经济保持较高的增长率。由于初始产出水平越高、经济越发达的地区往往具有更高的人均知识资本存量，因此，这些地区通常会有更高的人均产出，从而导致地区间的经济差异不断扩大。卢卡斯（Lucas，1988）认为，人力资本的积累会使生产要素的边际收益和规模收益递增，因此，在经济发展的初期阶段拥有较高人力资本存量的地区会有更高的产出水平。同时，丰富的人力资本会导致这些地区高技术含量的产品生产商具有比较成本优势，并通过区际贸易的锁定作用不断强化这种比较优势，从而巩固该地区在相关产品上的优势和垄断地位，进而获得持续的高经济增长率。与罗默相同，卢卡斯的研究结果也指向经济增长的发散性。

（三）区域经济差异的阶段性变动趋势

新古典增长理论和新增长理论分别从规模报酬不变和规模报酬递增入手，分析了区域经济增长的收敛性和发散性。以威廉姆森的"倒 U 形学说"为代表的区域经济差异的阶段性变动理论试图将收敛和发散两种变动趋势纳入统一的分析框架中进行分析。

1965 年，威廉姆森在其《区域不平衡与国家发展过程》一文中通过对 24 个国家 20 世纪 50 年代的人均收入数据进行加权变异系数分析，试图揭示区域差异与国家经济发展阶段之间的关系。威廉姆森将这些国家按照经济发展水平由高到低的顺序进行分组。Ⅰ组为澳大利亚、新西兰、加拿大、英国、美国、瑞典；Ⅱ组为芬兰、法国、联邦德国、荷兰、挪威；Ⅲ组为爱尔兰、智利、奥地利、波多黎各；Ⅳ组为巴西、意大利、西班牙、哥伦比亚、希腊；Ⅴ组包括南斯拉夫和日本；Ⅵ组为菲律宾；Ⅶ组为印度。为了把区域差异与国家经济发展水平联系起来，威廉姆森对 7 组国家之间的截面数据进行了分析，并得出两个重要的结论。

第一，处于发达阶段（Ⅰ组和Ⅱ组）和发展起步阶段的国家（Ⅴ组、Ⅵ组和Ⅶ组），其区域经济差异很小；而处于发展中期阶段的国家（Ⅲ组和Ⅳ组），区域差异非常大。

第二，对美国、加拿大、意大利、英国、瑞典、巴西等国的分析表明，随着经济的发展，一个国家的区域差异经历了由小变大再到缩小的变化过程。其中，美国的情况最为明显：在相当长的时期内，美国的区域经济差异呈现出较为典型的上升→稳定→下降的过程，即 1840—1880 年区域差异上升，1880—1940 年区域差异转为相对稳定，1940—1960 年区域差异快速缩小。

从以上的分析可以得到这样的结论，即对于任何一个国家或地区而言，区域之间的经济差异在经济发展的起步阶段一般不是很大。而随着经济的发展，区域之间的经济差异会不断扩大。当经济发展达到了一个相对高的水平时，区域经济差异的扩大趋势会减缓，继而停止。随着经济的进一步发展，区域经济差异将趋于缩小。上述这种区域经济差异随着一个国家或地区的经济发展，所经历的从差异不大到扩大再到缩小的发展路径，在形状上类似倒写的 U 形（见图 2-3）。威廉姆森的倒 U 形学说提出后，在学术界引起了较大的反响。许多学者都用该学说来解释区域差异的演化过程，或者用它来推断区域差异演化的未来趋势，并作为是否要对区域差异进行调控的理论依据。陆大道认为，关于经济增长与区域不平衡发展之间的倒 U 形规律，对区域经济发展与空间集聚、分散演进过程有广泛的解释能力和指导意义，是完全合乎规律的。

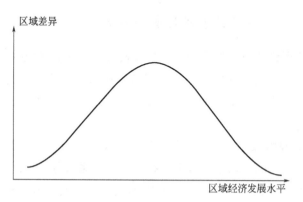

图 2-3　区域经济差异的倒 U 形曲线

第二节　相关研究进展

一、我国区域经济差异研究进展

改革开放以来，我国市场化进程加快推进，对外开放程度不断加深，经济增长总量和速度都有了大幅度的提升。然而，与此同时，我国的区域经济差异却在持续扩大，并引起了政府和社会的广泛关注。目前，国内外学者针对我国区域经济差异扩大的现象展开的大量的研究，主要集中在以下两个方面，即我国区域经济差异的变动趋势和原因。

（一）我国区域经济差异的变动趋势

早在 20 世纪 70 年代，许多国外学者就开始对我国的区域经济差异问题进行研究。大多数的研究者认为，以改革开放为分水岭，我国的区域经济差异变动趋势出现了较为明显的变化，具体表现为：改革开放前我国的区域经济差异有缩小的趋势，而改革开放以后扩大的趋势越来越明显。雷斯津（Riskin，1978）通过与其他欠发达国家的对比发现，改革开放以前我国各省份间的相对差异有明显缩小的趋势；阿圭尔（Aguignier，1988）的分析发现，改革开放以后我国东、西部之间的差异扩大了；崔（Tsui，1991）对我国1952—1985年的人均国民收入指标进行了分析，发现在1952—1970年我国区域经济差异变化不明显，但是在1970—1985年区域差异扩大了；隆（Long Gen Ying，1999）的研究表明，1978—1994年我国区域经济差异呈现U形变动趋势。由于从改革开放以来我国的区域经济差异出现了持续拉大的趋势，世界银行在其发布的《世界发展报告2000—2001》中估计，我国已经成为世界上收入差异较大的国家之一。联合国开发计划署（UNDP）在2005年的《人类发展报告》中指出，如果把贵州和上海分别比作两个国家，那么贵州的人类发展指数（HDI）刚刚超过非洲的纳米比亚，而上海的HDI则与发达国家葡萄牙相当，由此体现我国巨大的地区发展差异。

进入20世纪90年代，国内的许多学者也开始了对这一问题的研究。杨开忠（1994）、宋德勇（1998）、林毅夫等（1998）、刘夏明等（2004）、陈秀山和徐瑛（2004）、许召元和李善同（2006）、曲鲁宁（2008）等人的分析结果都显示，改革开放以来，我国的区域经济差异沿着先缩小后扩大的威廉姆森U形轨迹变动，只是各人所测算的转折点存在差别。贾俊雪和郭庆旺（2007）认为1990—2000年我国的区域经济差异不断扩大，但2001年区域经济发展差异走到了库兹涅茨倒U形曲线的顶端，开始持续缩小。刘树成等（1994）使用人均国民收入指标测算了各地区的绝对差异和相对差异，结果表明新中国成立40多年来区域经济绝对差异不断扩大，相对差异在不同的区域层次上的变化不尽相同。李小建和乔家君（2001）的研究表明，20世纪90年代中国县域经济的相对差异明显变小。魏后凯研究了我国1952—1995年的区域经济差异状况，结果发现，1952—1965年我国区域收入水平差异缩小，1965—1978年收入差异扩大，1978—1995年收入差异大体每年以2%的速度缩小。总体上看来，我国区域经济差异的变动呈现"Amos O. M. 假说"的倒S形曲线（金相郁，郝寿义，2006）。

通过对区域经济差异进行分解，张吉鹏和吴桂英（2004）、贺灿飞和梁进社（2004）、刘夏明等（2004）发现改革开放以来，我国的区域经济差异主要来自东、西两大地带之间和城乡之间。魏后凯等（1994）认为，1978—1992年东、中、西三大地带的经济实力都有所提高，但中、西部地区的发展程度明显滞后，与东部地区的差异在不断扩大。林毅夫等（1998）的研究表明，在1978—1995

年，三大地带之间的差异对全国总体差异的影响起着主导作用。蔡昉和都阳（2000）将全国总体差异分解为三大地带之间和三大地带内的差异，认为在1978—1999年，东部地区的内部差异对总体差异的贡献很大，但呈下降趋势；中部地区内部差异对总体差异的贡献很小，西部地区内部差异对总体差异的贡献微不足道，二者内部差异均呈下降趋势；东、中、西部之间的差异对总体差异的贡献非常大，趋于明显提高。李小建和乔家君（2001）的研究表明，20世纪90年代沿海与内陆的差异扩大，经济增长较快的县域主要分布在沿海地带、京广线和长江沿岸三大经济增长轴，经济不发达县域主要集中在西部地区。李二玲和覃成林（2002）认为，改革开放以来，我国南北地区之间的经济相对差异呈现出缩小的趋势，远小于东西地区之间的差异，绝对差异则稍有扩大。对于我国区域内部是否存在增长趋同，范剑勇和杨丙见（2002）认为，我国东、中、西三大地带内部的差异急剧下降，东部形成了所谓的"富人俱乐部"，中、西部形成了"穷人俱乐部"；而东部沿海与中、西部内陆地区之间的差异却急速上升。崔（Tsui，1991）等、蔡昉和都阳（2000）、王志刚（2004）、董先安（2004）、张焕明（2005）、陈玉宇和黄国华（2006）也认为我国东、中、西部地区分别形成了"俱乐部趋同"，徐现祥、舒元（2004）认为我国省份经济出现了"双峰趋同"，即"两俱乐部趋同"，而刘夏明等（2004）则认为我国东、中、西地区并不存在着"俱乐部趋同"现象。

（二）我国区域经济差异产生的原因

关于我国区域经济差异产生的原因，国内外学者进行了广泛而深入的研究。一些学者认为，我国政府在不同时期采取的区域发展战略对区域经济差异有着很大的影响（Aguignier，1988；Yang，1990；郭兆准，1999；陈秀山，2005；万广华，陆铭，陈钊，2005；邓庆远，2005；高新才，童长风，2008；陆大道，2009；李国璋，张唯实，2011）。而其中，新中国成立以来所推行的重工业优先发展的赶超战略是我国各地区经济发展差异产生的主要原因（林毅夫，刘培林，2003）。除了中央层面的发展战略外，市场主体发育水平和市场化程度的不同也是造成东部地区和中、西部地区经济发展差异的主要原因（周民良，1997；李戈，1999；刘伟，李绍荣，2001；文启湘，周昌林，2003；孙海刚，2007）。蔡昉、王德文（2002）认为，市场发育水平特别是要素市场发育水平的差异，使得不同地区在产业结构调整和资源配置效率上存在明显差异，从而造成了地区经济差异。

经济全球化和自由化也是影响区域经济差异的重要原因（贺灿飞，梁进社，2004）。其中，经济全球化通过影响一个国家或地区的贸易开放程度，以及实际吸收和利用外商直接投资（FDI）的程度对区域经济增长，进而对区域经济差异有重要的影响作用（沈坤荣，耿强，2001；蔡昉，王德文，2002；武剑，2002；张欢，2007；任建军，阳国梁，2010）。魏后凯（2002）的研究表明，在1985—1999年，东、西部之间GDP增长率的差异有大约90%是由外商投资引起的。而经济自由化则通过有效的资源配置和竞争促进了经济增长，进而影响着区域经济差异的发展态势（Lin，2000；Sun，Parikh，2001；Wei，2001；Brun，2002）。

邹东涛、马海霞（2000）认为，在知识经济时代，东、西部地区在知识、教育、技术和信息等方面存在着显著差异，这些方面的差异所造成的人力资本差异是东、西部地区经济差异形成的主要原因。徐璋勇（2002）、连玉君（2003）、刘海英等（2004）、姚先国和张海峰（2008）等人也持有类似观点，即人力资本积累对全要素生产率和技术进步的提高都具有推动作用，东、西部地区在人力资本投资和存量上的差异是区域经济差异的主要原因。朱承亮、师萍、岳宏志等（2011）通过研究发现，高级人力资本对经济增长效率的改善具有显著的促进作用，因此，与人力资本存量相比，人力资本结构对区域经济差异的影响更为显著。另外，还有技术水平、技术创新能力导致区域经济差异的观点（颜鹏飞，王兵，2004）。彭国华（2005）、李静等（2006）分析了全要素生产率和投入要素在区域经济差异形成中的作用，研究发现，全要素生产率在地区劳动产出差异中的贡献份额在75%左右，是我国地区差异的主要决定因素。冯子标和焦斌龙（2005）、郭庆旺等（2005）、傅晓霞和吴利学（2006）也持有类似观点。

还有一些学者认为，产业集聚和产业集群是导致区域经济差异的主要原因（周兵，蒲勇健，2003；Goldstein，2008；朱英明，2009；刘军，徐康宁，2010）。范剑勇（2004）认为，改革开放以来，由于国内市场的一体化水平较低，制造业在东部沿海地区不断集聚，无法向中、西部地区转移，导致了我国区域经济差异不断扩大。朱英明（2009）认为，产业集聚造成了集聚区与非集聚区之间的经济发展差异。Goldstein（2008）认为，高新技术产业集群中不断有新的企业出现，创造出更多的就业，随着集群化水平的不断提高，高新技术产业集群对区域经济增长的作用显著。

这些研究清楚地表明，我国区域之间经济发展存在显著差异的现状是众多因素共同作用的结果（吴传钧，1998），任何一个单一的因素都无法得出全面、科学的结论，因为这些因素往往交织融合在一起，发挥类似于合力的影响作用（陈秀山，徐瑛，2004）。

二、旅游业对区域经济差异的影响研究进展

目前，旅游业已经成为世界上发展最快的产业之一，同时也是世界上规模最大的产业之一。旅游业对区域经济、社会和环境系统具有广泛而深刻的影响，是推动区域经济社会发展的有效载体。马西森和沃尔（Mathieson，Wall，1982）在《旅游：经济、环境和社会影响》一书中较为全面、系统地论述了旅游业的影响理论。他们将旅游过程划分为动态因素、静态因素和因果因素，并在此基础上构建了旅游影响的概念性框架（见图2-4）。在该框架中，旅游影响被划分为经济、社会和环境三个维度，这也构成了现有旅游影响研究的基本框架。

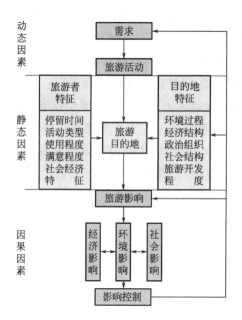

图2-4 马西森和沃尔的旅游影响概念性框架

资料来源：马西森和沃尔《旅游：经济、环境和社会影响》（Mathieson，Wall，1982）。

在马西森和沃尔的旅游影响概念性框架中，旅游业的经济影响是旅游影响的重要组成部分，它是旅游活动对目的地国家或地区所产生的直接影响、间接影响和诱导性影响之和。根据他们的研究，旅游业经济效应的发挥受各国或地区的经济发展水平和经济结构、旅游设施和旅游吸引物的类型、地区对旅游收入的吸纳和再利用程度等因素的影响。在这些因素的影响下，旅游业会通过乘数效应、就业效应、创汇效应和漏损效应等给不同的国家和地区带来不同的收益和成本，并

对经济增长产生促进和抑制作用。目前，国内外学者在旅游业对区域经济差异的影响这一课题上所进行的研究，就是在旅游业的经济影响这一框架下展开的。相关的研究以旅游业对不同地区经济增长、就业和相关产业的带动和促进作用的差异为切入点，分析旅游业对国际（如发达国家与发展中国家）、区际（如我国的中、东、西三大地带，西班牙的西部沿海和东部内陆地带）等不同尺度的区域经济差异的收敛和发散作用。

（一）基于不同区域尺度的研究

第二次世界大战以后，随着世界大众旅游的蓬勃兴起，旅游业被普遍看作一种恢复和发展经济的手段，而这种情况在发展中国家和地区更是如此。对于许多发展中国家而言，其经济发展往往面临着两个"发展经济学"的问题（樊纲，2000），即他们不仅要考虑在国家尺度上如何缩小与其他发达国家的差异，还要在区域尺度上努力缩小国内地区之间的差异的问题。

1. 旅游业对国际经济差异的影响

（1）旅游业对国际经济差异的收敛作用。

从国家的角度来看，发展中国家与发达国家相比，经济基础薄弱，国民收入水平较低，为了获得现代化和经济发展所急需的外汇和贷款，许多国家依赖初级产品的出口来赚取外汇支持本国的经济发展。然而，由于运输价格、关税、贸易壁垒等因素的存在，初级产品的出口往往会受到各种各样的限制，因此，许多国家转向发展旅游业来作为初级产品的出口替代（白廷斌，Wall，2010），并把发展旅游业作为推动本国经济增长的重要手段，采取适度超前的旅游业发展战略，给予政策和资金等方面的支持。马西森（Mathieson，1982）、Keogh（1985）、Balaguer（2002）、Narayan（2003）、Gunduz（2005）等人通过对西班牙、土耳其、斐济等地区的分析，都证实了发展旅游业对地区经济增长的促进作用。与初级产品的出口相比，旅游贸易可以实现旅游产品的就地出口，有效地避免了在货物贸易中所存在的贸易壁垒和贸易摩擦现象。马西森和沃尔（Mathieson，Wall，1982）认为，国际旅游是发展中国家主要的出口产业和创汇产业，也是世界贸易的重要组成部分。Reid（2003）也指出，旅游业是发达国家与发展中国家之间最好的贸易形式，在这一贸易体系中，发达国家是贸易的净进口方，而发展中国家获得的是贸易净出口，因此，发达国家的财富会以旅游收入的形式转移到发展中国家，并刺激和带动本国的工业化和经济增长，从而有助于缩小国际差异，而国际旅游也被视为发达国家对发展中国家恰当的发展援助形式（白廷斌，Wall，2010）。

世界旅游组织曾明确提出："世界旅游业发展将有助于一个国际经济新秩序的建立，有助于缩小发达国家和发展中国家不断扩大的经济差异，保证经济社会的稳步发展与进步。"（Sharpley，Telfer，2002）欧洲联盟条约也认可了旅游业在缩小区域经济差异中的作用。Williams 和 Shaw（1988）对欧洲国家的实证研究表明，发展旅游业能促使资源由北向南、由发达国家向落后国家流动，进而促使财富由发达国家向落后国家转移，从而对整个欧洲地区的经济差异收敛过程作出贡献。Eugenio 等（2004）对拉美地区的研究发现，旅游业对中、低等收入国家的经济增长具有显著的促进作用，而对高等收入国家经济增长的带动作用却不明显，并由此得出发展旅游业能够缩小拉美地区经济差异的结论。Lee（2008）对 OECD 和非 OECD 国家旅游业与经济增长的关系进行了对比分析，研究结果显示，经济增长与旅游业发展之间存在着协整关系，且旅游业对非OECD 国家经济增长的影响要大于其对 OECD 国家经济增长的影响，从而间接地验证了发展旅游业对缩小国际经济差异的作用。另外，Britton（1982）、Ayres（2000）、Krakover（2004）、Leatherman（2010）等学者通过相关研究也都认为，发展旅游业是缩小区域差异的有效手段，并鼓励发展中国家大力发展国际旅游以缩小国际差异。

（2）旅游业对国际经济差异的发散作用。

尽管上述研究显示，开展旅游业对发展中国家的经济增长具有显著的促进作用，并有利于其缩小与发达国家之间的国际经济差异，但也有许多学者认为，由于经济规模较小，多元化程度较低，以及旅游二元结构特征明显等因素的存在，旅游业对发展中国家经济的带动和促进作用有限，甚至有部分学者认为旅游业的发展会对当地其他产业的发展产生挤出和抑制效应，进而影响整个国家的经济发展，并导致其与发达国家的经济差异不断扩大。

Britton（1982）、Wanhill 和 Buhalis（1999）、Bianchi（2004）等人认为，对于一些规模较小、经济多元化程度较低的发展中国家而言，尽管发展国际旅游为这些地区带来了大量的经济注入，但为了满足旅游者的多样化需求，当地社区不得不从发达地区进口本区域所不具备，但又是发展旅游业所必需的商品和服务，造成了旅游收入的巨大漏损。另外，Bianchi 指出，欠发达地区的经济基础较为薄弱，发展旅游业所需要的大量前期资本投入往往超过了这些地区的支付能力，而一些地区为了迎合发达地区旅游者的高端需求，还会超常规地建设奢侈的接待设施，发展高端旅游，使得本已不堪重负的当地经济系统更是被无节制的旅游投资过度透支了。对发达国家的资本、客源等方面的过度依赖，使得发展中国家和地区成为发达国家的旅游飞地，旅游甚至被视为后工业社会新型的殖民方式

（Nash，1975），对发展中国家的经济，乃至社会和环境发展造成严重而不可逆的负面影响。Keller（1987）、Muica 和 Turnock（2000）等人认为，发展中国家的若干先天不足，如青年劳动力外移、缺少人力资本等是制约发展中国家旅游业可持续发展及其功能发挥的主要障碍，甚至会出现发展中国家由于发展旅游业而利益受损的"越发展越落后"的现象。Capó 等（2007）的研究发现，由于经济发展过度依赖旅游业，巴利亚里和加纳利群岛经济发展的多样化受到了限制，国民经济的发展甚至出现了"感染荷兰病"的迹象，导致其经济发展将会出现倒退。

上述的研究都表明，发展旅游业并不总是能够促进欠发达地区的经济增长，进而缩小其与发达地区的经济差异。囿于自身的经济规模、结构、资源禀赋以及若干的先天不足，旅游业的发展不仅不能促进欠发达地区的发展，反而会对这些地区的经济发展产生抑制作用。Place（1991）对哥斯达黎加的研究显示，为了发展旅游业，当地政府强制性地终止了传统的资源采掘业，而置当地人的收入和就业转型问题于不顾，造成了当地经济持续十年的发展停滞。Bryden（1973）、de Kadt（1979）、Tosun（1999）、Liargovas（2007）等人也对发展中国家依靠旅游业来促进经济发展的战略持怀疑态度，他们认为，发展旅游业会导致社会等级差异和区域差异，而且还会产生一系列的经济、环境和社会问题。

2. 旅游业对国内区际经济差异的影响

（1）旅游业对国内区际经济差异的收敛作用。

保继刚、楚义芳（1999）认为，从全球来看，发展中国家拥有的旅游资源非常丰富，为旅游业的发展打下了坚实的物质基础。因此，发展国际旅游有助于发展中国家缩小与发达国家之间的国际经济差异。而从国家内部来讲，不发达地区的旅游资源往往是非常丰富的，旅游业对促进经济欠发达地区的发展有重要的作用。Cooper（1980）采用回归分析法对澳大利亚大众旅游者的旅游消费与澳大利亚各区域消费总支出和人均收入之间的关系进行了研究，结果显示澳大利亚大众旅游业的发展对农业省区产生的经济影响要高于工业化水平较高的省区，从而间接验证了发展大众旅游业对区域经济差异的协调作用。Soukiazis 和 Proenca（2008）利用巴罗和萨拉伊·马丁的经济增长模型分析了以发展旅游业作为条件因素时，葡萄牙各区域经济增长收敛的情况。研究结果显示，发展旅游业对葡萄牙各地区人均收入的提高产生了显著的积极影响，且提高了葡萄牙经济增长条件收敛的速度。Seetanah（2010）对 19 个岛屿国家的研究得出了类似结论。另外，有研究分析了国内旅游对一个国家区际经济差

异 的 影 响 （ Baidal, 2003; Baidal, 2004; Lasanta, 2007; Whitford, 2009 ）。Eduardo 等人（2011）认为，政府通常会采用财政收支平衡补贴等转移支付手段来协调一国的区际经济差异，但这种手段往往会造成市场扭曲；而国内旅游则是一种促进财富区际转移的更为有效的机制，因为旅游者的出游决策过程可以被视为一个最佳选择的过程，在这个过程中，偏好和价格信号起着主导作用，不会造成市场扭曲。他们还以巴西为例，分析了国内旅游对巴西区际经济差异的收敛作用。

在国内研究方面，保继刚和楚义芳（1999）指出，由于自然和历史的原因，外加上人员、资金、技术信息、原料、基础设施等因素的影响，在我国形成了东部地区经济相对发达、西部地区相对落后的区域经济发展格局，但西部地区，如西藏、云南、海南岛等地的旅游资源往往异常丰富，相比之下，在这些旅游资源丰富又具备开发条件的地方开展旅游业，收效就比东部地区来得快。因此，西部地区在国民经济发展水平较低的基础上，采用适度超前发展的战略模式来发展旅游业，有利于协调西部地区的经济结构，加强东、中、西三大地带之间的经济合作和信息交流，完成东部沿海地区对西部内陆地区的辐射过程，从而缩小区域经济差异（金波，王合生，1999）。肖胜和（1997）认为，交通区位不便、社会经济发育程度较低、自然景观和人文习俗受外界干扰和影响较小，造成了我国贫困区与旅游资源富集区在地理分布上的叠加。发展旅游业可以充分利用贫困区在旅游资源和劳动力等方面的要素比较优势，并借助旅游业本身所具有的关联度大、综合性强、外向度高的产业优势，引导（西部）贫困地区逐步扩大对外开放，实现跨越式发展（钟勉，刘家强，2002）。

上述学者分别从欠发达地区的资源禀赋、区位条件和经济基础等方面分析了发展旅游业对欠发达地区经济增长、缩小与发达地区经济差异的作用，而李天元（1999）从欠发达地区与发达地区旅游者的出游特征入手，分析了旅游业对区域经济差异的影响。他认为，与欠发达地区相比，发达地区的出游人次较多，这种净出口构成了目的地外来的"经济注入"，并刺激和带动当地的经济发展。在一般情况下，当欠发达地区的某些旅游资源足以吸引发达地区的旅游者前去访问时，这些旅游者在旅游目的地的消费就构成了当地的外来"经济注入"，即欠发达地区的旅游收入，并刺激和带动当地的经济发展，从而有助于缩小区域经济差异。他还指出，对于资本积累有限、经济基础薄弱，但却拥有充裕的旅游资源的地区，发展旅游业对促进当地经济发展、脱贫致富具有重要意义。

（2）旅游业对国内区际经济差异的发散作用。

Allcock（1986）、Lea（1988）、O'Hare 和 Barrett（1999）、Poirier（2001）、Var 和 Imam（2001）、Pessoa（2008）等对南斯拉夫、埃及、突尼斯、摩洛哥和阿尔及利亚等发展中国家的研究显示，旅游业对当地工业化和经济增长的促进作用是以牺牲区际、代际和社会等级间的公平性为代价的。Göymen（2000）、Seckelmann（2002）认为，旅游业对西班牙国民收入的增长作出了巨大贡献，但西班牙旅游业存在着典型的二元结构特征，即位于地中海和爱琴海沿岸的西部地区旅游业高度发展，而东部内陆地区旅游业发展滞后，这导致东、西部之间本就存在的区域经济差异被进一步扩大了。但是，旅游业并不是导致上述地区经济差异不断扩大的唯一因素。Tosun 和 Timothy（2003）认为，为了迎合入境旅游者对 3S（Sun、Sea 和 Sand）旅游资源的大规模需求，西班牙政府对地中海和爱琴海沿岸的西部地区给予了大量的政策和资金支持；而其余的地区，其旅游资源并不符合入境旅游者的需求，因此，政府对这些地区旅游业和经济社会的发展并未给予足够的重视，从而进一步强化了区域经济差异的扩大趋势。二人进一步指出，政府所制定的带有地区倾向性的旅游业发展政策、旅游资源禀赋的区域差异，以及东部和东南部地区的政治动荡和库尔德工党的恐怖主义活动是导致西班牙旅游业发展，进而导致区域经济差异不断扩大的主要原因。此外，他们还认为，发展旅游业不仅加剧了目的地国家或地区经济差异的扩大趋势，而且还使目的地的社会等级间的不公平现象进一步恶化了。

在国内的研究方面，学者们也表达了与国外学者类似的观点。陈东田和吴人韦（2002）的研究表明，旅游业对区域经济的发展会产生一系列不利的影响，如过分依赖旅游业会影响区域经济的协调发展，产生收入漏出，导致物价上涨，影响居民福利等。依绍华（2004）从目的地收入漏出、物价上涨、影响当地居民的福利收益、工作的季节性特点等因素入手，分析了旅游业的隐性成本对接待地造成的不利影响。

尽管上述研究的出发点不同，但都反映了这样的一个客观事实，即以发展旅游业作为改变欠发达地区贫困现状的替代办法，本身具有脆弱性。与发达地区相比，欠发达地区的旅游业更容易受制于时尚的改变、经济的波动、政策的变革等因素。正如 Wanhill 和 Buhalis（1999）所指出的："如果发展旅游业常被认为具有危险性，那么，这种危险性在欠发达地区和边缘地区将会被放大。"

（二）旅游业对区域经济差异的作用途径

以上基于不同的区域尺度，分析了旅游业对区域经济差异的收敛和发散作用。从相关的研究成果来看，尽管由于目的地在交通区位、经济基础以及旅游业的发展阶段等方面存在着差异，旅游业对区域经济差异的作用效果呈现不确定性，但旅游业对区域经济差异的作用途径在各个国家和地区是基本一致的，即旅游业会通过旅游收入的创造和漏损效应、就业效应、产业关联效应等对目的地国家或区域的经济发展产生作用。

1. 旅游业的收入效应

诸多研究表明，发生在发达国家（地区）与落后国家（地区）之间的旅游活动，通过旅游业的"创汇"效应将发达国家（地区）的财富转移到了落后国家（地区），从而对国际（区际）经济差异产生了收敛作用。而翁科维奇（2003）认为，来自发达国家和地区旅游者的消费除了直接创造收入外，还对目的地国家和地区的生产性行业创造了补充性消费市场，即马西森和沃尔所提出的旅游消费对目的地经济系统产生的间接影响和诱导影响。而早在 1980 年，Archer 就用旅游乘数效应理论对由旅游消费引起的上述直接、间接和诱导影响进行了分析。旅游收入通过初次分配和再分配，其用于生产性投资和生活消费的数量会随着每次分配而增长，最终形成乘数效应，并使目的地所获得的实际经济收入数倍于旅游消费所创造的直接收入。

Brown（1998）对上述乘数效应所引起的旅游收入倍增作用进行了详细演绎（见图 2-5）。他认为，来自客源地的旅游收入首先会进入当地的旅游企业，而旅游企业为了满足旅游者的消费需求，会向当地的其他相关产业、家庭等购买设备、设施或劳务等生产要素，还需要向当地政府上缴土地租赁、税金等费用，从而形成当地相关产业、家庭和政府的收入，该过程也构成了旅游收入在目的地的第一轮转移过程。接下来，政府会将来自旅游企业的收入投入国民经济的其他领域中，从而形成相关领域的收入；而从旅游收入的第一轮转移过程中受益的相关产业也会将来自旅游企业的收入投入生产资料的购买和对政府的相关税金的缴纳上，从而在本地产业、家庭和政府间形成了新一轮的收入转移和创造效应。上述的过程会依次传递下去，使得旅游目的地所获得的实际经济收入数倍于最初注入当地经济系统的旅游收入。此外，旅游收入在进入目的地经济系统流转的过程中，除了会经由乘数效应而被放大，并对目的地产生收入创造效应之外，还会由于旅游企业、其他相关企业和家庭购买目的地之外的产业和服务而产生收入漏损效应。而且，这种收入漏损效应贯穿着旅游收入的各轮转移过程中。

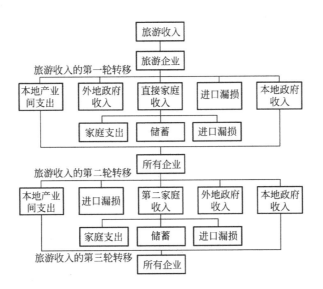

图 2-5 旅游收入在目的地的转移过程

资料来源：参见 *In Search of an Appropriate Form of Tourism for Africa: Lessons from the Past and Suggestions for the Future*，有修改（Brown，1998）。

2. 旅游业的就业效应

旅游业对区域经济差异产生影响的第二个途径是通过对目的地就业产生拉动作用，改变目的地的从业结构，并促进欠发达地区和农村剩余劳动力向非农产业的转移，从而加速欠发达地区的城市化进程，并对目的地的消费需求产生促进作用，改善目的地的经济增长方式。Advani（1981）认为，旅游业不仅仅是一个创汇产业，而且还是劳动密集型产业，它能为劳动力富余的发展中国家提供更多的就业机会。徐红罡（2004）指出，由于落后国家和地区没有促进经济增长和实现收入分配的有效财政政策，发展旅游业就成为促进国家和地方经济发展和收入再分配的有效手段。她认为，旅游业存在着正规部门和非正规部门的二元结构，而这一结构特征在欠发达地区的旅游业发展过程中表现得尤为明显。一般而言，在欠发达地区，旅游业的正规部门、企业根植性较差，对社区经济发展和居民就业的带动作用有限，导致欠发达地区成为发达地区的旅游"飞地"，而旅游业的非正规就业为欠发达地区剩余劳动力的安置提供了一条可行途径，同时，非正规部门本身也构成目的地极具特色的旅游吸引物，因此，从这一角度来看，旅游业的二元结构是欠发达地区旅游业可持续发展的关键，也是欠发达地区促进经济社会可持续发展的关键。蒋满元（2007）指出，在许多区域经济差异非常显著的发展中国家，传统的乡村部门在欠发达地区的经济结构中占据着很大的比重，相对发达的地区则聚居了全国大多数的现代城市部门。而乡村部门常见的松散化社会结构的特点，往往要求欠发达地区旅游业的组织由无数的家庭或小企业来运作（Hjalager，1996）。Rodenburg（1980）、Harrison 和 Leitch（1996）、保继刚（2010）等人的研究表明，相对于大型旅游企业，小型旅游企业更加有利于实现社区参与和当地居民发展，可以为旅游者带来丰富多彩的旅游体验，旅游漏损相对较小，且更容易为女性和文化程度较低的就业人员提供就业机会。因此，小型旅游企业在促进欠发达地区就业、创新和经济发展方面发挥了重要的作用。

尽管许多学者认为欠发达地区的非正规部门对社区参与、居民发展、经济增长具有积极的作用，但 Butler（1980）认为，在旅游地发展的起步阶段大量出现的小型企业和家庭作坊，会随着旅游地的成熟和外来投资的不断介入，而逐渐被大规模、现代化的外来部门和企业所取代。Harrison 和 Leitch（1996）也认为，尽管小型旅游企业在短期内会取得较大的发展，但在较长的时间内，其生存能力是非常低的。此时，目的地的旅游收入会以外来企业的利润和外来管理人员的工资、福利的形式"漏出"目的地经济系统，目的地社区在旅游收益分配体系中仅仅占有少数份额，甚至完全被排除在旅游利益分配体系之外，当地居民也沦为廉价的劳动力，无法从旅游业的蓬勃发展中获取更多的收益（Seckelmann，2002；Yuksel，1999）。

3. 旅游业的产业关联和波及效应

旅游业对区域经济差异产生作用的第三个途径是通过发挥旅游业的产业关联和波及效应，从而对目的地经济增长产生带动作用。一般而言，旅游业的产业关联效应包含前向关联和后向关联两种效应。所谓前向关联，是指旅游业对那些将本产业的产品或服务作为其生产要素投入的产业的影响；而后向关联是指旅游业对那些向本产业供应生产要素的产业的影响。前向关联是通过供给联系与其他产业发生关联的；而后向关联是通过需求联系与其他产业发展关联（见图2-6）。

图 2-6 旅游产业关联结构

资料来源：参见《甘肃省旅游产业关联及产业波及分析》（王丽，石培基，2007）。

宋增文（2007）通过研究发现，在国民经济的 122 个部门中，共有 102 个产业与旅游业产生了前向或后向关联。张华初、李永杰（2007）通过计算我国旅游业的影响力系数和感应系数，认为旅游业对国民经济的推动作用明显大于国民经济对旅游业的拉动作用，并由此建议我国旅游业应采取先行发展战略，来带动国民经济的发展；而非等待国民经济发展成熟了再发展旅游业。李江帆等人（2001）认为，旅游消费是一项自我发展和享受型的消费，具有较高的收入需求弹性，因此，随着居民收入水平和国民经济发展水平的提高，旅游业将以高于国民经济增长率的速度增长，并对地区经济增长产生带动作用。他们认为，旅游业在国民经济中属于后续产业，与先行产业的关联性非常强，并以广东为例，分析了旅游业对当地相关产业的关联和波及效应。结果显示，旅游业每增加一个从业人员，可为三大产业提供 6.2 个就业机会；旅游业增加值每增加 10 个百分点，可推动 GDP 增长 0.8 个百分点。

三、对相关研究的评价和展望

（一）总体评价

区域经济差异是许多国家和地区在经济发展过程中所出现的客观的、必然的经济现象，而由于历史和体制等原因，这一经济现象在欠发达国家和地区表现得尤为突出。许多学者采用不同的指标、测量方法，从不同的角度对我国的区域经济差异这一课题进行了研究，但研究的视角多集中于生产要素、市场发育程度、经济全球化和自由化等对区域经济差异的影响，而从某一个特定产业发展的角度来分析其与区域经济差异的关系的研究还比较少见，仅有的研究也大多集中于制造业对区域经济差异的影响。

在旅游学的研究领域中，旅游业的经济影响理论扮演着至关重要的角色，而如何充分发挥旅游业的经济功能，带动国家和地区经济增长更是被许多国家，尤其是发展中国家和地区所高度关注。总的来看，国内外学者在旅游业对区域经济差异的影响这一课题上所进行的研究，大多是在旅游业的区域经济影响理论框架内展开的。相关的研究从旅游业的就业、创汇、产业关联等综合效应入手，分析了不同尺度下目的地经济系统所受到的影响。相关的研究丰富了该领域的理论体系，为今后研究的继续深入奠定了坚实基础，然而，由于旅游业效应的复杂性和区域间的差异性，当前的研究尚未形成系统的旅游业影响区域经济差异的逻辑框架，主要表现在以下几点。

1. 未对旅游业影响区域经济差异的机理进行深入分析

纵观国内外的相关研究，尽管学者们从不同的角度入手，分析了旅游业对区域经济差异的收敛和发散作用，但普遍存在的问题是没有对旅游业影响区域经济差异的机理进行深入细致的分析。此外，区域作为一个整体，具有时空二维属性，但目前的研究往往侧重于时间维度的分析，忽略了区域经济和旅游经济发展的空间属性的特征。上述现象在一定程度上也反映了旅游业影响区域经济差异的研究尚未形成完整的体系、缺乏系统的逻辑框架来指导的问题。

2. 缺乏对旅游业促进区域经济协调发展的机制与路径的研究

目前，大多数的研究侧重于从旅游业对区域经济差异的正、负面影响，来间接分析旅游业对区域经济差异的收敛和发散作用，很少有涉及旅游业促进区域经济协调发展的机制与路径的研究。我国是一个地域辽阔、空间异质性较大的国家，各地区在资源禀赋、经济发展基础等各方面都存在较大差异，同时，各地区旅游业的发展程度和所处的发展阶段也都不同，因此，旅游业对不同地区所产生的影响的差异性很大，基于旅游业的不同区域经济协调发展的机制和路径也各不相同。因此，有针对性地就旅游业促进区域经济协调发展提出相应的协调机制与路径，对指导区域旅游业健康发展以及区域经济协调发展都具有重要的意义。

3. 缺乏对理论研究的实践检验

目前，对旅游业的区域影响的反馈机制的相关研究尚不完善，因此，亟须及时地将理论研究的阶段性成果应用到具体的案例区，在实践当中进行操作和检验，以针对实践效果对理论进行修正和完善，增强理论研究的针对性和可操作性。

（二）研究展望

从国内外研究趋势来看，今后的研究应从以下两个方面加强和深入。

1. 理论研究

旅游业对区域经济差异的影响研究要系统化，即要从影响机理、协调机制和路径等方面来系统地构建旅游业影响区域经济差异的研究分析框架；旅游业对区域影响的反馈机制要完善化，即研究影响要以调控区域经济协调发展为目标，研究调控要以对影响的研究为基础；从时空二维角度来综合考量旅游业对区域经济差异的影响和调控作用，尤其是丰富空间尺度的研究框架体系。

2. 研究方法

旅游业影响区域经济差异的实证研究、从时空二维属性对旅游业的区域影响进行综合评价、旅游业对区域经济协调发展的协调技术手段等是下一步研究的重点。

第三章 以旅游业作为协调区域经济差异的战略优势产业的可行性

由于资源禀赋、地理区位、历史积累等原因，区域经济差异的存在有着客观必然性，适度的经济差异有利于推动资源的有效配置和产业的空间转移，而过大的经济差异则会弱化业已形成的经济分工与合作，进而对经济发展和社会稳定造成严重的负面影响。在针对我国区域经济差异状况的研究中，学者们的观点比较一致，即普遍认为我国区域经济差异比较大，且存在进一步扩大的趋势。而在东、中、西三大地带❶之间的经济差异上，西部地区人均 GDP 与东部乃至全国平均水平的差异十分明显。2010 年，西部地区人均 GDP 仅有 3334 美元，仅相当于全国平均水平的 69%，不足东部地区的一半（见表 3-1）。不可否认的是，西部地区已经成为制约我国区域协调发展的"短板"。

表 3-1　2010 年西部地区人均 GDP 及其排名

省份或地区	人均 GDP/美元	排名	省份或地区	人均 GDP/美元	排名
广西	3067	26	青海	3543	22
重庆	4058	14	宁夏	3943	17
四川	3156	24	新疆	3676	19
贵州	1954	31	内蒙古	6975	6
云南	2319	30	西部地区	3334	三
西藏	2490	28	东部地区	6723	一
陕西	4004	15	中部地区	3674	二
甘肃	2378	29	全国平均	4840	

资料来源：2011 年《中国统计年鉴》。

"十二五"时期，是我国进一步实施区域协调发展总体战略和落实主体功能区开发战略的重要时期。《中华人民共和国国民经济和社会发展第十二个五年规

---

❶ 此处的三大地带是指：东部，包括辽宁、北京、天津、河北、山东、江苏、上海、浙江、福建、广东和海南 11 个省份；中部，包括吉林、黑龙江、山西、河南、安徽、湖北、湖南、江西 8 个省份；西部，包括新疆、青海、西藏、甘肃、宁夏、四川、重庆、贵州、云南、陕西、广西和内蒙古 12 个省份。

划纲要》明确指出，要充分发挥不同地区比较优势，促进生产要素合理流动，深化区域合作，推进区域良性互动发展，逐步缩小区域发展差异。在进一步实施区域发展总体战略的过程中，西部大开发战略被放在了优先位置，国家鼓励西部地区充分发挥资源优势，实施以市场为导向的优势资源转化战略，在资源富集地区发展特色优势产业。该规划纲要为西部地区促进经济社会发展，缩小与东部乃至全国平均水平之间的差异指明了方向，即西部地区应以区域分工逐渐细化和明确化为前提，充分利用本区域的资源优势和发展潜力，选择合适的产业和技术结构，扬长避短，使要素禀赋结构快速升级换代，促进地区经济快速发展，并逐步缩小与东部地区之间的差异。那么，比较优势促进区域协调发展的理论依据是什么？西部地区的比较优势是什么？建立在比较优势基础上的西部地区优势产业是什么？该产业对区域经济差异的影响机理是什么？对以上问题的回答即构成本书第三章和第四章的主要内容。

第一节　区域发展战略与欠发达地区经济增长

要治愈区域发展差异的顽疾，不可能让发达地区停下发展的脚步，而只能通过加快欠发达地区的发展步伐来实现（高新才，童长风，2008）。对于我国西部欠发达地区如何加快发展步伐，以尽快缩小与东部发达地区的差异，现代经济增长理论认为，长期经济增长主要由技术进步驱动，而国际、区际经济增长和收入差异则由资本，尤其是人力资本和技术共同解释。由此可知，西部欠发达地区若想追赶东部地区，最重要的是知识和人力资本的积累，以及技术上的创新。然而，当今科学技术进步的过程，从基础研究到产品开发都大量集中在发达国家和地区，全世界90%以上的研发资金来源于发达国家，欠发达国家既缺乏资金又缺乏技术，在研发方面处于绝对不利的地位（于同申，2009）。由此可见，把一个地区的贫穷归结为资本稀缺和技术落后，就如同把一个人的贫穷归结为他缺钱（Acemoglu，2008）。同理，建议西部地区加速知识和人力资本积累，以及积极进行科技创新以缩小与东部地区的经济差异也无异于隔靴搔痒。因此，技术和资本都只是经济增长和收入差异的表面原因，在它们背后，一定存在着更为本质的原因制约着欠发达地区的经济增长和收入提高。

一、区域分工与区域经济增长

在新古典增长理论中，经济学家将导致经济增长的原因归结为资本、劳动和资源禀赋三个要素，并主要用资本的形成来解释经济增长。但索洛运用全要素生产率来检验新古典增长模型时发现，三大生产要素只能对 12.5% 的国民生产总值进行解释，其余 87.5% 在索洛模型中被称为"索洛余值"，是不能由生产要素的投入来解释的，而这个余值就是广义上的技术进步。在新增长理论中，以罗默、卢卡斯为代表的经济学家也强调了技术进步对经济增长的突出贡献。对于技术进步的来源，经济学家们有着不同的解释。阿罗、罗默等认为技术进步是资本积累的函数，伴随着资本的积累，劳动者的生产经验也逐步地积累起来；舒尔茨、卢卡斯等则强调了人力资本的重要性；格罗斯曼和赫尔普曼等人认为"技术进步源于理性的经济决策者为了获得潜在的盈利机会所做的投资"。那么，是否存在一种理论可以概括上述的观点呢？

事实上，早在古典经济理论的发端时期，亚当·斯密就已经认识到了专业化分工对技术进步的影响。正如亚当·斯密（1972）所说："人们在天赋才能方面的差异实际上并没有我们所感觉的那么大。人们在壮年时在不同职业上表现出来的极不相同的才能，在多数场合，与其说是分工的原因，倒不如说是分工的结果。"亚当·斯密认为，分工可以使各国在不同的产品生产上获得专业化的知识和技能。同时，分工节约了劳动转换时间和不分工时的重复学习成本，使劳动者可以将更多的时间用于学习，这样有利于国家的技术进步，从而提高劳动生产率。此外，建立在专业化分工基础上的国际贸易还可以通过两个国家之间对"剩余产品"的交换，使生产技术等要素以产品的形式在国家之间流动，这有助于欠发达国家学习发达国家的先进技术，缩小其与贸易国之间的技术差异。另外，扬格认为，劳动分工不仅指职业分离与专业化技能的发展，还包括迂回生产方式的形成。所谓迂回生产方式，是指人类在生产活动中将资源投入生产资料的生产上，而不直接投入对消费资料的生产上。这样反而使消费资料的生产具有比原来更高的劳动生产率（陈秀山，张可云，2003）。扬格将这种由分工所引起的生产率的大幅度提高称为迂回经济。

由此可见，基于分工的专业化和迂回生产方式为技术进步的来源提供了一个合理的解释："从逻辑上来讲，（分工的）专业化与多样化基本上可以涵盖技术进步的所有来源：阿罗来源（资本积累对生产经验的影响）可以理解为专业化；而卢卡斯来源（教育对人力资本的影响）与格罗斯曼和赫尔普曼来源则可以理解为协作程度的增加。这就意味着是分工的发展而不是其他任何因素直接推动了经济的增长。"（冯子标，焦斌龙，2005）

二、区域分工的形成与演进

区域经济增长和收入水平的差异可以用区域分工来进行解释。那么，又是什么因素决定了区域间分工程度及其演进过程的差别呢？

(一) 比较优势与区域分工

亚当·斯密的绝对成本理论解释了一个区域经济增长和贸易产生的原因，即内生于专业化分工的劳动生产率的差异，但亚当·斯密对于分工产生的原因没有给予明确的说明，似乎人们之所以选择某一种产品从事专业化生产是由外部的某个偶然因素引起的。亚当·斯密理论的继承者大卫·李嘉图则直接认为劳动生产率的差异是外生给定的。H-O 理论以亚当·斯密和大卫·李嘉图理论为基础，从各国的要素禀赋结构差异入手，解释了一个国家或地区分工，进而贸易形成的重要原因。按照该理论，一个区域之所以选择某一种产品进行专业化生产，是因为这种产品在生产过程中所大量使用的生产要素是当地大量拥有且价格便宜的要素。此外，H-O 理论认为，在生产过程中除了亚当·斯密和大卫·李嘉图所强调的劳动外，还存在着资本这一生产要素。在资本丰富的区域可以较便宜地生产资本密集型产品，在劳动力充裕的区域则可以相对较低的成本生产劳动密集型产品，这样，在区际贸易中，两个区域各自出口密集使用廉价生产要素的产品，进口密集使用昂贵生产要素的产品，从而使彼此从贸易中获利。由此可见，利用要素禀赋所带来的比较优势进行区域分工是可行的，对于促进区域经济发展和总体效率的提高是有利的（吴殿廷，2003）。

从以亚当·斯密、大卫·李嘉图、赫克歇尔和俄林为代表的比较优势理论的相关表述中，我们可以推断出这样一条区域分工的演进路径：基于要素禀赋的外生静态比较优势是区域分工的前提，而基于分工的专业化生产又使一个国家或区域积累了大量的专业化生产经验，并提高了劳动生产率，劳动生产率的提高反过来又巩固了该地区在相关产品上的成本相对优势，即区域分工以要素禀赋为基础，存在着一种自我强化机制。

在经济发展的初期，贸易自由度较低，因此，基于要素禀赋的静态比较优势成为区域分工的前提。而比较优势理论也很好地解释了在要素禀赋等条件存在较大差异的国家和地区之间所开展的产业内分工和贸易活动。随着贸易自由度的提高，生产要素开始自由流动，在区域内外分工演进过程中逐步摆脱了资源约束形成新的生产要素（陈建军，葛宝琴，2008），这种由内生生产率差别所形成的动态比较优势又导致了新的国际和区际分工与贸易格局。其中，最引人注目的就是要素禀赋条件相似的国家和区域之间的产业内分工和贸易活动。

新贸易理论和新兴古典贸易理论放松了比较优势理论关于完全竞争、规模报酬不变和消费偏好同质等的假设前提，对上述新的分工和贸易现象作出了解释。其中，新贸易理论认为，不完全竞争是区域分工与贸易的直接原因，要素禀赋差异决定着产业间分工，而规模收益递增则决定着产业内分工。在不完全竞争的市场中，由于规模经济的存在，即使在各区域的偏好、技术和要素禀赋都一致的情况下，也会产生具有差异性的同种产品的产业内分工和贸易现象，而且，国家和区域之间的要素禀赋和技术条件越相似，产业内的分工和贸易活动就越显著。新兴古典贸易理论的三个假设前提与新贸易理论相同，即坚持不完全竞争、规模报酬递增和消费偏好异质性，二者的核心都是规模报酬递增。所不同的是，新兴古典贸易理论用专业化经济这一概念替代了新贸易理论中规模经济的概念。❶

由此可见，从比较优势理论到新兴古典贸易理论，比较优势经历了一条由外生到内生的演进道路，事实上，新贸易理论和新兴古典贸易理论可以看作比较优势理论的动态化（张伟，张梅蓉，2003）。就理论所要解释的区域分工和贸易现象来看，比较优势理论可以很好地解释要素禀赋和偏好等条件相似的区域之间的产业间分工和贸易活动，即发达区域与欠发达区域之间的分工和贸易活动；而新贸易理论则对条件相似的区域之间，即发达区域之间的产业内分工贸易活动具有很好的解释力。就理论所使用的分析工具和思想渊源而言，新兴古典贸易理论在分析工具上比新古典经济学更新，而在思想渊源上则比新古典经济学更古（纪昀，2000），它以亚当·斯密绝对优势理论中的分工和专业化思想为基础，并认为基于分工和专业化的内生比较优势的演进是区域分工的重要影响因素。另外，从区域分工产生的原因来看，比较优势理论的核心是比较利益，而新贸易理论和新兴古典贸易理论的核心则是规模报酬递增。所不同的是，新兴古典贸易理论用专业化经济这一概念替代了新贸易理论中规模经济的概念。由此可见，新贸易理论、新古典贸易理论、竞争优势理论（林毅夫，李永军，2003）❷与比较优势理论并无本质上的冲突，前三者可以看作动态的比较优势理论，可以与亚当·斯密、大卫·李嘉图、赫克歇尔和俄林为代表的传统比较优势理论互补地对现实区域分工与贸易活动进行解释。

（二）发展战略与区域分工

但是，比较优势并不是导致合理分工的充分条件。要使区域对比较优势作出正确的反应，进行合理的区域分工，该区域还需要具有合适的价格机制来正确地

❶ 新兴古典贸易理论认为，规模经济是一个纯技术概念，它只能描述投入产出间的技术关系，却无法反映专业化水平、经济组织结构的演进对生产率的影响。

❷ 林毅夫认为，作为一种贸易理论，竞争优势主要用来解释要素禀赋结构相似条件下的国际贸易和行业内贸易现象，因而属于"新贸易理论"的范畴。

反映生产要素的相对稀缺性，即在任何一种生产要素相对充裕的禀赋条件下，该要素的价格应该相对较低，而随着该生产要素变得越来越稀缺的情况下，要素价格就相应地变得比较昂贵。

在完全竞争市场条件下，完全信息可以让市场充分发挥"无形之手"的作用对价格结构进行自动调节。但是，现实中并不存在完全信息，为了克服市场失灵，就需要发挥以协调经济活动为根本职能的"制度"的干预作用。诺斯认为，有效的经济制度是经济增长的决定性因素。杨小凯和博兰将制度引入分工理论，认为制度的功效在于通过一系列的规则来界定交易主体间的相互关系，减少环境中的不确定性和交易费用，使价格与要素稀缺性的相关性逐步提高。一个国家的制度创新应当朝着促进分工、降低交易费用、提高交易效率的方向发展。

从分工的角度来衡量，制度变迁是完善价格机制，从而促进分工的必要条件。林毅夫（1994）将制度变迁进一步细分为诱致性变迁和强制性变迁。前者是在响应制度不均衡引致的获利机会时所进行的"自下而上"的自发性变迁，而后者是由国家强制推进，通过政府法令的贯彻执行而导致的"自上而下"的变迁。他认为，我国的经济体制改革经历了由计划经济体制向市场经济体制过渡的渐进式改革历程。这一改革历程是诱致性变迁和强制性变迁两种制度变迁方式"二元并存"的体现。而其中，政府"自上而下"的强制性变迁又发挥着主导作用，并充分地体现在政府所制定的区域发展战略上。

我国自新中国成立以来先后实施了三种区域发展战略，即区域均衡发展战略、区域非均衡发展战略和区域协调发展战略。这三个战略在不同的经济社会发展阶段，均对区域分工和发展产生了重要的影响。早期的区域均衡发展战略主张将全国分为"一线、二线、三线"，战略重点放在"三线"，即内陆地区，以平衡沿海地区工业化"过度"发展的非均衡态势。在这一发展战略背景下，政府在当时人均资本量较低的条件下强制发展资本密集型的重工业，违背了由自身要素禀赋结构所决定的比较优势，从而不得不实行中央计划经济制度对国民经济进行深度干预，以达到推动和扶持重工业发展的目的（徐朝阳，林毅夫，2010）。但是，由于资源配置的扭曲，生产要素无法得到有效利用，经济剩余减少，资本积累速度、经济增长速度，甚至是资本密集型产业的持续发展都受到了严重影响。改革开放以来，在以沿海地区率先发展为基础的区域非均衡发展战略下，国家放弃了以往强制发展重工业的做法，代之以基于沿海地区要素禀赋优势和经济基础的劳动密集型加工制造业，并逐步由计划经济体制向市场经济体制过渡，让要素禀赋的稀缺性能够通过价格得以充分体现，使资源得到更有效的配置，生产要素得到更加充分的利用，经济剩余增加，资本积累速度、经济增长速度和相关产业的长远发展都得到保障。区域非均衡发展战略以佩鲁的增长极理论为依据，认为增长并非同时出现在一个国家的各个区域，而是以不同的时间和强度首先出现在一些地区，然后通过扩散效应对其他地区的经济增长产生辐射和带动作用。然而，在市场机制下，由于空间非均质性的存在，经济增长极的扩散效应并不总能如期发挥，相反，发达区域和欠发达区域在发展过程中不断地循环累积自身的优势和劣势，使得地区之间的差异会变得越来越大。因此，需要政府再度发挥其"自上而下"的调控作用。在区域协调发展战略下，国家依然坚持发挥市场经济制度对资源的基础性配置作用，在此基础上，将中、西部欠发达地区，尤其是西部地区的发展放在了优先位置，鼓励欠发达地区充分发挥要素禀赋优势，实施以市场为导向的优势资源转化战略，在资源富集地区发展特色优势产业。由此可见，区域协调发展战略以各区域的资源禀赋优势为基础，在坚持市场经济制度的前提下，使资源配置和要素利用更加合理、充分，保证了国民经济总体的增长效率。同时，通过政府对欠发达区域的特殊政策支持，加快这些地区的经济发展步伐，保证了经济发展的公平性。

三、比较优势、发展战略与欠发达地区经济增长

由之前的论述可见，在合理的区域发展战略下，基于比较优势开展的区域分工为欠发达地区加快经济发展步伐，尽快缩小与发达地区的差异提供了一条可行路径。

当前，我国实施的区域经济协调发展战略强调在国民经济发展的过程中，既要保持区域经济增长的效率，又要保证各区域经济发展的公平性，使区域间的发展差异逐渐缩小并稳定在合理适度的范围内；不同区域基于自身要素禀赋的特点，确定不同要素约束条件下的开发模式，形成更加合理的区域分工；区域之间要素流动更加通畅，区域市场一体化程度不断提高（覃成林，姜文仙，2011）。该战略是建立在由要素禀赋所决定的区域比较优势的基础上的，它在保持经济增长效率的同时，强调要逐步缩小区域差异，并将其稳定在合理适度的范围内，这样就保证了发展的公平性，可以有效地规避经济增长过程中出现的"有增长而无发展"的现象。

第二节　西部地区比较优势分析

从本章第一节的分析可以看出，发挥地区比较优势不仅是欠发达地区加快发展步伐，尽快缩小与发达区域经济差异的内在要求，而且也是区域协调发展战略的基本内涵之一。那么，比较优势的构成是什么？西部地区的比较优势表现在哪些方面呢？

一、基于区域分工理论的比较优势分析框架

（一）完全竞争市场条件下的比较优势

早在古典贸易理论的发端时期，亚当·斯密就对国家优势的来源进行了论述，他认为，一个国家的优势来源于两个方面：一个是先天固有的优势，如土地、矿产、劳动以及其他非人力所能控制的相对固定要素；另一个是后天获得的优势，如基于分工的劳动生产率和技术等人力所能及的可变要素。一个国家可以利用其先天固有的优势和后天获得的优势在某些产品的专业化生产方面节约劳动时间，形成绝对成本优势，从而在区域贸易中获取价格优势。

古典贸易理论以劳动价值论为基础，认为劳动是唯一的生产要素，所不同的是亚当·斯密将专业化生产所导致的劳动生产率差异，即生产技术差异视为区域分工与贸易的重要原因；而大卫·李嘉图认为，外生给定的生产技术的相对差异及其所决定的相对成本差异导致了区域分工与贸易活动。与古典贸易理论相比，新古典贸易理论强调市场交换关系，并将生产要素的范围扩大至劳动和资本两个来源。H-O 理论认为，比较优势是由劳动和资本两种要素的相对价格决定的，对于劳动要素相对丰裕的国家而言，其劳动要素的价格相对较低，资本要素的价格相对较高，因此，该国最好选择需要大量使用劳动要素的产品进行生产和出口，并进口那些需要大量使用资本要素的产品。由此可见，与古典贸易理论相比，尤其是与亚当·斯密的绝对成本理论相比，新古典贸易理论更加强调自然要素禀赋在确定比较优势和国际贸易中的重要作用，因此，H-O 模型的比较优势也被称为外生的资源比较优势。

从上述的分析来看，无论是以劳动生产率差异为基础的古典贸易理论，还是以生产要素禀赋差异为基础的新古典贸易理论，它们都以完全竞争、规模报酬不变、产品和消费偏好无差别等假设为前提。完全竞争市场条件下的比较优势建立

在一国劳动、资本等要素禀赋条件的基础之上，凸显的是比较优势的外生性和静态性。

（二）不完全竞争市场条件下的比较优势

新古典贸易理论认为，要素禀赋差异是决定国家或区域之间的分工与贸易活动的重要原因。按照这一理论，美国是世界上资本要素最为充裕的国家，因此，其贸易活动应该以出口资本密集型产品和进口劳动密集型产品为主，但是，里昂惕夫根据投入-产出模型对美国1947年和1951年的进出口统计数据进行分析之后发现，美国进口替代品的资本密集度大于其出口商品的资本密集度，即美国出口劳动密集型产品，进口资本密集型产品。该实证结果与新古典贸易理论的推论相悖，因此，也被称为"里昂惕夫悖论"。学者们为了对该悖论进行合理解释，开始引入规模收益递增、产品和消费偏好差异性、不完全竞争等假设前提来构建新的区域分工理论框架，并由此推动了比较优势理论的动态化发展。

新贸易理论认为，不完全竞争是区域分工与贸易的直接原因，并指出区域分工和贸易活动不仅取决于传统的资本、劳动、自然资源等要素，而且还取决于技术进步和人力资本等新的要素，这些要素所具有的边际报酬递增特征和要素组合所导致的规模收益递增现象决定着第二次世界大战之后发达国家之间的产业内贸易现象。在新贸易理论框架下，在不完全竞争的市场中，由于规模经济的存在，即使在各国偏好、技术和要素禀赋都一致的情况下，也会产生具有差异性的同种产品的产业内贸易现象，而且，国家之间的要素禀赋和技术条件越相似，产业内的贸易量就越大。新贸易理论强调规模经济效应，而技术进步和人力资本的积累是产生不完全竞争和规模经济的重要原因。克鲁格曼认为，一国最初可能因为偶然因素或历史积累形成了其在某些产业上的优势，而能否将这些优势保持下去则主要取决于技术进步。格罗斯曼等人认为，通过"干中学"、接受教育等手段，蕴含在人力资本中的知识和技能等得以积累和提升，这会促使劳动者的技能和熟练程度不断提高，从而降低产品成本，进而使企业或国家具有比较优势。

新兴古典贸易理论的三个假设前提与新贸易理论相同，二者的核心都是规模报酬递增。所不同的是，新兴古典贸易理论用专业化经济这一概念替代了新贸易理论中规模经济的概念。

波特的竞争优势理论分析了两个不同层次的优势，其中，低成本竞争优势主要来源于廉价的劳动力、原材料等特殊的资源优势、其他竞争者使用较低成本也能够获得的生产技术和方法等；而产品差异性竞争优势主要来源于企业对生产技术、管理方法和营销等方面持续的投资和创新而创造的更能满足多样化需求偏好的差异性产品上。按照波特的阐述，竞争优势理论虽然也肯定了"低成本竞争优势"的作用，但是，该理论的重点在于解释企业、行业和国家如何形成"差异性竞争优势"，也就是说，它更加重视技术进步、创新，以及以管理者经验、技能为代表的人力资本积累等因素对竞争优势的贡献。

综上所述，在不完全竞争市场条件下，新贸易理论、新兴古典贸易理论和竞争优势理论分别强调了规模经济、专业化经济、人力资本、技术、知识等要素变量对比较优势的形成的影响。杨小凯曾以事前和事后的生产率差别把比较优势区分为外生比较优势和内生比较优势（见表3-2）。所谓外生比较优势，是指由于事前的生产率差别和要素禀赋差异使某个区域产生的一种特别的贸易好处。而内生比较优势是指各个区域由于选择不同的专业化方向的决策所造成的事后生产率的差别。按照杨小凯的分析，自然资源、劳动、物质资本等要素是外生比较优势的来源，波特也将其称为初级要素。在经济发展的初期，由于生产率低下，交易费用很高，区域分工水平和商品交换不发达，经济集聚的规模和城市的影响有限，大量自给自足的地方经济彼此孤立地存在。这个时期，区域之间的分工与贸易主要以外生比较优势，特别是外生的要素禀赋优势为基础，以初级产品交换为主（杨开忠，1993）。随着经济社会的发展和分工水平的提高，要素禀赋决定区域分工模式渐渐难以为继。克鲁格曼（2000）认为，在许多情况下，比较优势来源于自我加强的外部经济，而不是源自一国潜在的资源条件。这种自我加强的外部经济即所谓的规模经济，连同专业化经济、技术、人力资本等因素在区域分工演进中扮演的角色越来越重要。这些因素是通过后天的专业化学习或通过技术创新与经验积累人为创造出来的，属于影响区域分工与贸易活动的内生因素，也即波特所谓的高级要素。

表3-2　基于区域分工理论的比较优势

	外生比较优势	内生比较优势
优势来源	自然资源、劳动、物质资本	技术创新、人力资本积累
代表学说	比较优势理论、要素禀赋理论	绝对优势理论、新贸易理论、新兴古典贸易理论、竞争优势理论

二、西部地区比较优势分析

从以上对不同市场条件下各种区域分工理论对比较优势的分析可以看出，各区域分工理论所提出的比较优势来源，如劳动、资本、技术、规模经济、差异化产品等都对区域分工和贸易现象具有一定的解释力，但并不存在哪一种理论或哪一个解释变量具有压倒性的解释能力，每个理论都存在着各自的优缺点，正如林毅夫所说："我们很难期望仅仅通过一种理论来解释所有的贸易现象。"（林毅夫，李永军，2003）因此，基于区域分工理论的比较优势分析可以综合比较优势理论、新贸易理论、新兴古典贸易理论和竞争优势理论，从外生比较优势和内生比较优势两个方面来进行。其中，自然资源、劳动力和物质资本可以放在外生比较优势的范畴内给予考虑，而技术创新和人力资本积累等要素可以归于内生比较优势的范畴。

（一）资源优势分析

资源作为一种重要的生产要素，在区域经济发展中的作用是毋庸置疑的，是区域经济增长的基础。正如恩格斯所言："劳动和自然界一起才是一切财富的源泉，自然界为劳动提供材料，劳动把材料变为财富。"不同的自然条件对经济结构的形成和演变具有重要的潜在影响。以下计算了三大地带的劳均耕地面积、主要矿产和能源储量占全国总量的比重、各类旅游资源数量及其占比，分别用来分析西部地区在农业、矿产和旅游资源等方面所具有的比较优势。●

图3-1显示了1998年以来我国东、中、西三大地带的劳均耕地面积。相比较而言，西部地区的劳均耕地拥有量最大，大约是东部地区的2倍，中部地区劳均耕地拥有量与西部地区大致接近。由此可见，西部地区在农业等土地资源密集型生产的潜在比较优势，从时间变化上看，随着人口增长以及工业化和城市化的发展，三类地区劳均耕地拥有量均呈下降趋势。

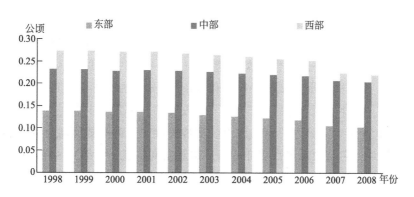

图3-1　1998—2008年三大地带劳均耕地面积

资料来源：根据1999—2009年《中国统计年鉴》相关数据计算。

● 资料来源：1999—2009年《中国统计年鉴》。由于2006年的各地区乡村劳动就业人数无法获得，因此，2006年的相关数据采用2005年和2007年乡村就业人数的平均数来代替；2008年以后的耕地面积数据无法获得。

西部地区有包括两个世界级构造成矿带在内的三大成矿带和四大油气盆地，成矿地质条件优越，矿产和能源储量丰富。图 3-2 显示了 2010 年三大地带的主要矿产和能源储量占全国总量的比重。相形之下，西部地区只在铜矿、铁矿和高岭土等矿产储量上落后于中、东部地区，而铅矿、铬矿、石油、天然气等其他矿产和能源的储量不仅大大高于东部地区，也明显高于中部，且资源配套程度较高。由此可见，西部在原材料和能源等基础产业发展方面具有难以替代的资源优势。

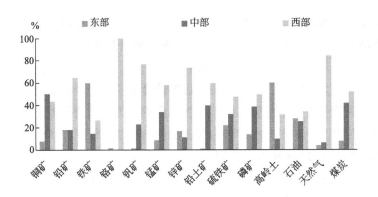

图 3-2 2010 年三大地带主要矿产和能源储量比重

资料来源：根据 2011 年《中国统计年鉴》相关数据计算。

表 3-3 显示了西部地区各类型旅游资源的数量及比重，从总量上看，目前我国 11 处世界自然遗产全部处于西部地区，显示了西部地区在自然旅游资源方面的突出优势。西部还拥有世界文化遗产 11 处、国家自然保护区 130 个、国家地质公园 51 个、国家重点文物保护单位 86 个，分别占全国总数的 38%、66%、60% 和 48%。此外，西部地区有 50 多个少数民族，是我国少数民族的主要聚居地，占全国 55 个少数民族的 80% 以上。多种民族文化的碰撞交融孕育出西部独特的人文景观，它与西部丰富多样的自然景观共同构建了西部地区在旅游资源方面的独特魅力。王凯（1999）曾从旅游资源的丰裕度和多样组合性两个方面对我国各省份旅游资源的赋存状况进行了比较，并构建了各地区的旅游资源整体优势度指数，研究显示，旅游资源整体优势度居前 10 位的省份依次为四川、云南、山西、广东、甘肃、河南、湖北、陕西、江西和广西，其中属于西部地区的省份有 5 个，由此可见，西部地区的旅游资源无论是在数量上，还是在多样组合性上都具有明显的比较优势。

表 3-3　西部地区各类型旅游资源数量及比重

省份或地区	世界文化遗产	世界自然遗产	世界地质公园	国家重点风景名胜区	国家重点文物保护单位	历史文化名城	国家自然保护区	国家森林公园	国家地质公园	国家水利风景区
广西	0	0	0	3	2	2	15	12	4	4
重庆	1	2	0	10	8	1	4	13	5	1
四川	4	8	2	17	24	7	22	20	13	4
贵州	0	0	0	13	3	2	9	6	3	9
云南	2	1	1	12	6	5	17	25	6	7
西藏	0	0	0		6	3	9	1	2	0
陕西	2	0	0	5	13	6	9	14	3	7
甘肃	2	0	0	3	11	6	2	11	5	9
青海	0	0	0	1	2	0	5	4	4	2
宁夏	0	0	0					5	3	2
新疆	0	0	0	4	5	4	9	7	3	13
内蒙古	0	0	1	1	2	0	23	14	3	5
西部	11	11	4	71	86	37	130	130	51	63
全国	29	11	13	177	180	114	197	503	85	192
西部/全国	38%	100%	31%	40%	48%	32%	66%	26%	60%	33%

资料来源：根据国家旅游局网站资料整理。

（二）劳动力优势分析

各地区的劳动力资源禀赋状况可以用劳动力集中指数来反映，它等于全国劳均产出与各省份劳均产出的比值。劳动力集中度指数越高，表明该省份的劳均产出相对于全国平均水平而言就越低，意味着它具有较丰富的劳动力资源，具有劳动力成本较低的潜在比较优势（蔡昉，王德文，2002）；反之，则表明劳动力资源比较稀缺，不具有低劳动力成本的比较优势。图 3-3 显示了 1998 年以来我国三大地带劳动力资源禀赋的变化状况。很显然，西部地区的劳动力集中度指数最高；中部地区次之；东部地区最低，不足西部的 1/2。从时间变化上看，三大地带的劳动力资源赋存状况在 10 多年中并没有明显的变化，这表明，西部地区的劳动力资源相对于东部来说所具有的潜在优势是持续的，但是，也不排除存在劳动力低效率甚至过剩的可能。因此，对于西部而言，依托自身在自然资源和劳动力资源等方面的比较优势，努力发展劳动密集型产业，或承接东部地区劳动密集型产业转移，创造更多的就业岗位，促进西部地区农村剩余劳动力的就地安置，同时，提高劳动力的素质和使用效率，使得西部地区劳动力资源的潜在优势转化为现实优势，将有利于促进西部地区的经济发展。

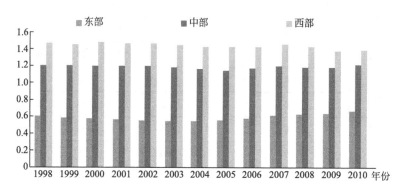

图 3-3　1998—2010 年三大地带劳动力集中指数

资料来源：根据 1999—2011 年《中国统计年鉴》相关数据计算。

（三）资本优势分析

资本优势可以从物质资本优势和人力资本优势两个方面来衡量。其中，物质资本优势可以用劳均资本存量来反映，一般而言，一个地区劳均资本拥有量越大，该地区的劳动生产率就越高，经济增长绩效就越好，人均收入水平也越高；反之，如果劳动力平均拥有的资本量越少，经济增长绩效就会由于资金缺口或投入不足而较差，劳动生产率就越低，人均收入水平也越低（蔡昉，王德文，2002）。目前，针对我国资本存量的估计大多采用 Goldsmith 所提出的永续盘存法，其计算公式为 $K_{i,t} = K_{i,t-1} \times (1-\delta_t) + I_{i,t}$，其中，$K_{i,t}$ 为 i 地区在时间 t 年的物质资本存量，$K_{i,t-1}$ 为 i 地区在时间 $t-1$ 年的物质资本存量，δ_t 为 i 地区在 t 年的经济折旧率，$I_{i,t}$ 为 i 地区在时间 t 年的新增投资。孙辉等人曾用该方法对我国各省份资本存量进行了估计，本书直接采用他们的研究结果对三大地带的劳均资本存量进行分析（见图 3-4）。分析结果显示，东部地区的劳均资本存量最高，中、西部地区的劳均资本存量十分接近，大致相当于东部地区的 1/2。

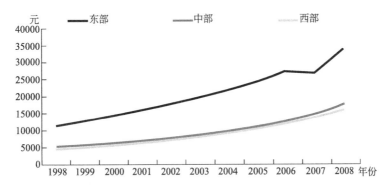

图 3-4　1998—2008 年三大地带劳均资本存量

资料来源：根据 1999—2009 年《中国统计年鉴》相关数据计算。

　　人力资本是附着在劳动者身上通过长期投资获得的素质和能力，通过教育、健康等人力资本投资和边干边学所积累的人力资本是经济增长的内生动力，它具有边际报酬递增的特征，是决定长期经济增长的一个重要变量。一般而言，劳动力的平均受教育年限可以反映一个地区人力资本的积累状况，其计算公式为：劳动力平均受教育年限＝文盲和半文盲×0＋小学×6＋初中×9＋高中×12＋大专及以上×16。从图 3-5 可以看出，东部地区人力资本最高，其次是中部地区，西部地区最低。

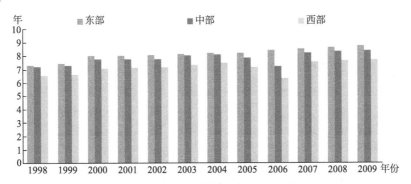

图 3-5　1998—2009 年三大地带劳动力受教育年限

资料来源：根据 1999—2010 年《中国统计年鉴》相关数据计算
（2011 年缺乏 6 岁及以上人口数这一数据，故未计算其相关数据）。

（四）技术优势分析

　　与人力资本一样，技术创新能力也是经济增长的内生动力。国家科技部中国科技发展战略研究小组从实力、效率和潜力三个方面对我国各省份的区域科技创新综合能力进行了评价，每个方面都包括知识创造、知识获取、企业技术创新能力、技术创新环境与管理、创新的经济绩效 5 个子维度，共涵盖 141 个指标。该报告的评价结果显示，东部除福建、河北和海南外，其他 8 省份均处于我国区域创新综合能力排行榜前 10 的位置，处于中间位置的是中部地区的大部分省份，而得分最低的是除四川、重庆和陕西外的西部其他 9 省份（见图 3-6）。整体的技术创新能力表现为东部地区最优，中部次之，西部最差。

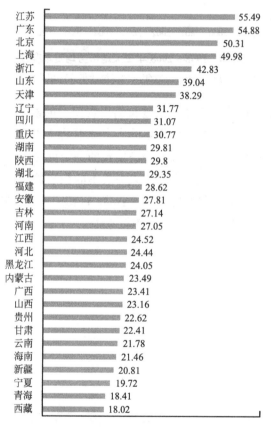

图 3-6　2010 年我国各省份区域创新能力综合效用值

资料来源：参见《中国区域创新能力报告 2011》（柳卸林，陈傲，2011）。

第三节　西部地区优势产业选择

从本章第二节的分析可以看出，西部地区在自然资源和劳动力资源方面都具有明显的比较优势，即使是从人力资本差别的角度来考虑，西部地区与东部地区的差异也并不是很大，而与东部地区存在明显差异的是物质资本积累和技术创新能力。因此，西部地区优势产业的选择应当立足于自身的优势，发展与其资源禀赋相匹配的资源密集型产业和劳动力密集型产业，并利用相关产业的前向、后向和旁侧关联效应来优化地区产业结构，筑巢引凤，吸引东部地区的产业转移到当地，促使高级要素在市场机制的调节下自发地向西部地区扩散，带动当地经济社会的全面发展，而不是一味地追求开发高新技术产业和资本密集型产业，试图人为地构建经济增长极。

一、西部地区产业发展的现状和问题

（一）西部地区产业发展的现状分析

改革开放初期，由于区位因素、国家区域战略导向和政策倾斜等原因，西部地区成为支持东部沿海地区率先发展的后方，使得其经济发展长期滞后。到1999年西部大开发战略实施的前期，东部地区经济总量占全国的比重已达到了一半以上，东、西部经济发展严重失衡，使东部地区乃至国家整体经济的进一步发展受到了制约。2000年年初，作为国家区域总体战略的一部分，西部大开发战略率先拉开了序幕。经过十几年的发展，西部地区国民经济不仅增长速度快，且持续的时间长，经济总量和人均水平都实现了跨越式发展，三次产业产值有了大幅提升，产业结构也日趋合理。

从西部地区的产业整体发展状况来看，1998年，西部地区第一、第二、第三产业产值分别为3593.7亿元人民币、5724.4亿元人民币和5371亿元人民币，占GDP的比重分别为25%、41%、34%；2010年，西部地区第一、第二、第三产业产值分别为10701.3亿元人民币、40694亿元人民币、30012.3亿元人民币，其中，第二产业的产值与1998年的数值相比翻了7倍之多，三次产业占GDP的比重分别为13%、50%、37%，基本符合产业结构变动的一般规律，整体产业结构表现出明显的"二三一"比例特征，第二产业驱动区域经济增长的特征非常明显。

总的来看，地区整体的产业结构向高级化发展的趋势比较明显，西部地区第一产业在GDP中所占比重持续下降，第二产业的比重不断上升，第三产业的比重变化有所起伏，但从1998年的34%到2010年的37%（见图3-7），其比重还是有所提升的。

第三产业比重在持续提高的同时，现代化水平也不断提高。其中，交通运输邮电业增长迅速，2010年，铁路营业里程达到35965.3km，公路营业里程达到

1568378km，均占全国的 39% 以上；邮电业务总量达到 6891 亿元人民币，占全国的 20% 以上；批发和零售业、住宿餐饮业、金融业也实现较快增长。另外，从区际比较的结果来看，西部地区第一产业在地区总产值中所占的比重是三大地带中最高的，第二产业比重略高于东部，小于中部，第三产业远低于东部和全国的平均水平，但高于中部地区（见表 3-4）。

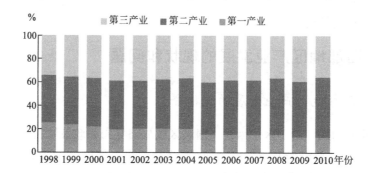

图 3-7 1998—2010 年西部地区产业结构变动趋势

资料来源：根据 1999—2011 年《中国统计年鉴》相关数据计算。

表 3-4 2010 年西部地区三次产业发展情况对比

省份或地区	地区生产总值/亿元人民币	总就业弹性/%	第一产业		第二产业		第三产业	
			产值增加值/亿元人民币	就业弹性/%	产值增加值/亿元人民币	就业弹性/%	产值增加值/亿元人民币	就业弹性/%
广西	9569.9	20.7	1675	13.7	4511.7	31.3	3383	44.3
重庆	7925.6	10.4	685.4	−57.5	4359.1	30.7	2881	23.6
四川	17185.5	7.1	2482.9	−17.1	8672.2	17.8	6030	14.7
贵州	4602.2	20.5	625	−32.3	1800.1	37.7	2177	60.2
云南	7224.2	25.6	1108.4	−1.7	3223.5	52.4	2892	68.8
西藏	507.5	28.6	68.7	27.7	163.9	46.7	274.8	48.9
陕西	10123.5	11.6	988.5	−42.4	5446.1	71	3689	−1.6
甘肃	4120.8	15.4	599.3	−19.3	1985	36.8	1536.5	47.3
青海	1350.4	19.6	134.9	10.8	744.6	29.6	470.8	34.5
宁夏	1689.7	−5.7	159.3	−26.1	827.9	11.2	702.5	−11.5

续表

省份或地区	地区生产总值/亿元人民币	总就业弹性/%	第一产业		第二产业		第三产业	
			产值增加值/亿元人民币	就业弹性/%	产值增加值/亿元人民币	就业弹性/%	产值增加值/亿元人民币	就业弹性/%
新疆	5437.5	26.9	1078.6	54.3	2592.2	24	1766.7	30.6
内蒙古	11672	24.8	1095.3	38.1	6367.7	36.7	4209	33.3
西部	81408.5	15.3	10701.3	−11	40694	33.8	30012.3	33
东部	250487.9	19.2	16257.4	−32.7	124530.1	35.6	109700.4	21.7
中部	105145.6	21.8	13574.1	−38.7	54840.7	37.2	36730.7	58.3
全国	401202	19.2	40533.6	−27	187581.4	36.2	173087	34.8

注：由于我国各省份在计算生产总值时，实行分级核算，其计算口径、范围、方法和依据都不统一，因此，各省份生产总值相加后一般不等于全国的 GDP。

资料来源：根据 2011 年《中国统计年鉴》相关数据计算。

从西部地区各省份产业发展情况来看，2010 年，四川、内蒙古和陕西的地区生产总值均超过了 1 万亿元人民币，踏入了"万亿俱乐部"；广西紧随其后，地区生产总值为 9569.9 亿元人民币，直逼万亿大关（见表 3-4）。上述四个省份的国民经济发展在西部地区处于领先地位，其中，四川省的优势最为明显，三次产业的增加值都处于西部地区的榜首，充分显示了其作为西部经济大省的强劲实力；内蒙古作为国家重要的能源、农畜产品深加工和重化工基地，第二产业驱动经济增长的特征非常明显，2010 年，其三次产业增加值均位列西部前三甲，并超过东部的海南、天津等省份，首次闯入全国 GDP "万亿俱乐部"，创造了令人惊叹的"内蒙古现象"；陕西的发展也主要得益于第二产业，特别是能源化工产业的迅猛发展；广西是西部地区唯一沿海的，近年来其积极发挥毗邻东南亚国际大通道的区位优势，并抓住北部湾经济区开发的机遇，加快了产业发展和城市化建设步伐，在经济总量水平上有了较快增长。

除了上述四个省份以外，重庆和云南的地区生产总值均超过了 7000 亿元人民币，处于中上游水平，新疆、贵州和甘肃次之，地区生产总值在 4000 亿元人民币以上，而宁夏、青海和西藏的地区生产总值最低，均不足 2000 亿元人民币。

（二）西部地区产业发展的问题分析

1. 产业结构总体水平较低，对民生的改善作用有限

从产业结构上看，尽管从 1998 年到 2010 年，西部地区的第一产业增加值在地区生产总值中所占比重持续下降，第三产业的比重也有所提高，但从 2010 年横向比较的数据看，西部地区第一产业所占比重仍明显高于东部 6.5% 和全国 10.1% 的平均水平，而且市场化水平较低，技术比较落后，广种薄收的传统生产方式仍比较普遍；第二产业比重低于中部地区，但分别高于全国和东部地区近 3.2 个和 0.3 个百分点，其中，能源开采和矿产挖掘等资源性产业所占比重较大，而机械、冶金、电子及电器机械加工等高附加值的产业发展明显滞后于东部地区（见图 3-8），轻工业发展尤其滞后；第三产业的比重高于中部地区 2 个百分点，但分别落后于东部地区和全国 6.2 个和 6.9 个百分点，是西部地区三次产业中与东部和全国平均水平差异最大的。

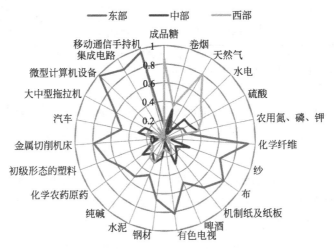

图 3-8 2010 年各地区全社会主要工业品产量比重

资料来源：根据 2011 年《中国统计年鉴》相关数据计算。

总之，从西部地区的产业发展状况来看，其产业结构与自身资源结构结合较为紧密，产业发展的资源密集性倾向十分明显，但总体水平低下，生产率明显落后，对人民生活的改善作用不足，对就业的吸纳能力有限。

从 2010 年民生的诸多指标上看，西部地区人民的生活水平和发展能力在全国比较中都是比较低或最低的。在人均收入和消费方面，城镇居民人均可支配收入中排名最后 10 位的省份中有 7 个位于西部地区；农村居民人均纯收入排名最后的 10 个省份中，西部地区占 9 个；在全国城镇和农村居民恩格尔系数最高的 10 个省份中，西部地区各占 6 个；而在体现发展能力改进的文化、教育和娱乐等产品和服务项目的支出比重上，全国占消费支出比重最低的 10 个省份中，西部城镇地带占 6 个，农村地带占 9 个（见表 3-5）。

表 3-5　2010 年西部地区民生经济的部分指标及其在全国的排名

省份	城镇居民人均可支配收入/全国人均水平		农村居民人均纯收入/全国人均水平		城镇居民恩格尔系数		农村居民恩格尔系数		城镇居民文教娱支出/总支出		农村居民文教娱支出/总支出	
	比值	位次	比值	位次	数值	位次	数值	位次	比值	位次	比值	位次
广西	89.3	12	76.8	25	38.1	10	48.5	3	10.8	19	5.3	28
重庆	91.7	11	89.1	19	37.6	12	48.3	5	10.6	22	6.6	22
四川	80.9	23	85.9	21	39.5	6	48.3	6	10.1	24	5.6	27
贵州	74.0	27	58.7	30	39.9	4	46.3	10	12.5	9	6.5	23
云南	84.1	15	66.8	28	41.5	3	47.2	8	9.2	30	6.1	24
西藏	78.4	26	69.9	26	50.0	1	49.7	2	4.9	31	1.9	31
陕西	82.1	19	69.4	27	37.1	14	34.2	28	13.5	5	10.5	6
甘肃	69.0	31	57.9	31	37.4	13	44.7	12	11.5	13	8.1	16
青海	72.5	29	65.3	29	39.4	7	38.2	18	9.4	27	5.3	29
宁夏	80.3	25	79.0	23	33.2	24	38.4	17	11.3	15	6.0	25
新疆	71.4	30	78.4	24	36.2	16	40.3	16	9.9	25	4.9	30
内蒙古	92.6	10	93.4	16	30.1	31	37.5	21	11.7	12	8.4	15

资料来源：根据 2011 年《中国统计年鉴》相关数据计算、整理。

　　三次产业的就业弹性系数可以用来反映各产业对就业的吸纳能力，即产业增加值每增长 1 个百分点带动的就业增长量。从 2010 年西部地区三次产业对就业的吸纳能力来看，2010 年，西部地区第一产业的就业弹性为-11%，高于中、东部和全国的平均水平；第二产业的就业弹性为 33.8%，是三大地带中最低的；第三产业的就业弹性为 33%，低于中部和全国的平均水平，但高于东部。总的来看，西部地区三大产业的就业弹性为 15.3%，即每万元地区生产总值的增加可带动 0.153 人的就业量，在各区域中处于最低水平，约比东部和全国平均水平低 4 个百分点，比中部地区低 6.5 个百分点（见表 3-4）。这表明与其他地带相比，西部地区新增产值对劳动力的吸纳能力较弱，其中，新增劳动力向第二、第三产业转移的力度尤为不足，现代产业对就业的带动作用没有得到充分的发挥。

　　从西部地区的就业的绝对量来看，2010 年，西部地区总就业人数为 21287.6 万人，其中，第一、第二、第三产业的就业量分别为 10148.9 万人、4198.5 万人、6940.2 万人，三次产业的就业比例为 48∶20∶32，东部地区的比例为 26∶36∶38，全国的比例为 37∶28∶35。这也进一步验证了西部地区第一产业的就业量偏高，而第二、第三产业的就业量偏低的事实。

2. 工业化存在"虚高"现象，城市化发展严重滞后

2009 年，西部地区实现工业增加值 28001.6 亿元人民币，增长 16.9%，比全国平均水平高出 5.9 个百分点，其中，内蒙古和四川的增速均在 20% 以上；同年，西部地区工业增长对 GDP 增长的贡献率为 51.2%，其中，内蒙古的贡献度高达 65.4%。上述数据表明，西部地区目前的工业化处于快速发展的阶段，且工业对 GDP 增长的拉动作用比较明显。

然而，具体考察西部地区的工业化进程，并将其与中、东部和全国的平均水平进行横向比较时，却呈现了另一番景象。衡量工业化进程阶段的指标主要有两种：一种是经济结构指标，如霍夫曼系数；另一种是经济总量及其人均量指标，如钱纳里对工业阶段的划分标准。

在工业结构方面，按照霍夫曼的观点，随着一国工业化的发展，制造业中的消费资料工业和生产资料工业（以轻重工业划分）之间的净产值比例的变化呈现出不断下降的趋势，该比例也被称为霍夫曼比例或霍夫曼系数。它表明，在工业化的早期阶段，工业结构以轻工业化为主，加工程度较低，随着工业化的发展，加工程度高的重化工业和机械加工业逐渐壮大，其在总产出中的比重也不断增加，即霍夫曼系数越小，重工业化程度越高，工业化程度也就越高。对照霍夫曼系数（见表 3-6），考察我国西部地区 2009 年工业内部结构变动情况，可以发现，我国西部地区的霍夫曼系数为 0.33（见表 3-7），中部、东部和我国的平均水平分别为 0.37、0.45 和 0.42。表明我国三大地带工业化进程均处于霍夫曼定理的第四阶段，即工业化的高级阶段，而西部地区的工业化水平是最高的。

表 3-6　霍夫曼系数与工业发展阶段的关系

阶段	霍夫曼系数
第一阶段	3.5 以上
第二阶段	1.5~3.5
第三阶段	1~1.5
第四阶段	1 以下

资料来源：参见《产业经济学》（赵玉林，2008）。

尽管西部地区的霍夫曼系数表明其工业化处于高级阶段，但 2009 年西部地区的人均 GDP 为 2823.7 美元，其中，贵州、云南和甘肃三地的人均 GDP 尚不足 2000 美元（见表 3-7），低于中部地区 3074.4 美元、全国 3748.8 美元的平均水平，而与东部地区 6539.4 美元的水平更是相去甚远。如果对照钱纳里的工业化进程划分标准，我国目前仅处于工业化的初期阶段，西部地区仅仅处于农业经济阶段，而内蒙古处于工业化初期的后半阶段，东部地区处于工业化的中期阶段（见表 3-8）。

表3-7 2009年西部地区工业化与城市化发展情况

省份或地区	城市化		工业增加值			霍夫曼系数❶	人均GDP/美元❷
	城市化率/%	比上年提高/%	数额/亿元人民币	增长率/%	对GDP增长的贡献率/%		
广西	39.2	1	3105.6	18.2	50.9	0.41	2348.9
重庆	51.6	1.6	2413.1	18.5	44.5	0.44	3355.3
四川	38.7	1.3	5966.5	21.2	58.2	0.50	2538.3
贵州	29.9	0.8	1374.3	10.6	33.6	0.28	1509.1
云南	34	1	2287.3	11.2	34.6	0.42	1982
西藏	23.8	1.2	32.9	10.8	6.8	0.68	2239.1
陕西	43.5	1.4	3781.5	14.8	49.7	0.18	3174.9
甘肃	32.6	0.5	1351.2	10.6	42.2	0.13	1884.4
青海	41.8	1.1	491.6	11	49.1	0.09	2847.9
宁夏	46.1	1.1	560.2	14.3	50.5	0.22	3188
新疆	39.8	0.2	1919.6	7.2	40.8	0.16	2919.3
内蒙古	53.4	1.7	4717.9	24.2	65.4	0.28	5896.9
西部	39.4	1.2	28001.6	16.9	51.2	0.33	2823.7

❶为了研究方便，此处选取各省份轻、重工业总产值的比例来近似地反映霍夫曼系数。
❷此处按人民币名义汇率（年平均汇价中间值）折算，2009年1美元=6.831元人民币。
资料来源：2009年各省份统计公报、2010年中国工业经济统计年鉴、2010年中国统计年鉴。

表3-8 钱纳里的工业阶段划分标准

工业化阶段		标志(人均GDP/美元)	
		以1970年美元计算	以2009年美元计算
农业经济阶段/初级产品生产阶段		140~280	1482~2964
工业化阶段	初期	280~560	2964~5928
	中期	560~1120	5928~11856
	后期	1120~2100	11856~22230
发达经济阶段	前期	2100~3360	22230~35568
	后期	3360~5040	35568~53352

资料来源：参见《工业化和经济增长的比较研究》，有修改（钱纳里，鲁滨逊，赛尔奎，1989）。

由此可见，尽管按照钱纳里的划分标准来衡量西部地区所处的工业化阶段未必完全准确，但通过分析至少可以看出，西部地区人均GDP水平低下，工业化存在着"虚高"现象。这主要表现在以下两个方面。

首先，西部地区工业内部结构失衡，重工业所占比例过大。造成这一现象的原因主要在于我国曾长期大力推进"重工业优先发展"的战略，即优先发展制造业，特别是重工业；通过工农产品"剪刀差"为制造业发展提供资金积累；限制发展以生产消费品为主的轻工业；轻视第三产业的发展（杨海军，肖灵机，邹泽清，2008）。其结果是导致"重工业重，轻工业轻"的结构性缺陷，轻工业和第三产业发展严重滞后，并表现出"高积累、低消费、低效率"的特征（陈佳贵，等，2007）。20世纪60年代初，国家曾开展"三线建设"，将大批重工业和国防工业项目布局在西部地区，这使得上述农、轻、重产业结构比例失调的特征在西部地区表现得更为明显。

其次，西部地区城市化发展严重滞后。一般认为，工业化是一个国家从发展中国家向发达国家迈进的必由之路，在这个过程中，劳动力会由农村向城市、由农业向工业和服务业等非农产业转移，从而引起农业人口向城市人口、农村居民点形式向城市居民点形式转化的过程，即表现为城市化不断扩大的特征。因此，城市化是工业化和经济发展的必然结果，是工业化的空间表现形式，并从一个侧面体现了一个地区的经济发展水平。西部地区的城市化严重滞后，2009年，西部地区城市化率达到39.4%，比2008年提高了1.2个百分点（见表3-8），与此同时，中部、东部和全国的平均水平分别为44.2%、57%和46.6%，可见，在三大地带中，西部地区的城市化水平是最低的。严重滞后的城市化给西部地区的经济社会发展造成了诸多负面影响，主要表现在以下几个方面。

（1）严重滞后的城市化限制了西部地区农村剩余劳动力的转移，给"三农"问题的解决带来了困难。目前，西部地区劳动力总量大约有2.13亿，其中，第一产业就业人数约为1亿，约占西部地区劳动力总量的一半。根据现有的资源状况来看，第一产业，尤其是农业的就业增长空间有限。这就意味着，对西部地区而言，未来农村剩余劳动力向非农产业转移的规模和力度都将大增。然而由于城市化的严重滞后，西部地区农村大量剩余劳动力将不得不滞留在农村和农业部门，导致农业劳动生产率低下，农民收入增长缓慢。

（2）城市化滞后抑制了西部地区消费需求的增长，导致西部地区经济增长缺乏动力。城乡居民在可支配收入、消费习惯、消费环境等方面都存在着巨大差异，因此，城市居民的消费能力、消费量和消费层次都远高于农村居民。2010年，西部地区农村居民年人均消费量为34732.56元人民币，其中，文化、教育、娱乐等自我发展和享受型消费所占比重仅为7.8%；而城市居民年人均消费量是农村居民的3倍之多，约为134605.26元人民币，其中，文教娱等消费所占比重为11%。城市化除了对消费需求增长产生直接贡献之外，城市人口的增加还会带动城市基础设施建设和服务业的发展，而这两者本身又会创造出新的消费需求，并为地区经济增长注入强劲动力。然而，西部地区城市化发展滞后，城市人口所占比重过低，因此，西部地区总体消费需求的增长长期受到抑制，经济增长不得不依赖于投资和出口，其稳定性和可持续性都面临着极大的威胁。

此外，城市化的严重滞后还导致了西部地区规模经济和集聚经济的损失，城市功能无法充分发挥，阻碍了西部地区产业结构的调整和第三产业的发展。

3. 传统产业的发展面临着生态环境问题的严重冲击

从发展的制约条件上看，除了物质资本要素缺乏、人力资本积累不足以外，我国西部地区产业发展面临的最为突出的问题就是人地关系紧张，生态环境脆弱。

首先，从第一产业尤其是农业发展的角度来看，尽管西部地区的劳均耕地面积在三大地带中处于领先地位，但这主要得益于西部地广人稀，如果从土地资源的实际利用效率来看，至 2007 年年底，东、中、西三大地带的土地面积分别占全国的 11%、18% 和 71%，西部地区的国土面积在全国总面积中占据 2/3 强的比例，但在可耕地面积方面，三者占全国的比例分别为 25%、38.1% 和 36.9%，西部地区的可耕地面积仅占全国可耕地面积的 1/3 左右，也就是说，西部地区土地资源的实际利用效率是比较低的。

造成这一状况的原因主要在于西部大多数地区处于我国的四大生态脆弱带（高寒、沙漠、黄土和喀斯特地带），全区除四川、云南、贵州和广西以外，大部分地区较为干旱，截至 2007 年年底，该地区的荒漠化率为 30.4%（见表 3-9），其中，新疆、宁夏、内蒙古和甘肃的荒漠化率均已超过 50%，新疆和宁夏更是分别高达 86.1% 和 76%。

表 3-9　2007 年各地区生态状况

	土地面积所占比重/%	可耕地面积所占比重/%	荒漠化率/%	水资源密度/（m³/km²）	水土流失率/%
东部	11	25	5.4	486084.4	12.9
中部	18	38.1	2	339832	23.7
西部	71	36.9	30.4	209948.3	27.6

资料来源：中国可持续发展研究网。

严重荒漠化导致该地区水资源严重紧缺，2007 年西部地区的水资源密度为209948.3m³/km²，东部、中部地区分别为 486084.4m³/km² 和 339832m³/km²。而在西部地区干旱缺水的同时，当地的水土流失现象也较为严重，2007 年西部地区的水土流失率为 27.6%，而东部、中部地区分别为 12.9% 和 23.7%，在全国水力侵蚀面积超过 10 万 km² 的 7 个省份中，西部就占了 6 个。农业是最大的水资源消耗部门，西部地区人地关系紧张、水资源短缺的问题将对当地农业的发展造成严重的冲击，因此，从长期来看，农业在西部地区的比较优势趋于下降，占西部 GDP 的比重将进一步缩减。

其次，从第二产业发展的角度来看，西部地区拥有丰富的矿产和能源储备，并由此形成了以能源、原材料工业、矿产资源开发为主的产业格局。然而，大规模的自然资源开发，使得西部地区本就脆弱不堪的生态环境如履薄冰。中国科学院可持续发展战略研究所在《2010 中国可持续发展战略报告》中，选取能源消耗总量、用水总量、固定资产投资（间接表征对水泥、钢材等基础原材料的消耗）、化学需氧量（COD）排放、二氧化硫排放量、工业固体废物排放量等七大类指标构建了资源环境综合绩效指数（Resourse and Environment Performance Index，REPI），对 2000—2008 年我国各地区的生态环境状况进行了比较，REPI 值越大，表示资源环境综合绩效水平越高。研究结果显示，除东部地区以外，东北、中部和西部地区❶的 REPI 值均低于全国平均水平，而西部地区的 REPI 值始终处于全国最低水平（见图 3-9）。另外，该研究还显示，REPI 值与经济结构存在着明显的相关性，即第二产业的产值比例越高，REPI 值就越低，资源环境状况就越差；而第三产业的比例越高，REPI 值就越高，资源环境绩效就相对较好。这也在很大程度上说明了大力发展第三产业、优化经济结构对地区资源和环境状况的改善和提升作用（中国科学院可持续发展战略研究组，2010）。

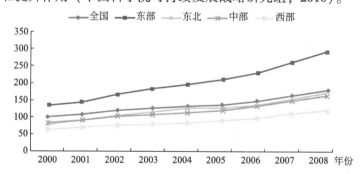

图 3-9　2000—2008 年全国及各地区 REPI 值比较（以 2000 年为 100）

资料来源：参见《2010 中国可持续发展战略报告——绿色发展与创新》

（中国科学院可持续发展战略研究组，2010）。

---

❶　此处的东北地区包括三大地带划分方法中部地区的黑龙江和吉林，以及东部地区的辽宁，因此，在四大地带划分方法中，西部地区仍包括原有的 12 个省份。

西部地区长期以来一直沿用的"高投入、高消耗、高污染、低产出、低效率"的粗放型经济增长模式是导致当地资源环境综合绩效低下的罪魁祸首，而这种经济增长模式不仅给当地的资源环境带来巨大的压力，而且也给全国资源环境带来强烈的冲击。在全球应对气候变化和生态环境危机的大背景下，我国面临着日益增加的减排和生态环境保护压力，这就决定了西部地区目前这种以牺牲资源环境为代价的粗放型经济增长的方式已难以为继，必须努力寻求一种符合西部地区区情的、资源节约型和环境友好型的绿色发展道路。

二、西部地区的优势产业选择——旅游业

从以上的分析可以看出，目前，西部地区的产业发展不平衡，主要表现在第一、第二产业所占比重较大，第三产业发展缓慢；第二产业，尤其是工业内部结构不合理，重型、原材料型产业所占比重过大，并导致对就业的拉动作用和民生的改善作用有限、城市化严重滞后、内需不足等问题。此外，在资源环境问题的约束下，西部地区的传统产业——农业的比较优势呈下降趋势，而重工业的发展也面临着瓶颈，只有服务业尚具有比较优势和增长潜力。林毅夫曾指出，在必要的基础设施和市场条件尚未具备的情况下，形成和维持工业生产能力的代价是十分昂贵的，与发展工业相比，中、西部地区发展第三产业要更容易些，也更合乎当地的需求（林毅夫，蔡昉，李周，1998）。

旅游业是第三产业的重要组成部分，McGuire（2002）认为，发展中国家和地区利用其丰富的劳动力，具有发展旅游、运输等服务贸易的比较优势。从本章第一节的分析可以看出，当今区域分工和贸易的主流趋势是以要素禀赋和技术等条件相似的国家或地区之间的贸易活动为主，即表现为发达国家或区域之间的产业内贸易占据了国际或区际贸易总量的很大比重。林德尔用偏好相似理论解释了这种条件相似的国家或地区之间的贸易现象，他认为，区域分工所进行的专业化生产必须有相应的需求市场，而两个区域之间的经济社会发展水平越相似，其相应的消费需求和消费结构就越相似，那么，这两个区域就可以互为市场，彼此消化对方进行专业化生产所产出的产品。

然而，作为服务贸易中的传统项目，旅游服务贸易的发展并不遵循这

种条件相似理论的发展模式。如果单纯从旅游需求与旅游资源（或旅游产品）之间的对应关系来进行分析的话，旅游服务贸易的发展表现为以条件相异的地区，即发达地区（或核心区）与欠发达地区（或边缘区）之间的产业内（旅游业内）分工与贸易为主的现象。这是因为旅游需求本身具有"求新、求异"的特征，发达地区的居民往往对欠发达地区未经人为破坏或修饰的、原生态的自然和人文景观具有浓厚的兴趣；而欠发达地区的居民又会对发达地区的现代的、科技化的景观和城市风貌充满向往。但如果将旅游者的支付能力也考虑在内的话，那么，发达地区和欠发达地区的旅游服务贸易则主要表现为，以发达地区为主的旅游客源地和以欠发达地区为主的旅游目的地。在这个过程中，发达地区的财富会以旅游消费、投资等的形式转移到欠发达地区，形成欠发达地区的"经济注入"，并为当地主导产业的发展积累资本、人才等必要的生产要素，从而推动当地的经济发展。

对于我国西部地区而言，旅游业是综合性的优势产业。首先，西部地区自然景观独特、民族文化多元、历史文化悠久，具有"世界民族文化博物馆"和"世界天然博物馆"的双重美称，丰富而独特的自然和人文旅游资源不仅与东部地区的旅游资源和市场有很强的互补性，而且对国际市场具有很强的吸引力，为西部地区发展旅游业提供了坚实的基础条件；其次，旅游业是劳动密集型行业，且就业门槛相对较低，而西部地区在劳动力资源方面具有明显的比较优势，为发展旅游业提供了稳定、可靠的人力支持；此外，西部地区旅游业发展起步较晚，但随着经济的发展，东部发达地区的开发空间逐步缩小，西部地区的旅游资源成为投资者较好的选择（闫坤，于树一，2006），其旅游业发展具有较大的后发优势。西部大开发的 10 年间，西部地区各省份的国内旅游收入逐年递增，年均增长率在 15% 以上，其中，重庆和四川的年均增长率均超过了 30%，进入年均增长率排名前 10 的省份行列中（见图 3-10）；旅游总收入占 GDP 总值的比例稳定在 5.31%~9.53%，占第三产业总收入的比例（2003 年除外）保持在 16.89%~25.35%，旅游业已经发展成为西部第三产业的支柱。

旅游业集中了西部地区的比较优势和潜在后发优势，有着重要的战略意义。"十一五"期间，西部各省份都将旅游业列为优势产业，而四川、云南、西藏、陕西更是将旅游业定位为支柱产业（见表 3-10）。

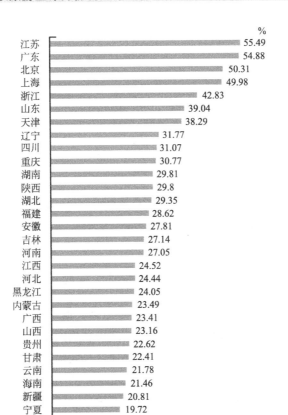

图3-10　2000—2010年各省份国内旅游收入年均增长率

资料来源：根据2001—2011年《中国旅游统计年鉴》相关数据计算。

表3-10　西部地区各省份优势产业与支柱产业

省份	优势产业	支柱产业
四川	旅游、高科技、机械、电子、冶金、化工	电子信息、水电、机械冶金、医药化学、旅游、食品餐饮
重庆	电子信息、生物工程、环境保护、光机电一体化、旅游	机械、化学、冶金
云南	现代医药、花卉、文娱、机电、建材、旅游	烟草、生物资源开发、矿产、旅游
贵州	能源、原材料、机械电子、轻工业、旅游	烟酒、电力、有色金属、化工
广西	农副食品加工、化学原料及化学制品制造、造纸机纸制品、医药制造、旅游	农业、果蔬种植、冶炼
西藏	农业、畜牧、加工、旅游	开采加工、旅游
新疆	旅游、住宅、有色金属开发、名牌产品	石油化工、棉花纺织

省份	优势产业	支柱产业
青海	特色农牧、旅游	水电、石油天然气、化工、有色金属
宁夏	绿色食品加工、生物药品和生物工程、能源、新材料、机电、特色旅游	能源、化工、冶金
甘肃	农副产品加工、生物制品、石油天然气、原材料深加工、旅游	石油化工、冶金、机械电子、轻纺食品
陕西	科技、旅游、果品、军工	电子、机械、医药、化工、能源、食品、旅游
内蒙古	农畜产品加工、能源、冶金、化学、装备制造、旅游、高新技术	农畜产品加工、能源、冶金、化学

资料来源：根据西部各省份"十一五"规划整理。

（一）旅游业是富民兴边、促进协调发展的民生产业

尽管我国西部地区地大物博、自然资源丰富，但由于绝大部分地区地处边疆，交通区位不便，经济发展水平较低，加之可利用资源供给有限，仍然存在着巨大的资源、环境、人口压力。此外，西部地区是我国贫困人口集中、贫困程度较高、返贫现象较为严重的地区，是我国扶贫工作的主要战场。因此，促进西部地区经济增长、改善民生、扩大就业就成为西部地区经济发展过程中的主要政策目标。

通过上文的基础条件分析可以看出，西部地区的典型特征是自然资源和劳动力资源相对富集，但人力资本和物质资本相对稀缺，且生态环境极其脆弱，因此，西部地区实现经济增长和富民目标的关键是充分利用当地的资源和劳动力优势，尽快突破资本瓶颈，实现经济快速增长，同时保持经济与社会、环境的协调发展。旅游业是西部地区实现富民、协调发展目标的优选产业。通过发展资源依托型观光旅游业和特色工农业旅游，发挥旅游业"穿针引线""旅游搭台，经济唱戏"的杠杆作用，把开发旅游业所需而正是西部地区所缺的资金、知识、人才等资本和技术，通过旅游产品和项目开发，以及相关配套设施的建设等途径引入当地（申葆嘉，2003），这可以为西部地区经济发展积累必要的人力资本和技术等波特所谓的高级要素的储备，还可以通过旅游业的产业关联和波及效应、旅游消费的乘数效应、就业拉动效应等带动当地经济的发展。

首先，发展旅游业可以充分利用西部地区丰富的自然和人文旅游资源，实现"风景的就地出口"，为当地的经济发展积累资金、人才、技术等必要的生产要素。

一方面，在旅游产品和项目开发所带来的预期收益的影响下，区域内外的人才、资本和技术等生产要素会被整合和吸引到游览、娱乐、住宿、餐饮等产业上❶，促进这些产业的发展和繁荣；另一方面，围绕着旅游目的地体系建设，还可以加快西部地区交通、城建、通信、供电供水、环境卫生、公共标志等基础设施的建设，改善当地的区域形象和投资环境，提升当地的产出水平，进而吸引多方投资并提高当地居民的消费总额和收入水平，使资源在地区间实现优化配置，从而缩小其与东部地区的经济差异。此外，作为最终需求性产业和下游产业，旅游业与农业、工业、建筑业、食品制造、金融保险等行业都有着广泛的联系，尤其与上游产业的关联十分紧密，并对其发展产生极大的影响，因此，发展旅游业不仅会给当地带来直接的经济收入，而且还会通过乘数效应、产业关联和波及效应的发挥，给当地带来间接的经济效应和引致效应。

其次，发展旅游业可以改善西部地区的产业结构，促进当地经济的持续增长。

合理的产业结构是经济进一步发展的基础，它将促使经济向更高的水平发展（崔玉泉，王儒智，孙建安，2000）。目前，西部地区第一、第二产业所占比重过大，第三产业发展严重滞后，经济增长主要依靠能源、矿产等原材料产业的发展来带动，投资和出口驱动经济增长的特征十分明显，不利于当地经济的持续增长。现代经济增长的事实表明，第三产业的产值及其在国民经济中所占的比重是衡量一个国家或地区经济发展成熟程度的一个重要指标。随着经济的发展，第三产业在国民经济中的比重将不断增加，并逐渐成为国民经济的主导产业和推动经济增长的主要动力。旅游业是第三产业的重要组成部分，通过发展旅游业可以使西部地区长期以来形成的不合理的产业结构得到调整，促进西部地区经济的持续增长。同时，发展旅游业促进了我国东、中、西三大地带之间的交流和合作，这不仅有利于西部地区的经济发展，也为西部地区承接东部产业转移提供了大量机会，从而有利于当地产业结构转型升级。此外，旅游业还是促进最终消费、扩大社会投资的有效途径，通过发展旅游业将有利于西部地区"扩内需、促消费、保增长"战略的实施，并形成投资、出口和消费协调拉动经济增长的局面。

最后，发展旅游业可以扩大就业，并有利于西部地区人民脱贫致富。

就业是民生之本，保障民生的首要问题就是保障就业。西部地区城市化发展

---

❶　宋子千等（2001）和李江帆等（2001）将旅行社、旅馆业、游览业等归为旅游基本行业，即狭义旅游业；而直接为旅游者提供商品和劳动的交通、餐饮、住宿、娱乐、商业、通信和社会服务等行业被命名为旅游相关行业，即通常所说的广义旅游业。

滞后,农村人口约占其总人口的 60%,尽管第一产业的从业比重高于第二、第三产业,但农村仍然存在着大量的剩余劳动力难以实现就地安置;此外,西部地区城市下岗职工的数量也较庞大,再就业安置存在着较大的困难。总的来看,就业问题已经成为制约西部地区经济社会发展的重要因素,它不仅关系着当地居民的生存与发展,还影响着社会的和谐安定。旅游业作为劳动密集型产业,对劳动力的吸纳能力很强,同时,旅游业的就业门槛相对较低,这就为西部地区农村剩余劳动力、城市下岗职工等不具备高级劳动技能的人员提供了就地安置和转移的机会。

旅游业在吸纳大量剩余劳动力的同时,还能够提高西部地区的劳动生产率,增加当地居民的经济收入,提高其生活水平,改善其生活环境,对改变西部地区的贫困现状,促进当地居民脱贫致富具有重要作用。西部地区是我国的扶贫工作的主战场,许多贫困地区同时也是旅游资源富集区,通过有目的、有组织地开发利用旅游资源,发展旅游业,可以使农民、下岗职工等低收入群体成为增收的直接受益人,帮助大批的"老、少、边、穷"地区脱贫致富。此外,发展乡村旅游,可以改善农民的基本生存状态,拓展农民的发展空间,提升农民的生活品质,旅游型村镇的建设更能加速农村的城市化进程(建设部、国家旅游局联合课题组,2006),改变农村的落后面貌,促进农村基础设施建设和精神文明建设,促进城乡协调发展,从而有利于"三农"问题的解决和社会主义新农村建设目标的实现。

(二)旅游业是建设"两型社会"、实现可持续发展的绿色产业

西部地区是我国的生态安全屏障,生态地位十分重要。同时,西部地区又是生态环境极端脆弱区,水土流失、土地荒漠化等现象非常严重,人地关系矛盾十分突出。脆弱的生态环境不仅长期阻碍着西部地区潜在优势的发挥,还对我国其他地区的生态环境和生态安全构成了极大的威胁。因此,西部地区的生态建设不仅关系到西部大开发的成败,而且还关系到西部乃至全国的可持续发展。目前,西部地区正处在经济快速增长的阶段,在其他条件假定不变的情况下,经济规模的扩大通常需要消耗更多资源和向环境排放更多的废弃物,因此,对资源环境的压力也不断增大。同时,西部地区经济结构上的重型化特征在很大程度上决定了当地经济发展的资源、能源密集型特征,以及污染物密集排放的特征,而西部地区本身生态环境就十分脆弱,再加上环境基础设施建设严重滞后、环境治理能力不足,从而给当地资源环境问题的解决带来了更大的压力和困难。

我国在十六届五中全会上正式提出了建设"两型社会"的目标，即努力构建一个资源节约型、环境友好型、人与环境和谐共生的社会形态。2010年10月，十七届五中全会进一步提出，要坚持把建设"两型社会"作为加快转变经济发展方式的重要着力点。通过"两型社会"建设，可以促进低消耗、低污染的高新技术产业和现代服务的发展，提高区域的可持续发展能力，促进经济结构优化，为解决和缓解西部地区的人地关系矛盾和环境压力、加快经济发展方式转变指明了根本途径。因此，建设"两型社会"符合西部大开发的核心需求，也应当成为实施西部大开发战略的重要载体。旅游业是最能够集中体现科学发展观、最契合"两型社会"建设要求的产业。丰富的资源和良好的环境是旅游业赖以生存的根本和依托，因此，与其他产业相比，旅游业在发展的过程中更加突出生态理念，强调走生态化的发展路径，以协调资源利用和环境保护之间的关系，从而实现自身的可持续发展。旅游业发展以保护资源和环境为基础，资源消耗量低，环境污染量小，是真正的"资源节约型、环境友好型"产业。

2011年3月，十一届全国人大四次会议将"十一五"时期所提出的主体功能区概念正式上升为国家战略。主体功能区战略以经济、人口、资源环境的协调发展为最终目标，强调通过对产业布局和经济结构进行合理引导，实现集约化、生态化和可持续发展。该战略的提出一方面推动了西部地区建设"两型社会"的具体实践，另一方面使西部地区实现跨越式发展的任务变得更加艰巨。跨越式发展是一种兼顾当前发展与长远发展，追求速度与效率并重，经济、社会和资源环境协调发展的模式（彭玮，邹进泰，2011）。西部地区地处边疆，经济体制相对滞后，经济实力相对较弱，资源环境非常脆弱，谋求经济跨越式发展是其唯一出路和必然选择。但主体功能区战略要求将不同的区域按照资源环境承载力、现有开发密度和发展潜力等因素，划分为优化开发区、重点开发区、限制开发区和禁止开发区四大类型。其中，限制开发区是指生态系统脆弱、生态重要性程度较高、自然灾害危险性大，大规模集聚经济和人口的条件不够好，且关系到全国或较大范围生态安全的区域（安然，张舟，罗静，2009）；禁止开发区包括国家级自然保护区、国家重点风景名胜区、世界自然和文化遗产、国家森林公园等，自然文化资源的原真性和完整性是该区域的最大优势。按照这一划分方式，西部地区有很大一部分区域被划分为限制开发区和禁止开发区，二者的主体功能是生态保护和水土保持，这就在客观上要求西部地区限制甚至放弃"高能耗、高污染、高投入、高回报"的重化工行业，转向发展一些经济效益和规模等与重化工业相比较低的绿色产业。而旅游业就可以作为限制和禁止开发区的重点产业和优选产业，旅游业的生态化发展将最大限度地减小对资源环境的危害，能更有效地回避工业化、现代化进程中对传统文化生存环境的直接改变和破坏（普荣，2008）。此外，旅游业作为潜力巨大、前景优良的产业，能够在保护生态环境的同时，有效地优化区域经济发展格局，促进当地经济发展。

（三）旅游业是推动民族团结、边疆稳定的和谐产业

西部地区民族构成多样、复杂，且地理位置靠近边疆，陆地边界线长，在我国 14 个陆地邻国中，与西部地区毗邻的就有 13 个，因此，民族问题和边疆问题都十分突出。

首先，旅游业可以在增进民族团结、维护边疆稳定方面发挥重要作用。当前，西部少数民族地区经济社会发展中最紧迫的任务就是要加快民生建设，提高少数民族的生活水平和就业水平，改善其生活环境，使其能够共享经济社会发展的成果。只有解决好少数民族广大人民的民生问题，使他们从经济发展中获得益处，才能真正建立起和谐的民族关系，为实现西部民族地区稳定奠定坚实的社会基础。旅游业是重要的民生产业，通过开展乡村旅游、边境旅游等特色旅游项目，可以帮助西部民族地区的广大群众摆脱贫困，增加其就业机会，促进当地基础设施和生活环境的改善，使少数民族的群众实实在在地享受到经济社会发展所带来的收益。

其次，国际旅游素有"和平的使者、友谊的桥梁、亲善的动力"的美誉，西部地区与多个国家地缘关系、亲缘关系密切，通过开展和组织多元、多维的跨国旅游合作，可以使旅游者加深对不同国家和地区、不同民族和种族、不同意识形态和宗教信仰、不同文化和生活方式的了解，消除固有的无知和偏见，从而实现不同文明之间的交流和依存，进而把文化要素转化为国家的软实力。

另外，西部地区的少数民族多居住在偏远地区，区位和交通不便造成了其封闭、落后的发展局面，许多高品质的自然和人文旅游资源往往不被外界所知晓，而其本身的民族风俗和传统也难以得到外界的了解和认同。通过开展旅游业，一方面，可以对当地原生态的民族文化、风俗起到保护作用；另一方面，还可以提高当地对外开放的程度，增进不同民族之间的交流，从而有助于各民族文化的传承和发扬，进而增强中华民族整体的向心力和凝聚力。

本 章 小 结

（1）本章通过对区域分工理论、区域经济增长理论进行分析，认为在合理的区域发展战略下，基于比较优势开展的区域分工是欠发达地区加快经济发展步伐、尽快追赶发达地区的可行路径，从而为我国"十二五"规划纲要中所提出的以"发挥区域资源优势，发展特色优势产业"来促进区域经济协调发展这一观点（建议）进行了理论验证。

（2）在此基础上，本章构建了基于区域分工理论的比较优势分析框架，并从自然资源、劳动力、物质资本和人力资本四个方面对西部地区的比较优势进行了分析，结果显示，西部地区在自然资源和劳动力资源方面都具有明显的比较优势，而在人力资本和物质资本方面与东部地区的差异较大。

（3）对西部地区产业发展的现状和问题进行分析，结果显示，西部地区的第一产业，尤其是农业所占比重过大，第二产业中，能源、矿产开采和加工等重工业所占比重过大，产业结构对民生的带动作用有限，尤其是对与劳动力就业、城市化和消费的带动作用有限。另外，在生态环境压力下，西部地区的第一、第二产业未来的增长潜力较小，比较优势将逐步下降，只有第三产业具有比较优势。

（4）旅游业是第三产业的龙头，发展旅游业可以充分发挥西部地区在旅游和劳动力资源方面的比较优势，而且还可以促进西部地区农村剩余劳动力的转移，有利于西部地区"两型社会"的建设，并有利于西部地区的边疆稳定和民族团结。因此，旅游业是西部地区在保护环境、发展经济、富民兴边等多重目标下的必然选择，可以作为西部地区促进区域经济发展、尽快缩小与东部地区经济差异的"特色优势产业"或主导产业。

第四章　旅游业对区域经济差异的影响机理——基于要素流动的分析

从第三章的分析我们可以看出，对于劳动力和自然资源富集但环境脆弱的西部地区而言，旅游业是该地区在保护环境、发展经济、富民兴边等多重目标下的必然选择，是西部地区的"特色优势产业"。按照我国的区域发展总体战略，充分发挥各地区的比较优势、培育特色优势产业是加快欠发达地区经济发展，尽快缩小与发达地区的经济差异，促进区域经济协调发展的重要途径。因此，旅游业自然被赋予了促进我国西部欠发达地区经济发展、协调区域经济差异的功能。事实上，对于任何一个国家而言，旅游业在起步阶段的主要功能都是经济功能（魏小安，2000），因此，以发展旅游业来带动发展中国家和地区经济发展，并缩小与发达国家和地区的经济差异早已被国内外学者高度关注。

在第二章中，本书对旅游的区域经济差异影响理论进行了梳理，纵观国内外的相关研究，尽管学者们从不同的角度入手，分析了旅游对区域经济差异的收敛和发散作用，但普遍存在的问题是没有对旅游影响区域经济差异的机制进行深入细致的研究，因此，本书在已有研究的基础上，借鉴区域要素流动理论和区域旅游流理论来分析旅游对我国区域经济差异的影响机理。

应当说明的一点是，我国是一个发展中大国，区域经济协调发展同时面临着缩小与发达国家的国际经济差异和缩小国内三大地带之间，尤其是东、西部之间区际经济差异的双重任务。因此，旅游对区域经济差异的协调作用也包括缩小国际经济差异和国内区际经济差异两个方面。此处探讨的重点是国内旅游对国内区际经济差异的影响机制。

第一节　区域要素流动与区域经济差异的形成

区域要素流动是以改进区域经济效益为直接目标的区际和区内要素转移行为。从增长的意义上讲，区域要素流动是要素在区内和区际的优化配置过程；从流通的意义上讲，区域要素流动是具有比较优势的商品和劳务超越本地要素市场，向更广大的区域市场扩展的过程（杜肯堂，戴士根，2004）。区域分工理论解释了各区域在要素禀赋的基础上所形成的比较优势及其所引起的贸易现象。然而，一个国家或地区经济的发展不仅取决于本国或本区域内自有要素禀赋的存量及对其的开发利用能力，还取决于该国或该地区对外部生产要素的吸引和开发利用程度，即生产要素的输入量。由此可见，区域要素流动是一个国家或区域经济增长与发展的巨大推动力（陈秀山，张可云，2003）。

由于空间非均质性的存在，在区域经济发展的不同阶段，要素在空间上的流动表现为集聚、扩散等不同形态，并改变着区域经济发展的空间格局。一般而言，由于生产要素有追求高报酬率的逐利性，因此，要素流动总是趋向于从要素报酬率较低的区域向要素报酬率较高的区域流动，且区域之间在地理区位、要素禀赋、经济社会发展水平等方面相差越大，这种流动就越为频繁。但是，由于受贸易壁垒、运输成本等因素的限制，要素的流动并不是完全自由、毫无限制的，与国家之间的要素流动相比，一国内部各地区之间的要素流动要更为自由，也更为频繁。这就为我们运用区域要素流动理论来分析我国各个区域之间的要素聚合过程，及其所导致的区域经济空间格局的变化等问题提供了一个突破口。

一、区域生产要素的组成及其流动模式：集聚与扩散

（一）区域生产要素的组成

区域生产要素是区域经济增长所需要的有形的或无形的投入。"有形"生产要素可以用生产函数的各个解释变量来表示，而"无形"要素则可通过生产函数的函数形式来反映（赵儒煜，邵昱晔，2011）。

关于生产要素的组成，早期的学者坚持劳动价值论，认为劳动是经济增长的唯一源泉。17世纪，威廉·配第在《赋税论》提出了"土地是财富之母，劳动是财富之父"的著名论断，由此形成了物质资料生产源自土地和劳动的两要素论。此后，亚当·斯密在坚持劳动价值论的基础上，认为土地、资本、劳动及基于分工的劳动生产率和技术等要素均是国家财富的来源，间接地提出了劳动、资本和土地共同影响经济增长的三要素论。随着经济增长理论的兴起与发展，人们对生产要素组成的认识逐步深化。以索洛-斯旺为代表的新古典增长理论认为经济增长主要来源于劳动和资本，并把不能由这两种要素投入解释的部分称为"索洛余值"，这个余值就是广义上的技术进步，而广义的技术进步对经济增长具有重要的贡献。以罗默和卢卡斯为代表的新增长理论认为技术是内生于经济增

长模型的，从而弥补了新古典增长理论技术外部性的不足，并且充分肯定了人力资本、教育投资、技术研发与创新、技术外溢等对经济发展的决定性作用。20世纪70年代以后，丹尼森和库兹涅茨进一步发展了经济增长的要素理论，并将索洛余值进行了细化，即把经济增长的因素分为生产要素投入和全要素生产率两大类，其中，生产要素投入包括就业人数、就业者的年龄性别构成和受教育年限、工作时数、资本存量的大小四项内容；全要素生产率则被分解为资源配置效率的改善、市场范围和规模的扩大、知识的进展及其在生产中的应用三项内容。

由此可见，人们对区域生产要素组成的认识随着经济的发展和经济理论的演进经历了一个逐步深化的过程。现代经济理论认为，从长期供给的角度分析，影响经济增长的主要因素是要素供给的增加和全要素生产率的提高（石传玉、王亚菲，王可，2003），其中，生产要素的投入主要包括自然资源、劳动、资本、技术、信息和管理等要素，这几种要素基本上能够概括当今区域经济发展的要素基本需求和特征。对于自然投入要素，如土地、原材料和矿产能源而言，由于其具有地域固着性，因此，这些要素的流动性较差或几乎不能流动。即使是以商品形式所承载的自然要素流动也要受到距离衰减规律的影响，造成其在不同区域之间的流转受到限制或弱化。同样，尽管劳动、资本、技术等要素的流动性较强，但也要受到贸易壁垒、区域保护政策、户籍制度、专利保护措施等方面的限制，导致这些要素的转移成本上升，流动受限。

（二）区域生产要素的流动模式：集聚与扩散

区域生产要素流动是以区域经济效益改进为直接目标的要素的转移行为（王光龙，2011），生产要素的流动改变了生产要素的组合和联系，并在空间分布格局上呈现集聚与扩散两种效应。所谓区域要素的集聚效应，是指生产要素在报酬差异的吸引下由边缘区（或欠发达地区）向核心区（或发达地区）集中，而扩散效应与集聚效应相对立，它主要表现为生产要素由核心区（或发达地区）向边缘区（或欠发达地区）流动。生产要素在空间上的聚散过程中，相互之间形成外部性，从而使生产要素的报酬发生了变化。

以缪尔达尔和赫希曼为代表的非均衡增长理论从对空间二元结构的分析入手，对区域生产要素的流动效应进行了论述。缪尔达尔认为，生产要素的流动具有"极化""扩散"和"回流"三种效应。由于空间非均质性的存在，生产要素起初会在一些经济基础、交通区位等条件较好的地区集聚，即产生其所谓的"极化"效应，并推动当地经济发展。而随着生产要素的不断集聚，发达地区生产规模的不断扩大会引起生产要素供应紧张，从而引起生产成本上升，要素报酬减少,生产要素会向其他地区流动,即产生所谓的"扩散"效应。而"回流"效应与"极化"效应相似,即扩散到欠发达地区的生产要素由于无法被该地区吸收和利用,又重新流回到发达地区。缪尔达尔认为,在市场机制的作用下,生产要素的"极化"效应和"回流"效应往往要大于"扩散"效应,因此,区域之间必然出现分异。而且,这种发展的不平衡是一个自我强化的作用过程,其结果就是发达的地区更发达、落后的地区更落后的"马太效应"。赫希曼的观点与缪尔达尔相似,只是他以"涓滴"效应来表示生产要素从发达地区向欠发达地区的扩散过程。

二、区域要素流动对区域经济增长的影响:收敛与发散

在区域要素流动理论下,生产要素会在区域之间产生集聚和扩散两种流动态势,并影响着要素输出区和要素输入区的要素结构和要素组合,进而影响着不同区域的经济发展水平和区域之间空间格局的变动。缪尔达尔和赫希曼等学者认为,生产要素的回流效应或极化效应要大于扩散效应或涓滴效应,区域经济差异的存在是必然和长久的。但在不同的经济增长理论框架下,生产要素的集聚和扩散对区域经济差异的影响呈现不确定性。

(一)基于新古典增长理论的分析

在经济发展的起步阶段,经济增长主要由劳动、资本等外生要素驱动,技术进步非常缓慢,或者基本上就不存在技术进步效应。由于劳动和资本等要素一般具有边际收益递减的特征,且在经济发展的早期阶段,分工程度比较低,要素组合不存在规模经济或规模报酬递减,因此,可以用新古典增长模型对这一发展阶段下的要素流动效应进行分析。

在典型的新古典增长模型中,生产函数具有 $Y_t = F(K, L)$ 的形式,并被假定是二阶连续可微的,且满足以下条件:

(1) $\frac{\partial F}{\partial K} > 0$,$\frac{\partial^2 F}{\partial^2 K} < 0$,$\frac{\partial F}{\partial L} > 0$,$\frac{\partial^2 F}{\partial^2 L} < 0$,即要素的边际收益大于零且递减;

(2) $F(\lambda K, \lambda L) = \lambda F(K, L)$ 对任意的 $\lambda > 0$ 成立,即生产函数具有一次齐次性,即要素组合的规模报酬不变;

(3) $\lim_{K \to 0} F_K = \lim_{L \to 0} F_L = \infty$,$\lim_{K \to \infty} F_K = \lim_{L \to \infty} F_L = 0$,即资本或劳动投入量趋向于零时,其边际产出趋于无穷大,而当其投入量趋于无穷大时,边际产出趋向于零,其中,F_K 和 F_L 分别为资本和劳动的边际产出。

由此可见,尽管在初期劳动和资本等生产要素向核心区和发达区的集聚可以

促进这些地区的经济增长，并导致区域经济差异的扩大，但从长期来看，随着要素积累的增加，要素成本上涨和拥挤效应会使要素的边际报酬递减，当积累的要素趋于无穷大时，要素的边际产量为零，此时，生产要素会自发地向由于要素存量较低而回报率相对较高的边缘或落后区扩散，并促进边缘区和落后区的经济发展，进而缩小区域经济差异。总之，在新古典增长理论框架下，要素边际报酬递减，要素组合不存在规模经济，或规模报酬递减，要素在发达区和落后区之间的聚散会最终导致区域经济增长趋同。

（二）基于新增长理论的分析

在新增长理论下，经济增长具有了内生动力，劳动、资本等要素的边际收益递减效应与知识、技术等内生要素的边际收益递增效应交替作用于区域经济的发展过程，区域间经济差异的变动将呈现两种态势。一方面，如果发达地区与欠发达地区的技术差异相对较大，欠发达地区没有能力接收发达地区的知识和技术扩散效应，那么，与发达地区相比，欠发达地区的要素报酬率永远处于绝对劣势地位，劳动和资本等生产要素就会持续不断地输入发达地区，并在地区之间形成垂直分工，而分工又会固化各自的比较优势，在循环累积效应下导致区域经济差异急剧扩大。另一方面，如果区域之间的技术差异相对较小，欠发达地区可以充分吸收发达地区的知识和技术，那么，劳动和资本等要素的流入和技术的扩散将加速欠发达地区的技术进步和经济发展过程，缩小其与发达地区的经济差异。

总之，在新增长理论框架下，区域经济差异的变动取决于欠发达地区承接发达地区知识和技术扩散的能力，如果欠发达地区通过政府干预、完善教育体系、加速人力资本投资和积累等措施，具备了承接发达地区知识和技术扩散的能力，那么，欠发达地区将快速地进入更高一级的技术周期内，并使得经济效益和发展速度明显提高，与发达地区的经济差异将快速缩小。反之，地区之间的经济差异将急剧增大。

（三）区域要素流动对区域经济差异的影响

典型的新古典增长模型向我们描述了要素流动对区域经济差异收敛性的影响，即在边际报酬率递减规律的作用下，要素流动会一直持续到欠发达地区与发达地区的经济差异被自动抹平而停止。此时，各个区域的经济增长趋同，在缺乏外部的"震荡"或技术进步的情况下，各个区域的经济增长也会最终停滞。但是，该增长模型的分析并不符合区域经济发展的客观事实。现实中，区域经济增长并没有停滞，甚至在过去的一个多世纪里，我们还见证了创造高经济增长率的"东亚奇迹"，而最为重要的是，各国的经济增长并没有趋同，反而趋异的态势更为明显了。尽管巴罗和萨拉伊马丁等学者在固定了储蓄率、人口增长率、技术等因素以后，发现了区域间的条件趋同现象，但他们的研究及更多的其他学者的研究都显示，条件趋同大多发生在发达国家与落后国家各自的内部，也就是所谓的"俱乐部趋同"现象，而"富人俱乐部"与"穷人俱乐部"之间的经济差异却是不断扩大的。

但是，新古典增长理论所描述的区域差异收敛现象也有一定的道理，那就是在经济发展的起步阶段，经济增长主要是由劳动、资本等外生要素驱动的，这些要素具有边际收益递减的特征，因此，随着经济的发展，要素的边际产量降低，经济收益减少，区域之间的经济差异收敛。然而，随着时间的推移，经济增长的驱动力逐渐由外生要素转变为以技术和知识等为主的内生要素，并导致生产要素不断向发达地区聚集。这一方面源于发达地区较之欠发达地区拥有更大的市场容量、更完善的基础设施、更高的平均受教育水平等，使得要素报酬率较高，对资本和劳动等生产要素具有更强的吸引力；另一方面，技术和知识等要素具有边际收益递增的性质，而且会使资本和劳动等要素组合的规模收益递增，并改变各种要素在生产过程中的结合方式，产生一个"收益递增的增长模式"，使生产可能性边界外移，从而使发达地区的经济具有了持续增长的动力，同时吸引更多的资本和劳动要素向本地区聚集。另外，随着人类社会的发展和进步，人们对资源的利用更加集约化、劳动分工的专业化程度也不断提高，要素在空间上的集聚会产生规模经济，进一步强化了生产要素的极化效应。

总的来说，区域经济发展是一个渐进的过程，在这个过程中，要素流动对区域经济差异的发散和收敛作用主要取决于驱动经济增长的要素是处于规模收益递减还是递增阶段（见图4-1）。当经济发展处于主要由劳动和资本等外生要素驱动的阶段时，尽管起初发达地区较高的要素收益率会吸引欠发达地区的要素不断聚集，并导致区域经济差异的不断扩大，但随着要素的不断聚集会导致要素流入地竞争加剧、原材料成本上涨和拥挤效应，要素的规模报酬递减，此时，要素的扩散效应开始发挥作用，使资本和劳动等要素从发达地区向欠发达地区扩散，并缩小二者之间的经济差异。在这一过程中，要素的回流效应与扩散效应是同时存在的，所谓回流效应，就是指在发达地区的资本、技术等要素向欠发达地区扩散的同时，欠发达地区囿于自身的经济基础、交通区位、劳动力素质、市场发育程度等条件的限制，导致其对输入的技术和资本的吸纳能力有限，从而使很大一部分输入的要素又重新回流到发达地区。与扩散效应相反，生产要素的回流效应会扩大区域经济差异。在不存在技术进步或技术进步很缓慢的情况下，要素的扩散效应大于回流效应，要素向欠发达地区的集聚有利于缩小区域经济差异。当经济发展逐渐以外生要素驱动过渡到以知识和技术等为主导的内生要素驱动阶段时，要素边际报酬递增、规模经济等现象的存在，使区域经济发展处于回流效应大于扩散效应的阶段，欠发达地区与发达地区的经济差异不断扩大。

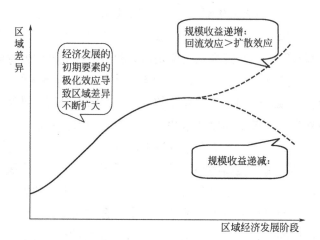

图 4-1 要素流动影响下的区域经济差异变动趋势

综上所述，区域要素流动具有如下 4 个特征：

（1）区域经济差异的存在是生产要素流动的前提；

（2）在适度的区域经济差异下，生产要素在不同地区的自由流动有利于资源配置效益的最大化，进而对促进整个国民经济的增长具有积极作用；

（3）生产要素的自由流动会反作用于区域经济差异的变动过程，具体表现为要素的扩散效应会缩小区域经济差异，而极化效应和回流效应则会使区域经济差异扩大；

（4）在市场机制的自发调节作用下，生产要素的极化效应和回流效应要大于扩散效应，生产要素会不断地从欠发达地区流向发达地区集聚，从而使欠发达地区与发达地区的经济差异越来越大，并对整体经济增长造成不利影响。

由此可见，经济差异的存在是区域发展过程中客观、必然的经济现象，也是区域经济发展保持动力和可持续性的必要前提，研究区域经济差异的目的就是要使区域经济差异保持在合理适度的范围内，兼顾经济发展的效率和公平性。而从生产要素流动的角度出发，区域经济的持续发展客观上要求发达地区一方面要巩固发展，提升要素质量在内生经济增长中的作用；另一方面要进一步发挥辐射带动作用，运用技术外溢、资本输出等扩散效应带动欠发达地区的经济增长，使区域经济差异保持在合理的范围内。

第二节 区域旅游流及其空间模式

旅游业的波及面广、关联性强，因此，游客在区内和区际不同游览和观光节点流动的过程，必然伴随着劳动、资金、技术、信息等生产要素在空间上的流转。而生产要素在空间上的集聚与扩散又影响着区域经济发展的收敛与发散过程，因此，区域旅游流是研究旅游业对区域经济差异影响的一个重要切入点。

一、区域旅游流的界定、效应

（一）区域旅游流的界定

道格拉斯·皮尔斯在其 1987 年出版的《现代旅游的地理分析》一书中，曾运用旅游流的概念对旅游者在世界范围内的空间流动规律进行了深入而透彻的分析。他认为，旅游流是旅游地理学中一个非常重要的具有空间属性的概念，它构成了旅游系统的神经中枢或纽带（Pearce，1989）。但是，关于何为旅游流，皮尔斯并没有给出明确的定义。国内学者卢云亭（1988）认为，当旅游者从自己的常住地出发，到不同的旅游目的地去观光消遣，便构成了具有一定流向和流量特征的游客群体，这一游客群体就是旅游流。左大康（1990）、刘振礼和王兵（1996）等人也持有类似观点。而唐顺铁和郭来喜（1998）认为，旅游流是以旅游客流为主体，涵盖旅游信息流、旅游物流和旅游能流的一个复杂的巨系统，其中的旅游客流具有双向性。马耀峰（1999）对上述定义进行了补充，他指出，旅游流是旅游客源地与目的地之间，或各目的地之间的单、双向旅游客流、物质流、信息流、资金流、能量流和文化流的集合，旅游流具有方向性，因而是一个矢量。

上述定义分别代表了国内学者在旅游流定义上的"旅游客流说"和"旅游流体系说"两种观点。"旅游客流说"明确了旅游流现象的核心和发生的主体，即旅游者的流动，且指出旅游流具有一定的流量和流向特征，简洁而精辟，具有一定的借鉴意义。然而，其将旅游流仅仅定义为从客源地指向目的地的单向性旅游客流，割裂了客源地与目的地之间的互动关联性（唐顺铁，郭来喜，1998），未免失之偏颇。唐顺铁等人从系统论的角度对旅游流进行的定义，明确了旅游客流在旅游流系统中的主体地位，指出旅游流具有双向性。同时，该定义将与旅游客流紧密关联的信息、资金、物质等要素流也纳入了研究体系中，极大地丰富了人们对旅游流这一概念体系的认识。然而，"这种对概念理解上的泛化反而使我们抓不住问题的关键、事物的核心，永远在概念的界定上兜圈子"（谢彦君，2004）。尽管旅游者在目的地与客源地之间的流转带动了相关要素的流动这是一个不争的事实，但旅游者客流和与其密切相关的要素流遵循着各自不同的流动规律，将二者混为一谈不利于问题的分析。因此，本书仍将旅游流定义为旅游者在客源地与目的地之间，以及各目的地之间的单、双向流动。如果把旅游流视作旅游经济系统中的显性流的话，那么，与旅游流紧密相关的信息、资金、物质等要素流可以被视为旅游经济系统中的隐性流。

（二）区域旅游流效应

谢彦君（2004）认为，旅游效应又称为旅游影响，是指由于旅游活动（包括旅游者活动和旅游产业活动）所引发的种种利害影响。按照这一定义，区域旅游流效应可以被认为是由于跨区域和区域内旅游活动所引发的种种利害影响。当然，我们很难把旅游者活动与旅游产业活动所引发的效应剥离开来，因为旅游流效应不仅表现在对旅游活动主体本身的影响，也包括对其他相关的利益集团产生的超越活动主体范围的影响，而后者便是旅游活动的外部效应，它是旅游流效应研究尤其需要予以关注的方面（谢彦君，2004）。

Kreag（2001）将旅游业的影响分为经济、社会文化、环境、拥堵、服务、税收、社区态度七个大类共计 87 项，并指出这些影响既有积极的也有消极的。目的地区域必须最大化积极影响所带来的收益，最小化消极影响所造成的损失，这样便可以实现旅游业对区域发展的促进作用。区域旅游流在空间上的聚散对目的地和客源地的影响也涉及诸多方面，但最主要的是通过经济、社会和文化三种渠道产生影响，如图 4-2 所示。

其中，旅游流的经济影响是指由旅游活动所引发的诸如增加外汇收入、拉动内部需求、促进经济发展、调整产业结构、增加就业机会、吸引外部投资、平衡区域经济差异等对国民经济的影响。当然，旅游流的经济效应不完全是积极效应，也会产生旅游目的地收入漏损、物价上涨等消极效应，以及目的地过度依赖旅游业而导致的国民经济系统的不稳定性和外部依赖性等；旅游流的环境影响是旅游活动作用于目的地的生态环境系统所产生的种种影响；旅游流的社会文化影响则是旅游活动对旅游目的地社会结构、价值观念、生活方式、民俗民风等方面的正负面影响。此处，我们关注的重点是区域旅游流的经济效应。

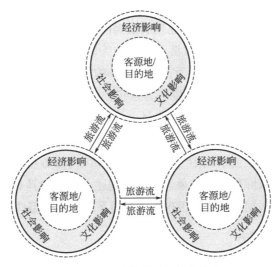

图4-2　区域旅游流的综合效应

二、区域旅游流的空间模式

（一）区际旅游流与区内旅游流

Jansen-Verbeke（1995）曾指出，为了测定旅游对区域发展的实际贡献，有必要区分两种不同的旅游流：区际旅游流和区内旅游流。如果以国家为研究对象，区际旅游流主要指出入境旅游流，而区内旅游流则指国内旅游流；如果以国内的某个区域板块为研究对象，以我国西部地区为例，区际旅游流则指中、东部地区与西部地区之间的旅游流，而区内旅游流则指旅游者在西部地区不同省份和城市的游览节点之间的流动现象。此处的研究重点是后者，更具体的，是以西部欠发达地区与东部发达地区之间的区际旅游流和这两个地区在各自内部开展的区内旅游流为研究重点。

一般来说，区际旅游流会由于旅游净出口和净收入的变动产生收入创造和漏损效应，而区内旅游流则会由于旅游者在区域内不同旅游节点的流转而产生收入再分配效应。一直以来，国内对旅游流的研究侧重于区际旅游流，而对区内旅游流的研究重视程度还不够。这与我国长期以来一直实施的出口和投资导向型的经济发展战略是相关的。在二轮驱动的发展战略下，跨区域旅游尤其是入境旅游在增加国家和地区收入、平衡国际收支等方面的作用受到了人们的高度重视。然而，2008年所爆发的国际金融危机，使得我国由于内需不足而过度依靠外需的经济发展方式受到了极大的挑战，国家亟须迅速地启动内需来"调结构、保增长"。在这样的背景下，加快旅游业发展成为国家拉动内需的重要手段。在2009年颁布的国务院41号文件中，旅游业被定位为国民经济的战略性支柱产业和人民群众更加满意的现代服务业，而在三大市场的发展中，国内旅游被摆在了最为重要的位置上，即"坚持以国内旅游为重点，积极发展入境旅游，有序发展出境旅游"。由此可见，旅游业的发展已经由倚重国外和区外旅游市场过渡到现在的国内外、区内外市场并重的局面。事实上，对于某一个特定的区域（或国家）而言，在整个区域旅游流系统中，区际旅游流和区内旅游流扮演着同样重要的角色。为了对区内和区际旅游流现象进行详细阐述，并了解其对区域旅游业和经济发展的影响，此处根据 Leiper（1979）的旅游系统概念模型构建区域旅游流系统模型，如图4-3所示。

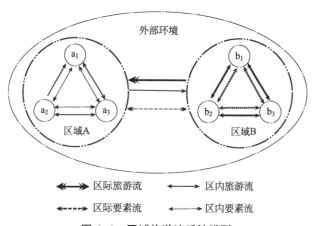

图4-3　区域旅游流系统模型

在该模型中，为了叙述的方便性，区域旅游系统被简化为只包含区域A与区域B，且两区域互为旅游目的地和客源地，因此，两区域之间的旅游流和要素流都是双向的。其中，旅游流为旅游系统中的显性流，用实线表示，要素流为旅游系统中的隐性流，用虚线表示。在区域 A 与 B 中，a_1、a_2、a_3、b_1、b_2、b_3分别表示两区域内的旅游消费节点，如旅游景区（点）、酒店、商场等，当然区域内的旅游节点肯定不止三个，此处为虚指。B 区域的旅游者在区域 A 内 a_1、a_2、a_3等节点间的流动也是区际旅游流的组成部分，这部分区际旅游流以其暂住的宾馆或其他住宿设施为据点，兼具单向和双向的流动特征。假设该旅游者为甲，该据点为 a_1，那么甲在区域 A 内的流动可以表现为 $a_1 \rightarrow a_2 \rightarrow a_3 \rightarrow a_1$（或相反的方向）或 $a_1 \rightarrow a_2 \rightarrow a_1 \rightarrow a_3 \rightarrow a_1$等流动路径。而 A 区域的旅游者在本区域内部的流动与上述过程类似，只是据点 a_1 是该旅游者的常住地，而非暂住地。

(二) 区域旅游流空间模式

按照旅游流在空间上的发生规律，可以将旅游流的空间模式分为集聚和扩散两种模式。这两种模式作用的结果是在地域上产生了等级各异的集聚区域和扩散区域，即由旅游流输入形成的旅游目的地区域和由旅游流输出形成的旅游客源地区域。

1. 区际旅游流空间模式

谢彦君 (1990) 曾对旅游者的消费需求与不同区域旅游景观之间的对应关系进行了分析，他假定，在不考虑旅游客源地与目的地之间的各种障碍的情况下，旅游者的心理状态与其所需要的旅游景观之间的关系可以表示为如下的状态 (见图 4-4)。

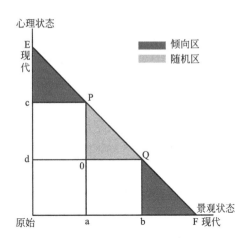

图 4-4　旅游者心理状态与其需要的景观状态之间的关系
资料来源：参见《论旅游的现代化与原始化》(谢彦君，1990)。

从图 4-4 可以看出，旅游者的出游倾向具有明显的"求异"特征，即心理处于所谓的"原始"状态的旅游者，更倾向于选择与现代科学技术、艺术形式和社会意识紧密相连的现代景观，而心理处于"现代"状态的旅游者则会选择那些未经人为修饰、开发或破坏的原生景观。一般而言，旅游者的"原始"和"现代"心理状态与其所处的经济社会发展程度具有极大的相关性，发达或核心区的居民更可能具有"现代"的心理状态，他们倾向于选择那些"原始"景观，因此，边远或欠发达地区由于其原野性和未被破坏的自然环境符合了旅游者对

"绿色旅游""生态旅游"等"基于自然的旅游"的需求（钟士恩，等，2010），而成为发达区和核心区旅游者所偏好的旅游目的地，即表现为图4-4中的EcP倾向区。与此相反，处于落后或边远地区的居民具有"原始"的心理状态，他们倾向于选择与常住地的原始风貌完全不同的"现代"景观，因此，核心区和发达区是其向往的旅游目的地，即表现为图4-4中的FbQ倾向区。

由此可见，按照谢彦君的理论，如果单纯从旅游需求与旅游资源（或旅游产品）之间的对应关系来进行分析的话，区域旅游流表现为发达地区与欠发达地区互为旅游目的地和客源地。但是，如果将出游距离、成本、旅游者收入和偏好差异等约束条件考虑在内的话，实际的旅游者出游行为则表现为以发达地区为客源地的旅游"净进口"，以及以欠发达地区为目的地的旅游"净出口"为主的现象。

事实上，对于区际旅游流而言，旅游流的扩散地即客源地往往是地区经济发展水平和居民可自由支配收入相对较高，足以支持居民进行旅游这种享受型消费的发达和相对发达地区。欠发达地区由于居民收入水平较低，旅游流扩散规模远远不及发达地区，因此，其旅游客源地的特征不明显。旅游流的集聚地即目的地则一般是旅游吸引力相对较高的地区，而旅游吸引力除了取决于目的地旅游资源和产品等旅游吸引物的质量等级外，还取决于目的地的交通区位、客源地与目的地之间的空间距离、旅游客源市场的需求特征，如旅游者的需求偏好、价格敏感程度、闲暇时间等因素。因此，旅游流的集聚地即目的地并不一定完全指向欠发达地区，还包括发达地区。由此可见，区际旅游流在空间上的集聚与扩散就表现为两大基本特征：发达地区向欠发达地区的扩散和发达地区之间的旅游流交换。这也是Thurot的国际、国内旅游供给需求模型所验证的两大基本特征（钟士恩，等，2009）。

如果以图4-3中的区域A表示我国西部欠发达地区，区域B表示东部发达地区的话，那么，以上所描述的发生在欠发达地区与发达地区之间的旅游流聚散规律就表现为：区域B→区域A的旅游流流量和流速远远大于区域A→区域B的流量和流速，因此，图中从B到A的实线要比从A到B的实线粗，西部欠发达地区在跨区域旅游中获得的是旅游客流的净输入。

2. 区内旅游流空间模式

对于区内旅游流而言，与跨区域旅游相比，其典型的特征是旅游流的运动范围集中在区域之内，距离较短，因此，其对旅游者的时间和收入约束相对宽松，区内旅游流也就表现得比区际旅游流更为频繁和活跃，例如，我国的国内旅游市场要远比出入境旅游市场发展得红火。然而，尽管旅游者在区域内的流动受时间和收入的约束相对宽松，这并不意味着完全没有约束，事实上，旅游仍然是一项需求弹性较高的消费活动，因此，与欠发达地区的区内旅游流相比，发达地区的区内旅游流规模更大，在图4-3中表现为区域B内b_1、b_2、b_3等旅游节点之间的微循环要比区域A内a_1、a_2、a_3之间微循环活跃。

按照以上的理论推演，发达地区是主要的旅游客源地，而欠发达地区旅游目的地的特征表现得更为明显。事实上，从旅游供给的角度来看，由于经济社会发展缓慢、工业化程度较低，欠发达地区的自然和人文旅游资源受外界干扰和影响较小，保持着较高的原真性，部分欠发达地区的旅游资源还极具民族和地域特色，具有不可替代性和垄断性。而从旅游者的消费需求特征来看，旅游者"求异"的心理状态使得欠发达地区未经开发或破坏的原生景观对发达地区的旅游者具有很大的吸引力。正如Gottlieb（1982）所指出的："富裕的旅游者希望在假期能过上一天农民的日子，而比较贫穷的旅游者则希望能过上一天国王的日子。只是囿于个人收入，贫穷旅游者的这种旅游需求往往难以实现。"

第三节　区域旅游流影响下的要素流动效应

一、区域旅游流影响下的要素流动特征

在区域旅游流系统中，旅游流是"显性流"，要素流是"隐性流"，区域旅游流与区域要素流相伴相生，区域旅游流在地区间的流动过程，实质上也是旅游流所带动的资本、劳动、技术等生产要素在区域之间和区域内的再配置过程。

（一）旅游流强化了生产要素的流动性

生产要素主要包括自然投入要素，如土地、原材料、能源等，还包括资本、劳动和知识。旅游业的发展和旅游活动的完成所需要的生产要素也离不开这几种要素。其中，自然投入要素，尤其是自然旅游资源，以及附着在一定地域系统上的民俗风情、社会风貌等是旅游业发展的基础性要素，这些要素几乎不能流动或流动性很差，但是从旅游消费需求的角度看，资源依托型旅游产品可以满足由于这些资源在空间范围上的分布不均而导致的旅游者的差异化需求。因此，自然和人文旅游资源的"流动"通常是由旅游产品来承载的，并由旅游者从客源地向目的地的流动来实现。在这个过程中，旅游者的差异化需求偏好得到了满足，而旅游资源这种自然投入要素也实现了其"流动"价值。

（二）旅游流扩大了要素的流动范围

与自然要素相比，劳动和资本等要素的流动性较强，但是，由于受交通区位、经济基础等条件的影响，两种要素在欠发达地区和发达地区的流动不平衡，主要表现为发达地区的资本和劳动流动性很强，欠发达地区的流动性较弱。而旅游流的发生增强了要素在欠发达地区的流动性和流动范围。首先，旅游流向欠发达地区的扩散客观上推动了目的地基础设施建设和区域形象的改善，为欠发达地区吸引国内外投资和人力资本等要素创造了良好的外部环境；其次，旅游消费是一项综合性消费，一次旅游活动的完成要涉及食、住、行、游、购、娱等诸多中间环节，因此，由旅游消费所引发的产业关联效应、乘数效应、就业效应和漏损效应使得资金、物质资本和劳动等要素在区域间和区域内部的前向和后向关联产业间广泛地流动；另外，由于旅游流的存在，欠发达地区以家庭作坊和小企业为代表的旅游非正规部门和企业应运而生，这些部门和企业对农村剩余劳动力、城镇下岗职工等不具备高级技能的劳动力具有较强的吸纳能力，为促进目的地劳动力，尤其是农村剩余劳动力从传统农业部门向现代服务业等非农部门转移和流动提供了广阔的空间。

知识作为当代最重要的生产要素之一，由技术、管理、信息等要素组成，通常隐含在人力资本、机器设备及产品中。因此，其他各种形式的要素流动在一定程度上都伴随着技术的流动（孙军，王先柱，2010）。在旅游流所引起的要素流体系中，信息流是旅游流产生的先决条件，在信息流的引导下，旅游流才能产生和顺利完成（唐顺铁，郭来喜，1998），可以说信息流贯穿着旅游者在目的地与客源地之间流动的整个环节。因此，旅游业也被认为是信息密集型和信息依托型产业。另外，随着经济社会的发展，技术创新已经成为促进旅游变革的非常重要的因素（Poon，1993），它使旅游业在接受预定、开展促销、经营管理等方面的服务效率和质量得以提高，并使旅游产品的生产者能够在更低的成本水平上为旅游者提供更加丰富、新颖的旅游产品和服务，从而使旅游目的地更加具有吸引力，使目的地旅游流的集聚规模和流动速度都大幅提升，进而促进劳动、资本和知识等要素在更广阔的空间中自由流动。

另外，旅游流在空间上的集聚还会促进旅游业与相关产业在空间上的集聚，并促进区域旅游一体化的发展，进而推动区域经济一体化的发展，从而强化生产要素的流动性，并提高生产要素的流动速度。

二、区域旅游流影响下的要素流动效应

从上文的分析中可以看出，区际旅游流和区内旅游流具有不同的空间聚散模式。在区际旅游流方面，其空间模式主要表现为发达地区的旅游者向欠发达地区扩散；在区内旅游流方面，主要表现为发达地区的旅游流规模大于欠发达地区旅游流的规模。由于不同旅游流所具有的空间模式不同，因此，与不同旅游流密切相关的要素流也呈现不同的效应（见图4-5）。

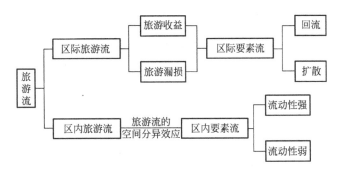

图4-5　区域旅游流影响下的要素流动规律

（一）区际旅游流影响下的要素流动效应

区际旅游流以发达地区向欠发达地区的旅游者流动为主，与此同时，在旅游流的作用下，各种要素伴随着旅游者的流动也以旅游消费、投资、就业等的形式从发达地区向欠发达地区扩散，即产生要素的扩散效应，并有利于欠发达地区的经济增长以及缩小其与发达地区的经济差异。然而，流入欠发达地区的要素，如以旅游消费和旅游投资为主的资金、资本等能否被欠发达地区完全吸收和利用，并转化为目的地的旅游净收入和净收益，带动当地经济发展，则取决于目的地的漏损情况。旅游漏损包括进口漏损和出口漏损两个方面（保继刚，2010）。进口漏损包括由于欠发达地区的经济、技术力量不足，在旅游再生产中将大量资金用于向发达地区购置原材料、商品、设备，或聘请外地人才协助经营等所造成的旅游收益的损失；出口漏损则是由于当地资本与人力资源的缺乏，而将资源、土地、房屋等租赁或出售给外来企业经营造成的。旅游漏损的存在导致从发达地区扩散至欠发达地区的要素又回流到发达地区，产生要素的回流效应，并导致欠发达地区与发达地区的经济差异不断扩大。

Kreutzwiser（1973）曾以一个酒店的经营为例，分析了旅游消费在旅游目的地的家庭和不同产业部门之间的流转过程。在这个过程中，旅游消费有四种流转形式：以酒店为代表的当地旅游零售商因旅游者消费而获得的直接收入、当地家庭和旅游批发商因旅游者消费获得的间接收入、由当地不同经济主体之间的经济交易行为而获得的诱发收入，以及因当地任何经济主体的对外支付行为而损失的当地收入，即旅游漏损（见图4-6）。

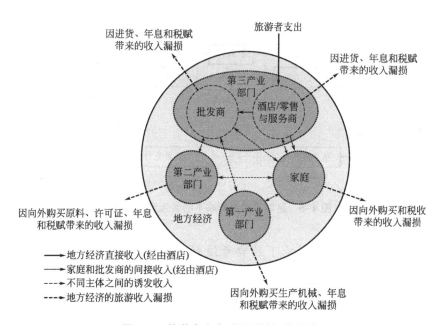

图4-6 旅游者支出对区域的经济影响

资料来源：参见 *A Methodology for Estimating Tourist Spending in Ontario Counties*（Kreutzwiser，1973）；
Tourism：A Community Approach（Murphy，1985）。

Kreutzwiser 的旅游收入流转分析从细节方面描述了旅游目的地经济系统中的各个组成实体所受到的来自旅游者消费的经济影响。一般而言，旅游消费对目的地经济系统的贡献主要取决于目的地旅游业发展的成熟程度、旅游产品的多样化程度、目的地的经济规模和结构等因素。在其他条件大致相同的前提下，一定区域的人口越多、土地面积越大、生产部门越多、经济活动越为频繁，当地的经济规模就越大，经济的多样化程度也就越高，这样的区域往往可以为旅游业提供更多的产品和服务，旅游消费进入目的地经济系统后，其对相关产业的关联和波及效应也就越显著，因而，旅游业对目的地的居民消费的拉动效应也就越显著，旅游消费对目的地经济系统的贡献也就越大。同时，目的地的经济规模越大、多样化程度越高，旅游的经济漏损就会越低。除此之外，旅游漏损还受当地社区参与管理的程度、本地经营者对旅游设施的拥有程度、旅游业和相关产业对本土劳动力的雇佣程度等因素的影响。而当旅游业的发展规模超过了目的地的承载能力时，旅游的经济漏损是非常巨大的。

由此可见，来自发达地区的旅游流通过旅游客流的净出口给落后地区带来了旅游收益，而与旅游流相伴的要素流给欠发达地区带来了经济发展所必需的资本、劳动、技术等生产要素，生产要素在欠发达地区的集聚和积累有利于欠发达地区的经济增长，并有利于缩小欠发达地区与发达地区的经济差异。但受区域经济发展水平、旅游业发展状况等因素的影响，不同的旅游目的地产生了程度不一的旅游漏损现象，并导致生产要素回流至发达地区，从而对缩小区域经济差异造成不利影响。

（二）区内旅游流影响下的要素流动效应

与区际旅游流相比，区内旅游流不会带来旅游的净出口和净收入的变化，但区内旅游流的规模和流动的活跃程度却影响着区域内要素流的流量和流速，进而影响着整体区域经济的发展状况。如前文所述，与欠发达地区相比，旅游流在发达地区的内聚规模较大，且流动性较强，在旅游流的影响下，发达地区内的要素流动会变得更为活跃，流动的范围也更加广阔，从而促进区域内部资源配置效益的不断优化，进而对当地经济发展产生积极影响。而与发达地区相比，欠发达地区内的旅游流规模较小、流动速度较慢、流动性较弱，与旅游流相关的要素流也不及发达地区的活跃、广泛，因此，其对区域经济发展的促进作用也非常有限。

因此，如果区际旅游流构成了一个地区旅游业带动经济增长的外部动力的话，那么区内旅游流就是旅游业带动当地经济增长的内部动力，从这个角度上看，旅游业带动地区经济增长的作用与国民经济中内需和外需的作用相似。

由此可见，区内旅游流的空间分异所造成的区域内要素流的空间分异，是区内旅游流影响区域经济差异的重要原因。事实上，旅游流的区域聚散过程也是要素流的聚散过程，要素在区域内的集聚和扩散促使区域内部产生核心-边缘效应，此时，与要素流的区际流动效应相似，当核心区和边缘区的经济差异保持在合理、适度的范围内时，要素的流动有利于促进区域经济的增长，而当两地区之间的经济差异过大时，则会对整体经济增长效率的提高产生不利影响。

第四节　旅游业对我国区域经济
差异影响机理的初步验证

按照本章第二节、第三节的分析，我国区际旅游流特征应当主要表现为以东部发达地区为主的旅游客源地向中、西部欠发达地区的扩散；而区内旅游流应当表现为东部地区内部各省份之间的旅游流规模大于中、西部地区内部各省份之间的旅游流规模。

在跨区域的西向旅游流的影响下，一方面，相关要素会以旅游消费、投资、就业等的形式由东部发达地区向中、西部欠发达地区扩散，并成为带动当地经济社会发展的外部动力，从而有利于缩小西部欠发达地区与东部发达地区之间的经济差异；另一方面，由于旅游漏损的存在，流入西部欠发达地区的要素又会以进口东部地区原材料、商品、设备，或将资源、土地和房屋等租赁给外来企业经营等的形式而回流到东部发达地区，从而对西部地区经济发展产生不利影响，并导致其与东部地区的经济差异不断扩大。在区内旅游流的影响下，一方面，东部地区内部各省份之间大规模、活跃的旅游流带动着相关要素在省际的流动性也较强，区域经济成长可以更为充分、有效地利用区内资源，并使得区域经济更具有活力；另一方面，中、西部地区内部各省份之间的旅游流无论是在规模、范围，还是流速上与东部地区相比都较弱，因此，也限制了与其相关的生产要素的流动性和利用效率，从而影响区域经济增长的效率。

以上是本章前三节的理论分析所得出的结论，本节的主要任务是对上述理论结果进行初步验证。

一、对我国区域主要旅游流的初步判断

对于我国区域旅游流来说，其主要流向呈现出由客源地流向主要目的地的空间轨迹，因此，判断出目的地和客源地是构建我国区域旅游流的基础。

（一）我国主要旅游客源地

在客源地方面，由于旅游流的客源地往往是地区经济发展水平和居民可自由支配收入相对较高，足以支持居民进行旅游这种享受型消费的地区，因此，从各地区的人均 GDP、居民的人均可支配收入水平、消费水平和储蓄水平等指标可以大致判断出我国主要的旅游客源地分布状况。中国旅游研究院（2012）从客源地的区域经济发展水平、产业构成、就业人员构成、居民工资水平、居民受教

育程度等 9 个方面选取了 32 个指标构建了我国客源地潜在出游力指标体系，以对客源地居民的潜在出游力，即居民实现国内旅游愿望的能力进行分析。结果显示，我国的主要客源地分布呈现出较强的区域集聚性和经济导向性，并与我国经济区域格局具有较大的相似性，即全国 31 个省份客源地潜在出游力呈现东、中、西依次递减的"三级阶梯状"空间格局。

潜在出游力前 10 名的省份全部分布在东部地区；潜在出游力排名在第 11~20 位的省份，除了内蒙古、四川和重庆外，均为中部省份；潜在出游力排名后 11 位的省份，除了江西、黑龙江和海南之外，其他省份均分布在西部地区。具体地讲，珠三角经济区的广东和福建，长三角经济区的浙江、江苏和上海，环渤海地区的北京、山东、天津、河北和辽宁，中部地区的湖北、湖南和河南等地都是我国主要的旅游客源地。

（二）我国主要旅游目的地

在目的地方面，我国主要目的地的空间分布呈现出较强的经济、区位和资源导向性。图 4-7 显示了 2010 年我国各省份国内旅游接待人次的分布状况。

总的来看，2010 年，我国各省份国内旅游接待量加总为 48.6 亿人次，其中，东、中、西三大地带的加总量分别为 24.5 亿人次、12.8 亿人次和 11.3 亿人次，占总量的比重分别为 50.4%、26.4% 和 23.2%，即我国的国内旅游接待人次也呈现东、中、西依次递减的空间格局。从东、中、西三大地带内部各省份的旅游接待量分布格局来看，珠三角的广东国内旅游接待量最大，全年共接待国内旅游者约 3.95 亿人次，占全国国内旅游接待总量的 8.1%；长三角的江苏、浙江和上海 3 个省份的旅游接待量均大于 2 亿人次；环渤海的山东和辽宁两个省份的旅游接待量均大于 2.5 亿人次；而在中部地区，河南、湖北、湖南的国内旅游接待量均大于 2 亿人次，黑龙江和安徽的旅游接待人次也超过了 1.5 亿人次；西部地区的总体接待量相对最少，但四川的旅游接待量在全国排名第六，超过了 2.5 亿人次，重庆、陕西、广西、云南和贵州的旅游接待量也均在 1.5 亿人次左右。而接待国内游客少于 5000 万人次的省份有内蒙古、甘肃、新疆、海南、青海、宁夏和西藏，其中，西藏的国内游客接待最少仅为 662 万人次，仅相当于广东的 1.7%。

从上述对我国旅游客源地和目的地的初步判断，并结合我国交通组合方式的布局，可以看出，东部的环渤海、长三角和珠三角地区兼具有目的地和客源地的双重特征，而西部的成渝地区、陕西等旅游资源较为丰富的地区的目的地特征较为明显。

图4-7 2010年国内各省份国内旅游接待人次

资料来源：2011年《中国旅游统计年鉴》。

二、对我国区域旅游流主要特征的分析

由于缺乏相应的旅游流统计数据，本书主要采用推导法来分析我国区际旅游流和区内旅游流的特征。一般而言，距离在500km以上旅游流主要采用的交通方式是飞机，因此，这种大尺度的旅游流的规模可以通过两个区域之间的航班数量的多少来进行推断；而物理距离在500km以内的旅游流一般采用火车或公路运输等交通方式，其中，对于周边省份和省级内部各城市之间的旅游流，其物理距离一般为100~500km，由于其尺度适中，旅游流多采用铁路运输的形式，因此，此处主要采用城市之间的列车次数进行推断；对于城市内部旅游流而言，其物理距离为0~100km，属于小尺度旅游流，主要采用的交通方式是公路运输，因此，此处主要采用各省份公路运输旅客周转量来进行推断。

总的来说，运用推导法分析旅游流的特征不可避免地会产生一些误差。但是，由于此处所分析的旅游流流量只是一个相对概念，即仅分析旅游流规模的相对量大小，而非绝对量，因此，采用该方法不会影响对我国区域旅游流特征的大致判断。

（一）大尺度旅游流分析

对于大尺度旅游流，此处主要采用各直辖市、各省份的省会、各自治区的首府和重要城市之间的航班次数来进行推断，并构建大尺度旅游流流动矩阵（见表4-1）。可以看出，在区际旅游流方面，当以东部地区为客源地时，环渤海、长三角和珠三角三大经济区流向西部地区的旅游流规模相对较大，每天分别有535、421和449架次航班从三大经济区飞往西部地区内主要旅游目的地，共计1405架次；而流向中部地区的旅游流规模相对较小，每天分别有331、202和307架次航班从三大经济区飞往中部地区的目的地，共计840架次。当以中部地区为客源地时，其飞往东部地区三大经济带的航班架次分别为313、199、305架次，总计817架次；飞往西部地区的航班架次为377架次。当以西部地区为旅游客源地时，其飞往东部地区三大经济带的航班架次分别为534、414和439架次，共计1387架次，与东部地区飞往西部地区的航班架次相当；而飞往中部地区的航班架次为355架次。

表4-1 大尺度旅游流流动矩阵

客源地	目的地				
	东部			中部地区	西部地区
	环渤海经济区	长三角经济区	珠三角经济区		
环渤海经济区	201	359	330	331	535
长三角经济区	380	32	405	202	421
珠三角经济区	327	376	193	307	449
中部地区	313	199	305	113	377
西部地区	534	414	439	355	682

资料来源：http://jipiao.kuxun.cn/；时间：2012-03-02。

从西部地区旅游流流动矩阵来看，流向西部地区的旅游流主要集中在陕西、云南、四川和重庆等旅游资源大省，同时，这些省份也是西部地区主要的客源地（见表4-2、表4-3）。

表4-2 以西部地区为目的地的旅游流流动矩阵

目的地	客源地				
	环渤海	长三角	珠三角	中部	西部
西安	85	91	69	59	148
南宁	36	22	33	24	33
贵阳	26	30	39	20	40
昆明	73	60	62	83	91
呼和浩特	29	10	15	14	25
乌鲁木齐	53	37	17	29	55
拉萨	4	0	1	0	32
西宁	13	9	9	6	21
兰州	23	7	14	8	33
银川	26	14	12	32	38
成都	87	73	89	41	97
重庆	80	68	89	61	69

资料来源：http：//jipiao. kuxun. cn/；时间：2012-03-02。

表4-3 以西部地区为客源地的旅游流流动矩阵

客源地	目的地				
	环渤海	长三角	珠三角	中部	西部
西安	82	82	66	63	144
南宁	37	22	30	22	31
贵阳	31	28	39	17	41
昆明	78	60	64	79	96
呼和浩特	30	9	11	12	17
乌鲁木齐	47	36	18	34	55
拉萨	4	1	1	0	28
西宁	11	7	9	7	22
兰州	20	8	12	8	32
银川	27	14	13	13	45
成都	88	77	88	45	100
重庆	79	70	88	55	71

资料来源：http：//jipiao. kuxun. cn/；时间：2012-03-02。

在区内旅游流方面，东部地区内部旅游流规模在东、中、西三大地带中遥遥领先，每天总计有2603架次航班在长三角、珠三角和环渤海三大经济区内部及其之间穿梭，其中，最主要的旅游流是从长三角流向珠三角经济区，每天有405架次的航班从长三角经济区飞往主要旅游目的地；其次是从长三角流向环渤海地区的旅游流，每天有380架次的航班飞往该目的地；再次是珠三角流向长三角地区的旅游流，每天有376架次的航班飞往该目的地。中部地区内部旅游流规模最小，每天在中部地区各省份之间往来的航班架次仅有113架次，仅占东部地区的4%左右。与中部地区相比，西部地区内部旅游流规模相对较大，每天在西部地区各省份之间往来的航班架次为682架次，是中部的6倍之多。

总的来看，在大尺度下，我国区际旅游流主要表现为东部三大经济区流向西部和中部旅游资源大省的西向旅游流，以及西部经济相对发达地区流向东部三大经济区的东向旅游流；区内旅游流则主要表现为东部地区三大经济区之间所形成的金三角双向旅游流。而从区域旅游发展模式来看，西向旅游流具有资源导向及政策导向特征，属于资源驱动型和政策驱动型旅游流；东向旅游流具有一定的经济性，属于经济驱动型旅游流；金三角双向旅游流具有很强的经济性，而且市场因素和自身资源的驱动性也较强，属于混合驱动型旅游流。

（二）中尺度旅游流分析

对于中尺度旅游流而言，由于火车票价相对便宜，且换乘方便，因此，中尺度旅游流采用铁路交通方式的相对较多，尤其是近年来动车、高铁时代的到来，使得采用铁路出行的旅游流比例更大。此处主要根据各省会城市、各自治区的首府、各直辖市之间的列车班次来构建中尺度旅游流流动矩阵（见表4-4），并推断该尺度下我国的区内旅游流和区际旅游流特征。

表4-4　中尺度旅游流流动矩阵

客源地	目的地				
	环渤海	长三角	珠三角	西部	中部
环渤海	984	410	30	132	530
长三角	392	783	54	102	243
珠三角	30	54	0	45	358
西部	127	102	44	479	301
中部	607	254	383	306	781

资料来源：http://www.12306.cn/mormhweb/kyfw/ypcx/；时间：2012-03-02。

从表4-4可见，在区际旅游流方面，当以东部地区为客源地时，环渤海、长三角和珠三角三大经济区流向中部地区的旅游流规模相对较大，每天分别有530、243、358班次列车从三大区域发往中部地区的各目的地城市，共计1131班次；而东部地区流向西部的旅游流规模相对较小，每天从三大经济区发往西部的列车班次分别为132、102、45班次，总计279班次。当以中部地区为客源地时，其发往东部三大经济区的列车班次分别为607、254、383班次，总计1244班次，略大于从东部地区发往中部的列车班次；从中部发往西部的列车班次为306班次。当以西部地区为客源地时，其流向中部的旅游流规模相对较大，每天有301班次列车从西部地区发往中部地区的各目的地城市，而其发往东部地区的列车班次总计273班次，略小于从东部地区发往西部地区的列车班次。在区内旅游流方面，东部地区内部旅游流规模最大，每天总计有2737班次列车在东部地区内各省份之间往返；其次是中部地区内部旅游流，每天总计有781班次列车穿梭于中部各省份之间；西部地区内部的旅游流规模最小，每天仅有479班次列车往返于各省份之间。

总的来看，在中尺度下，我国的区际旅游流主要表现为东、中部两大区域之间的双向旅游流，而区内旅游流则与大尺度旅游流相似，即主要表现为东部地区三大经济区之间所形成的金三角双向旅游流。

（三）小尺度旅游流分析

小尺度旅游流主要是指省内或直辖市内部各区域之间的旅游流流动模式，由于该尺度旅游流的物理距离为0~100km，且主要集中在各省份的内部，因此，可以用来反映我国区内旅游流的大致特征。此处主要根据公路运输旅客周转量来判断小尺度旅游流的特征。

从图4-8可以看出，广东的公路运输旅客周转量最大，约为1736亿人千米，以下依次为山东、江苏、河南和安徽，这四个省份的旅客周转量均在1000亿人千米以上，而排名最靠后的5位分别为西藏、青海、宁夏、上海和天津。总的来看，我国东部地区的旅客周转量最大，共计运送旅客数量为6892亿人千米，中部地区次之，旅客周转量共计4415亿人千米，西部地区最少，旅客周转量约为3713亿人千米。由此可见，我国小尺度的区内旅游流的大致特征为东部地区内部的旅游流规模相对最大，其次是中部地区，西部地区的规模最小。

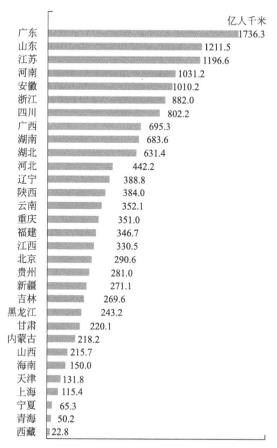

图 4-8　2010 年公路运输旅客周转量

资料来源：2011 年《中国统计年鉴》。

三、对我国区域旅游流影响下的要素流动效应的初步判断

通过对大、中、小三个尺度的旅游流的分析，并结合对我国主要旅游目的地和客源地的初步判断，可以大致判断我国的区际旅游流的主要特征为从出游力较高的东部发达地区向中、西部旅游资源较为丰富的地区扩散的西向旅游流，以及中、西部地区一些经济发展水平相对较高的省份向东部地区扩散的东向旅游流；区内旅游流的特征是东部地区环渤海、长三角和珠三角三大经济区的区内和区际旅游流规模都很大，而西部地区各省份内部及其之间的旅游流规模较小。可见，对我国区域旅游的判断与之前的理论分析结果大概一致。

旅游流的存在为生产要素自发地由发达地区向欠发达地区流动提供了一种可能，而无需或减少了政府财政手段的介入，从而削弱了政府对区域经济差异进行

协调而造成的市场扭曲等负面影响。在旅游流的影响下，生产要素会以旅游就业、旅游消费、旅游投资等形式在区域之间流动，同时，旅游流的存在强化了生产要素的流动性，扩大了生产要素的流动范围，大大缩短了生产要素向某个地区集聚的过程。而地区的生产要素集聚能力越强，其发展的速度就越快，发展的潜力也越大。因此，本小节首先对旅游流影响下各省份的生产要素集聚能力进行分析，接着分别对国内旅游接待量和国内旅游收入等旅游要素指标❶在空间上的分布特征和近年来的发展演变规律进行分析，来大致估计旅游流影响下的要素流动趋势。

（一）旅游流影响下的要素集聚能力分析

与其他产业一样，旅游业的投入要素多种多样，但归根结底主要是资本和劳动，商品在某种意义上只是资本和劳动等要素的承载体。由于将旅游流引起的要素流动从其他经济活动所引起的要素流动完全剥离出来是不可能的，因此，本小节根据数据的可获得性、连续性原则，以及与旅游经济活动相关的物质资本、人力资本、劳动等要素流动过程，选择各省份人均国内旅游收入（c_1）、国内旅游人次（c_2）、国内旅游就业量占总人口的比重（c_3）、旅游院校学生数占总人口的比重（c_4）、旅游企业固定资产总额占全社会固定资产总额的比重（c_5）、人均社会消费品零售总额（c_6）、人均实际到账外资（c_7）、人均年末金融机构存款余额（c_8）、人均年末金融机构贷款余额（c_9）、人均客运量（c_{10}）、人均货运量（c_{11}）11 个指标（c_{ij}，$i=1，2，3，\cdots，11；j=1，2，3，\cdots，31$）来大致反映旅游流影响下的各省份要素集聚能力（$ce_j$）。每个指标的数值与各地区的要素集聚能力的高低正相关。每个指标进行标准化处理得到各地的生产要素集聚能力指数（CE_j），即

$$C_{ij} = \frac{c_{ij}}{\mathrm{Max}c_{ij}}$$

$$ce_j = \frac{1}{11}\sum_{i=1}^{i=11} C_{ij}, j = 1,2,3,\cdots,31$$

$$CE_j = \frac{ce_j}{\mathrm{Max}ce_j}$$

以上各指标的数据主要来源于 2010 年的《中国旅游统计年鉴》《中国旅游

---

❶ 由于旅游就业、旅游企业数量等数据的连续性较差，因此，只选择国内旅游接待量和国内旅游收入两个指标进行分析。

年鉴》《中国统计年鉴》，以及各省份的国民经济和社会发展统计公报。根据计算结果（见表4-5），可以得出以下结论。

表4-5　2009年各省份要素集聚能力比较

省份	c_1（标准值）	c_2（标准值）	c_3（标准值）	c_4（标准值）	c_5（标准值）	c_6（标准值）	c_7（标准值）	c_8（标准值）	c_9（标准值）	c_{10}（标准值）	c_{11}（标准值）	集聚能力	集聚指数	排名
北京	100.00	46.51	55.85	49.46	100.00	100.00	37.84	100.00	100.00	100.00	24.82	74.04	100.00	1
上海	81.56	35.27	70.57	44.59	82.74	89.01	100.00	69.92	89.88	6.75	84.92	68.66	92.71	2
海南	18.27	6.25	100.00	100.00	80.59	20.56	65.10	10.64	12.44	63.88	45.29	47.55	64.20	3
浙江	38.28	69.47	48.22	50.80	23.75	55.02	19.72	25.63	40.81	52.07	62.25	44.18	59.66	4
广东	20.24	100.00	54.09	28.41	37.97	51.07	25.46	21.40	26.91	58.90	37.45	41.99	56.70	5
天津	63.35	22.81	23.96	37.65	10.84	65.42	49.56	33.90	52.03	25.75	73.33	41.69	56.30	6
辽宁	39.78	68.87	69.33	42.43	16.78	44.48	19.01	16.05	21.08	29.96	66.53	39.48	53.31	7
江苏	25.95	84.55	40.65	27.67	16.52	49.13	35.83	18.66	24.53	35.21	42.02	36.43	49.19	8
山东	20.14	82.16	27.58	25.20	11.50	43.15	7.37	11.03	15.84	33.56	63.83	31.04	41.92	9
重庆	19.08	34.59	38.95	64.30	11.22	28.66	6.06	11.50	17.85	54.02	51.03	30.66	41.40	10
四川	14.52	62.27	30.82	77.24	23.36	23.25	3.51	9.09	11.13	36.42	30.74	29.31	39.57	11
山西	20.69	31.39	49.20	24.66	13.75	27.09	3.73	13.26	12.61	14.42	68.00	25.34	34.22	12
内蒙古	19.37	11.04	25.05	20.19	6.15	38.96	6.17	10.28	15.16	12.35	100.00	24.07	32.50	13
福建	21.56	27.62	24.50	18.87	13.63	40.83	20.18	12.59	20.36	28.02	34.12	23.85	32.20	14
安徽	11.54	34.90	26.55	36.99	12.44	19.02	2.83	6.54	8.63	31.21	68.25	23.54	31.78	15
湖南	13.46	45.68	42.08	30.93	10.07	25.35	2.72	6.54	8.52	29.73	42.82	23.45	31.66	16
云南	14.39	1.55	98.40	25.64	34.84	17.85	1.29	10.82	5.03	36.65	6.92	23.03	31.10	17
宁夏	6.95	2.59	43.07	9.29	9.80	17.94	2.49	9.64	17.12	27.38	99.55	22.35	30.18	18
湖北	13.87	42.87	33.20	29.03	15.09	34.26	4.11	9.26	12.20	22.35	39.38	22.32	30.14	19
贵州	8.68	3.14	24.50	11.69	85.65	17.83	3.13	9.53	14.24	24.50	37.72	21.88	29.54	20
广西	11.07	33.59	47.23	27.41	19.59	18.99	3.49	5.97	8.66	19.14	41.39	21.50	29.04	21
陕西	15.51	32.46	27.00	13.81	13.49	23.66	2.68	11.05	12.82	30.28	52.21	21.36	28.84	22
河北	7.94	33.70	50.21	10.21	23.76	27.09	3.28	9.81	10.86	14.98	37.22	20.82	28.12	23
河南	16.86	66.32	13.84	19.57	6.72	23.50	2.28	6.23	8.11	20.60	38.11	20.20	27.27	24
江西	12.10	26.46	44.05	24.52	11.72	18.53	5.19	6.44	8.41	21.55	41.31	20.02	27.04	25

省份	c_1 (标准值)	c_2 (标准值)	c_3 (标准值)	c_4 (标准值)	c_5 (标准值)	c_6 (标准值)	c_7 (标准值)	c_8 (标准值)	c_9 (标准值)	c_{10} (标准值)	c_{11} (标准值)	集聚能力	集聚指数	排名
青海	13.08	34.11	47.82	16.60	23.66	14.83	2.17	7.22	10.96	10.54	21.43	18.40	24.85	26
吉林	16.85	15.45	20.11	11.99	15.40	35.67	4.39	8.79	12.80	28.97	27.00	17.95	24.23	27
甘肃	5.96	9.64	48.72	29.14	21.57	14.84	1.16	6.33	7.28	25.70	21.48	17.44	23.55	28
西藏	17.19	29.58	25.31	5.05	44.55	10.85	0.59	4.70	7.10	23.16	19.50	17.05	23.03	29
黑龙江	12.97	30.85	13.43	16.50	15.76	29.39	2.95	8.72	9.13	15.36	30.15	16.84	22.73	30
新疆	6.70	5.97	36.63	3.92	29.04	18.03	1.38	7.74	7.94	18.76	44.39	16.41	22.16	31
全国平均	22.84	36.50	41.97	30.12	27.16	33.69	14.38	16.11	20.33	30.72	46.55	29.12	39.33	

第一，我国31个省份的集聚能力大致可以分为四个梯队：第一梯队是集聚指数大于90的两个直辖市——北京和上海；第二梯队包括集聚指数低于90，但高于全国平均水平39.33的排名在3～11位的9个省份，除了西部地区的重庆和四川外，其他7个省份均属于东部地区；第三个梯队是集聚指数低于39.33，但大于25的排名在12～25位的14个省份，可以看出除福建和河北之外，其余的12个省份，中、西部地区各占一半；第四个梯队是集聚指数低于25的排名倒数6位的省份，其中，中部地区2个，西部地区4个。总的来看，我国东、中、西三大地带要素集聚能力差异巨大，呈明显的三级递减趋势；而在四个梯队的内部各省份之间的差异不太显著。

第二，目前我国要素集聚能力较强的区域基本上是处于沿海地带和靠近中原腹地的区域，而要素集聚指数较低的省份，如新疆、西藏、青海、甘肃、黑龙江和吉林等大多地处边疆，远离市场腹地，说明交通区位条件对要素集聚能力的影响极大。

第三，目前，我国经济活动主要的集聚地是以北京、上海等地为中心的环渤海、长三角和珠三角经济区，大都市的集聚效应使其自身成为区域的经济增长极，而辐射效应的发挥也使周边区域受益良多。西部地区整体的要素集聚能力较弱，而重庆是全国要素集聚能力排名前10位省份中唯一的非东部区域，成渝经济区也由此成为西部地区主要的要素集聚区。

第四，在短期内，旅游流对我国生产要素集聚能力空间格局的影响并不明显，究其原因可能在于：我国西部地区的交通区位条件相对较差，距离我国主要客源地相对较远，限制了旅游流及与其相关的要素流的进入；基础设施和旅游配套设施条件较差，发展旅游业所需的设备设施、人才等需要从其他区域引进，造成了旅游漏损；旅游产业链较短，产品种类单一，使得旅游者的人均花费，尤其是在购物、娱乐等弹性消费项目上的人均花费较低，限制了旅游业创收能力的发挥；另外，囿于可支配收入、消费观念等因素的限制，西部地区居民的旅游消费意愿和能力都相对较低，在很大程度上限制了区际和区内旅游活动的开展。

（二）旅游流影响下的要素流动趋势分析

1. 对国内旅游人次的分析

国内旅游接待人次是衡量旅游要素流的先决指标，反映了旅游目的地吸引国内旅游者的能力。目前，我国的国内旅游接待量呈现出典型的区域差异，东部地区的旅游接待量最大，中、西部地区的接待量大致相当（见图4-9）。

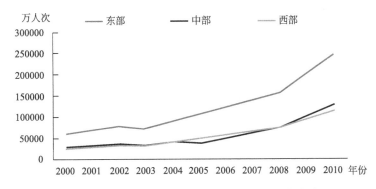

图4-9　2000—2010年三大地带国内旅游接待人次

资料来源：2001—2011年《中国旅游统计年鉴》；《新中国60年统计资料汇编》。

图4-10显示了2000—2010年我国各省份国内旅游接待量的年均增长率，增长率排名前10的省份中，西部地区占一半，其中，增长最快的是西藏，年均增长率达到27.5%，以下依次是辽宁、贵州、广东、内蒙古、甘肃、黑龙江和重庆等。而排名后5位的全部都是国内旅游接待量相对较大的东部地区的省份，其中，北京以5.3%的年均增长率居全国倒数第一。总的来看，我国三大地带国内旅游接待量的年均增长率与绝对量的变动趋势相反，西部地区的国内旅游接待量增长最快，达到15%的年均增长率；中部地区稍落后西部地区0.3个百分点；东部地区的增长速度最慢，为13.7%。受增长率的影响，我国东部地区国内旅游接待量占全国的比重从2000年的53.6%下降到2010年的50%，中部地区从25%上涨到26.4%，西部地区从21%上涨到23.2%（见图4-11）。

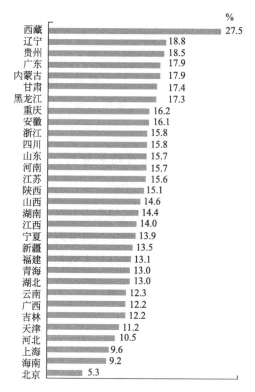

图 4-10 2000—2010 年各省份国内旅游接待人次年均增长率

资料来源：根据 2001—2011 年《中国旅游统计年鉴》和《新中国 60 年统计资料汇编》等相关数据计算。

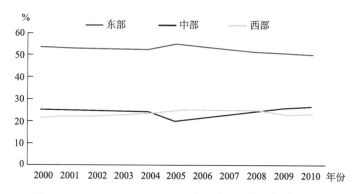

图 4-11 2000—2010 年三大地带国内旅游接待量所占比重

资料来源：根据 2001—2011 年《中国旅游统计年鉴》和《新中国 60 年统计资料汇编》等相关数据计算。

图 4-12 是以各省份 2000 年的国内旅游接待量为横轴，以 2000—2010 年国内旅游接待量年均增长率为纵轴构建的散点图，通过线性回归拟合可以发现，在

初始年份具有较大接待量的省份的增长率较低，而 2000 年接待量较小的省份则具有更高的增长率，即全国各省份在 11 年内接待的国内旅游者数量呈现出了均衡收敛的发展趋势。由此推断，未来将有更多的旅游者流向中、西部地区，我国东、中、西三大地带在国内旅游接待量上的差异将逐渐缩小。

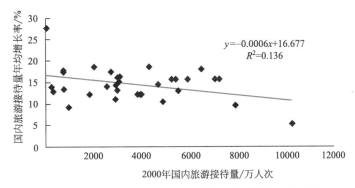

图 4-12　2000 年各省份国内旅游接待量及增长率散点图

资料来源：根据 2001—2011 年《中国旅游统计年鉴》和《新中国 60 年统计资料汇编》等相关数据计算。

2. 对国内旅游收入的分析

旅游收入是判断旅游流影响下要素流动特征的重要指标。旅游收入包括由旅游活动所创造的直接收入、间接收入和引致收入。由于数据的可获得性，此处主要选择各省份国内旅游收入这一指标来进行分析。图 4-13 显示了 2000—2010 年我国三大地带的国内旅游收入状况，从中可以看出三大地带之间的国内旅游收入差异比较明显，东部地区的旅游收入最高，中部其次，西部地区最少。

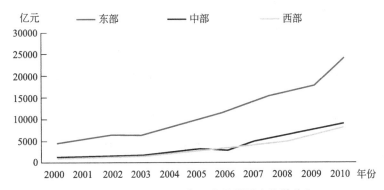

图 4-13　2000—2010 年三大地带国内旅游收入

资料来源：根据 2001—2011 年《中国旅游统计年鉴》和《新中国 60 年统计资料汇编》等相关数据计算。

表 4-6 显示了 2000—2010 年三大区域国内旅游收入的年均增长率，在增长率排名前 10 的省份中，西部地区占一半，其中，增长最快的是西藏，年均增长率达

到 34%，以下依次是内蒙古、贵州、吉林、山西、甘肃等。而排名后 5 位的省份全部都是国内旅游接待量相对较大的东部地区的省份，其中，北京以 11.3% 的年均增长率居全国倒数第一。总的来看，我国三大地带国内旅游收入的年均增长率与绝对量的变动趋势相反，西部地区的国内旅游收入增长最快，达到 20.3% 的年均增长率；中部地区稍落后西部地区 0.3 个百分点；东部地区的增长速度最慢，为 16%。

表 4-6　2000—2010 年各省份国内旅游收入的年均增长率

省份	增长率/%	排名	省份	增长率/%	排名	省份	增长率/%	排名
西藏	34.0	1	安徽	19.8	12	云南	15.8	23
内蒙古	32.2	2	宁夏	19.7	13	福建	15.6	24
贵州	30.2	3	陕西	19.7	14	新疆	14.6	25
吉林	26.9	4	浙江	19.5	15	河北	14.5	26
山西	26.8	5	青海	19.4	16	天津	13.1	27
甘肃	26.0	6	黑龙江	19.2	17	广东	12.5	28
辽宁	24.7	7	河南	18.7	18	北京	12.2	29
湖南	23.8	8	重庆	18.3	19	海南	11.7	30
山东	20.2	9	江西	17.9	20	上海	11.3	31
四川	20.1	10	广西	17.9	21			
江苏	19.8	11	湖北	16.2	22			

资料来源：根据 2001—2011 年《中国旅游统计年鉴》和《新中国 60 年统计资料汇编》等相关数据计算。

表 4-7 显示了我国三大地带人均国内旅游收入与人均 GDP 之间的相关性，从中可以看出，东、中、西三大地带的 Pearson 相关系数分别为 0.99259876、0.987202 和 0.996477，且对相关系数的检验双侧的 P 值均小于 0.01，表明三大地带人均国内旅游收入与人均 GDP 都存在非常强的相关性，其中，西部地区的相关性最大，东部次之，中部相对最弱。这表明我国各地区的国内旅游收入与国民经济发展之间存在着显著的正向联系，且西部地区的正向联系最大。

表 4-7　三大地带人均国内旅游收入与人均 GDP 的相关性

	东部	中部	西部
Pearson 系数	0.99259876	0.987202	0.996477

图 4-14 是以各省份 2000 年的国内旅游收入为横轴，以 2000—2010 年国内旅游收入年均增长率为纵轴构建的散点图，通过线性回归拟合可以发现，在初始年份旅游收入基数较大的省份旅游收入的年均增长率较低，而 2000 年基数较小

的省份则具有更高的增长率，即在 11 年内，全国各省份的国内旅游收入呈现出趋同的发展趋势。由此推断，未来东、中、西三大地带在国内旅游收入上的差异将逐渐收敛。

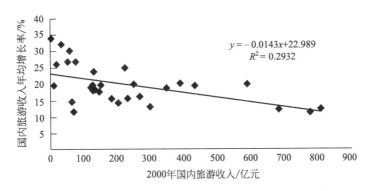

$$y = -0.0143x + 22.989$$
$$R^2 = 0.2932$$

图 4-14　2000 年各省份国内旅游收入及增长率散点图

资料来源：根据 2001—2011 年《中国旅游统计年鉴》和《新中国 60 年统计资料汇编》等相关数据计算。

从以上的分析可以看出，我国各省份的国内旅游人次和国内旅游收入也呈现东、中、西递减的空间分布格局，但从时间序列分析来看，这两个反映旅游经济效应的主要指标在三大地带之间的差异呈现收敛的态势，也就是说，随着时间的发展，在初始年份接待人次和收入较低的省份拥有更快的增长速度。出现这一结果的原因可能在于以下两点。

（1）欠发达地区在旅游业和经济社会发展上具有后发优势。随着经济的不断发展，我国东部发达地区的产业结构升级加速推进，当地的发展空间将更多地被生产性服务业、高新技术产业等附加值处于"微笑曲线"高位的产业所占据，而留给旅游业等生活性服务业的发展空间会逐渐缩小；中、西部欠发达地区正处于承接东部地区产业转移的初期，旅游业发展的空间相对较大，对中、西部地区的旅游业投资可以获得更高的经济回报。

（2）区域协调发展战略，尤其是西部大开发和中部崛起战略的实施使我国中、西部地区交通区位条件、基础设施条件、产业发展环境等有了显著的改善，从而为旅游业和相关产业的发展提供了有力保障，并为旅游业经济效应的进一步发挥创造了条件。

根据以上的分析结果也可以得出这样的一个结论，即在未来很长的一段时间内，旅游业对西部地区经济社会发展的综合贡献要大于东部地区，以旅游业作为西部地区的特色优势产业，甚至是某些旅游资源丰裕度、美誉度极高，但环境相对脆弱的省份的主导产业来培育是可行的。另外，由于西部地区目前正处于承接产业转移的初期阶段，当地在投资的软、硬环境方面还没有充分达到承接产业转移的要求，无论是在人才、资金、信息还是技术等生产资料的积累方面都存在着较大的缺口，而发展旅游业一方面可以充分利用当地的资源优势，另一方面可以发挥"旅游搭台，经济唱戏"的杠杆作用，为当地发展主导产业和承接转移产业积累必要的生产要素。

本 章 小 结

（1）本章通过分析区域要素流动与区域经济差异之间的关系，认为区域经济差异的存在是生产要素流动的前提，而生产要素的流动会反作用于区域经济差异的变动过程，即要素的扩散效应会缩小区域经济差异，而极化和回流效应则会扩大区域差异。在市场机制的自发作用下，生产要素的极化效应和回流效应大于扩散效应，从而导致生产要素向发达地区集聚，使欠发达地区与发达地区的经济差异不断扩大，并对整体经济增长造成不利影响。

（2）区域旅游流分为区际旅游流和区内旅游流。区际旅游流对区域经济差异会产生双重影响：一方面，各种要素以旅游消费、投资、就业等的形式从发达地区向欠发达地区扩散，即产生要素的扩散效应，缩小区域经济差异；另一方面，流入欠发达地区的要素也会由于旅游漏损而导致回流效应，并使区域经济差异扩大。一般来说，一个地区的区域旅游漏损与当地旅游企业对其他区域要素市场的依赖程度有关，依赖程度越高，则漏损越大。因此，区际旅游流影响下的区域经济差异存在着条件收敛。区内旅游流的特征是发达地区内旅游流在流量、流速上都要大于欠发达地区。在区内旅游流的影响下，要素在发达地区流动性更强、更活跃，范围也更加广阔，因此，区内旅游流对发达地区经济增长的促进作用大于欠发达地区，从而导致区域经济差异扩大。

以上的理论分析结果对我国以旅游业协调区域经济差异的启示在于：①欠发达地区要加强当地的基础设施建设，改善旅游业的发展环境，提高区内旅游企业的自生能力和区域旅游业的自我发展能力，减少对其他区域的依赖，这样该地区就可以将发展旅游业的收益尽可能多地留在当地，促进地区经济发展；②欠发达地区要努力壮大区内旅游市场，鼓励和引导当地居民开展中短途区内旅游，发挥区内旅游消费对内需的带动作用，进而促进区域经济发展。

（3）针对旅游业对我国区域经济差异的影响机理进行了初步验证，结果显示：①我国东、西部之间存在着双向的跨区域旅游流，东部地区的西向旅游流规模仅略大于西部地区的东向旅游流规模；而东、西部地区内的旅游流特征为东部地区的区内旅游流规模大，西部地区的区内旅游流规模小。②旅游业影响下的我国区域要素集聚能力呈现东、中、西三级递减的空间格局，这表明受发达地区经济规模较大、旅游基础设施较完善等因素的影响，短期内，旅游业对区域要素集聚能力空间分布格局的影响并不显著，但从长期来看，旅游业的主要经济指标在东、中、西三大地带之间的差异趋于收敛，也就是说，随着时间的发展，在初始年份旅游业和经济发展水平较低的省份拥有更快的增长速度，西部欠发达地区在旅游业和经济社会发展上具有后发优势，在未来很长的一段时间内，旅游业对西部地区经济社会发展的综合贡献要大于东部地区，以旅游业作为西部地区的特色优势产业，甚至是某些旅游资源丰裕度、美誉度极高，但环境相对脆弱的省份的主导产业来培育是可行的。

第五章 我国区域经济格局与旅游经济格局的时空关系

本书的第四章针对旅游业对区域经济差异的影响机理进行了规范研究，本章的主要任务是对我国区域经济、旅游经济的空间格局和变动趋势，以及二者之间的关系进行实证分析，从而对上文的理论分析结果进行验证。本章的主要内容包括：①从经济发展格局、经济发展格局的空间演变、经济发展格局演变的速度差异三个角度对旅游经济和区域经济进行时空差异分析；②通过对经济发展格局的子指标进行分解、对经济格局差异的影响因素进行界定与分析、对区域经济和旅游经济进行空间相关分析等步骤，来全面分析我国旅游经济与区域经济的时空关系。

第一节 区域经济差异的概述与测量

一、区域经济差异的概述

区域经济差异是区域经济发展中存在的一种客观、普遍的经济现象，也是区域经济学研究的核心问题之一。区域经济差异是我国的基本国情之一，它不仅存在于东、中、西等大的地域单元间，还深刻地体现在省域乃至县域内部（陆大道，刘毅，樊杰，1999；陆大道，2003），区域经济发展差异过大不利于区域的可持续发展，所以如何对其有效测度调控成为地理学和区域经济学等相关学科研究的热点。

对于区域经济差异的理解，一方面是区域经济差异不断扩大，即不均衡加剧；另一方面是区域经济表现出的基于不同板块单元的空间趋同。已有的研究大多是通过构造综合指标对区域经济差异进行统计度量（刘慧，2006；欧向军，2006），如吴殿廷（2001）对中国南北方经济差异发展的研究，周玉翠等（2002）对我国省际经济差异的变动研究，李小建等（2001）对中国县域经济空间差异的研究，俞勇军等（2004）、钟桂芬（2006）、胡良民等（2002）、仲雷

（2004）等分别对江西、山东、河南、安徽等省域差异的研究。许多关于区域经济差异的研究是基于对区域经济总量的简单比较，往往会偏离社会对区域经济差异关注的出发点。这是因为，首先，社会在区域经济差异上所关注的核心问题是区域经济发展差异对各地区人民福利水平的改善效果。而人民福利水平通常是用人均福利水平来表达的。其次，区域经济差异主要考察的是经济发展过程中区域之间的利益分配格局，及其对经济行为调整、区域之间的利益关系的影响。而区域面积的大小、人口的多少，对其经济总量规模都会产生较大的影响。因此，只有采用人均指标才能更好地比较区域之间的利益分配状况。此外，新古典增长理论认为，人均经济指标，尤其是人均 GDP 蕴含着大量的信息，它不仅可以直接反映一个区域的经济发展水平和居民的生活状况，而且还能够间接反映区域的产业结构、需求结构、经济增长和变动情况等。基于以上几点考虑，区域差异应当是一定时期内不同区域之间人均意义上的经济发展总体水平非均等化现象（覃成林，1997）。

区域旅游经济发展不平衡也是旅游业发展中存在的一种客观经济现象（汪德根，陈田，2011）。自 1978 年改革开放以来，我国旅游业经过 30 多年的发展，取得了显著的进步，与此同时，旅游经济发展不平衡的现象也越来越明显。许多学者都对旅游经济差异进行了研究，研究的尺度包括国家层面（张凌云，1998；敖荣军，韦燕生，2006；陈秀琼，黄福才，2006；吴三忙，李树民，2008）和区域层面（陈智博，等，2008；肖光明，2009；姜海宁，等，2009；卫红，严艳，2010；齐邦锋，等，2010）。总体而言，大多数的研究都是从时间维度展开的，而对旅游经济差异的空间描述和表达非常少；由于受数据的可获得性、连续性、可比性、真实性等方面的限制，大部分学者在对旅游经济差异进行衡量时，选取的指标有限，很难客观全面地反映我国旅游经济发展的地区差异。

二、区域经济差异的测量

一般认为，选取不同的分析单元、时间段、指标和测量方法对区域经济差异进行测量，会得出不同的结果（王绍光，胡鞍钢，1999）。总的来看，由于区域经济具有时空二维属性，因此，多数的研究也从时间和空间两个维度展开。旅游经济差异的相关研究方法多从区域经济差异的研究方法中舶来，并以时间维度的分析为主。

（一）时间维度的测量方法

在时间维度方面，研究方法多集中于对区域经济的绝对差异和相对差异的测量。区域经济绝对差异是区域之间在人均经济总量等经济指标上的差异，反映了区域之间经济发展在量上的等级水平差异，一般用标准差（S）、极差（R）等统计方法来测量。区域经济相对差异是区域之间在人均经济总量等经济指标上的比例关系，反映的是区域之间经济发展的速度差异，一般用变异系数（CV）、加权变异系数、洛伦兹曲线、基尼（Gini）系数、库兹涅茨比率、综合熵指数（GE）、泰尔指数（Theil Index）、艾肯森指数（Atkinson Index）等指标来衡量。区域经济绝对差异和相对差异所比较的是区域之间经济发展的不同侧面，目前很少有研究单独对区域绝对差异进行分析，大多都会结合相对差异指标对区域经济在总量和速度等方面的差异进行综合分析（杨伟民，1992；Kim，2001；李二玲，覃成林，2002；许月卿，贾秀丽，2005；陈湘满，等，2006）。此外，还有学者通过构建各种计量模型来测度区域经济差异，如蔡昉等（2002）利用科布-道格拉斯生产函数构建了回归模型分析地区间生产要素边际报酬差异导致的区域经济差异；李小建等（2008）利用线性回归模型分析了地理因素对河南省农区经济发展差异的影响。

采用不同的方法测量区域经济差异，得出的结果会有所差别。一般来说，针对较长跨度的时间序列，不同的测度方法得出的结果是比较一致的，但针对较短时段的测量结果存在着差别，有时甚至会出现相反的结果。例如，陈秀山等（2004）通过计算基尼系数、变异系数和泰尔指数对1970—2002年我国的区域经济差异的变动状况进行了分析，结果显示，在大部分时段基尼系数和变异系数的测量结论是一致的，但在1992年以后的一些时段，两种方法的测量结果是完全不同的。因此，在分析区域经济差异的变化时，应以长期的变化趋势作为分析的基础，这一点对于使用空间分析方法亦然。此外，上述每种方法都各有优缺点，应当根据研究的需要选择适当的方法。刘慧（2006）对几种方法进行了总体评价，她认为，基尼系数适宜于需要做机制分析时进行深入的因子剖析；泰尔系数适合于进行不同空间尺度的分析；变异系数看似简单，但由于其对最发达地区和最欠发达地区分别给予了较大的权重，更适合对我国目前的区域经济差异进行简单的整体度量；艾肯森指数相对来说运用的较少，但非常适合对微小的区域差异进行分析。

（二）空间维度的测量方法

在空间维度方面，越来越多的学者采用探索性空间数据分析方法（ESDA）来测量区域发展的空间差异（马荣华，等，2007）。ESDA是一系列空间数据分析方法和技术的集合，以空间关联测度为核心，通过对事物或现象空间分布格局的描述与可视化，发现空间集聚和空间异常，揭示研究对象之间的空间相互作用机制（潘竟虎，等，2006）。通过 ESDA 相关分析，可以描述区域经济差异在空间上的变化状况，探索影响区域经济差异扩大或缩小的空间机制。其中，空间重心分析着重刻画空间分布特征，而空间自相关分析主要用来分析空间依赖性和异质性（孟斌，2005）。目前，大部分研究主要采用上述两种空间分析技术来直观体现区域的经济差异。如李丁等（2009）利用甘肃省 1992—2006 年县域人均 GDP 数据，对甘肃省县域经济进行了 ESDA 全局和局部空间自相关分析；陈文成（2010）筛选了 1997—2007 年闽西区域 GDP、人均 GDP、GDP 指数、人均地方财政收入等指标构建时空动态数据库，在县域经济粒度闽西区域发展变权法三维评价基础上，通过 ESDA 方法对闽西县域经济进行了全局和局部空间相关性分析，揭示了基于县域经济的闽西区域发展差异格局；唐伟等（2010）选取人均 GDP 这一指标，采用变异系数和 ESDA 的空间自相关模型对成都都市圈经济差异进行了研究；彭颖等（2010）选取人均 GDP 和 GDP 为测度指标，运用加权变异系数和 ESDA 的全局和局部空间自相关模型对成渝经济区区域经济发展差异进行了时空分析等；郭华等（2011）以河南省地级市 1991、1999、2004、2007 四个年度的人均 GDP 和人均 GDP 增长指数数据为依据，利用空间分析方法中的 Moran's I、Getis-Ord General G 和 Getis-Ord Gi* 指数分析了各地级市经济总量和经济增长率的全局和局域空间关联特征。

传统的统计方法侧重于对区域差异变化进行表面描述，而 ESDA 可以有效地分析所研究的区域在空间上的相互作用机制，将两者结合运用，可以全面、有效地揭示区域差异的空间格局和演化机制（仇方道，等，2009）。

基于上述对研究进展与研究方法的综合考量，本书选择以全国 31 个省份（不包含我国香港、澳门和台湾地区）和东、中、西的空间尺度，以各空间单元的人均经济指标和旅游经济指标为研究对象，综合应用 ArcGIS、SPSS 等分析软件，来对我国区域经济和旅游经济的时空差异进行分析，以期揭示我国区域经济差异与旅游经济差异的内在联系。

第二节　研究方法选择与数据获取

一、研究方法选择

本章对我国区域经济与旅游经济的时空差异进行分析，拟重点解决以下问题：①研究时段的起始与末尾年份的区域经济发展格局是什么？②经济发展如何从初始格局演变为目前的格局？中间是否发生波动？波动如何？③区域经济格局的变化是匀速发生还是变速发生？不同区域的发展速度差异如何？这种差异会对将来的经济格局产生怎样的影响？④是哪些因素导致了区域经济格局的变化？⑤区域经济与旅游经济空间格局之间的相关关系如何？

对上述问题的一一回答，既是本章内容的逻辑框架，又是对相关研究方法选择的依据。

（一）区域经济发展格局的静态特征

1. 反距离加权空间插值

反距离加权空间插值（Inverse Distance Weighted，IDW）是基于"地理第一定律"的基本假设，即两个物体的相似性随着它们之间距离的增大而减少。它以插值点与样本点间的距离为权重进行加权平均，离插值点越近的样本赋予的权重越大，此种方法简单易行，直观并且效率高，在已知点分布均匀的情况下插值效果好，插值结果在用于插值数据的最大值和最小值之间，但缺点是易受极值的影响。

由于我国各省份的人均经济指标和人均旅游经济指标存在极值的可能性较小，而且，各省份空间分布相对均匀，因此，适宜于选择 IDW 来进行空间插值以分析经济发展的空间格局。选择 IDW 时，以我国各省份的人均经济指标和人均旅游经济指标为属性信息，以各省份空间分布的几何中心为样本点。

该方法在 ArcGIS 9.3 的软件平台上进行分析，成图借助 Photoshop 软件实现。

2. 全局空间自相关

全局空间自相关（Moran's I）主要是对属性在整个区域空间上特征的描述，反映了观测变量在整个研究区域内空间相关性的整体趋势。应用该方法，目的是分析经济空间格局是随机分布还是集聚分布。最常用的是以 Moran's I 系数来衡量，其计算公式（Getis，1992）为

$$\text{Moran's I} = \frac{n \sum_{i=1}^{n} \sum_{j=1}^{n} W_{ij}(X_i - \overline{X})(X_j - \overline{X})}{\sum_{i=1}^{n} \sum_{j=1}^{n} W_{ij} \sum_{i=1}^{n}(X_i - \overline{X})} = \frac{\sum_{i=1}^{n} \sum_{j=1}^{n} W_{ij}(X_i - \overline{X})(X_j - \overline{X})}{S^2 \sum_{i=1}^{n} \sum_{j=1}^{n} W_{ij}}$$

(5-1)

式（5-1）中：$\overline{X} = \dfrac{1}{n}\sum\limits_{i=1}^{n} X_j$，$S^2 = \dfrac{1}{n}\sum\limits_{i=1}^{n}(X_i - \overline{X})$，$n$ 为空间单元的数目，X_i、X_j 表示空间单元 i、j 的属性值；W_{ij} 为空间权重矩阵，其确定一般采用临近标准和距离标准，本书采用临近标准：如果区域 i 与区域 j 相邻，其值为 1，否则 $W_{ij} = 0$；当 $i=j$ 时，$W_{ij} = 0$。Moran's I 可以看作各地区观测值的乘积和，其取值范围为 $-1 \leqslant$ Moran's I $\leqslant 1$。用 Moran's I 分析观测变量的空间格局时，需进行显著性检验，以便在一定的概率下保证推断结论的正确性。若数据服从正态分布，其统计检验可采用 Z 检验，检验公式（吴玉鸣，徐建华，2004；吴玉鸣，2007）为

$$Z(I) = \frac{\text{Moran's I} - E(I)}{\sqrt{\text{var}(I)}} \tag{5-2}$$

$$Z(I) = \frac{1}{1-n}; \text{var}(I) = \frac{n^2 W_1 + n W_2 + \delta W_0^2}{W_0^2(n^2-1)} - E^2(I)$$

$$W_0 = \sum_{i=1}^{n}\sum_{j=1}^{n} W_{ij}, W_1 = \frac{1}{n}\sum_{i=1}^{n}\sum_{j=1}^{n}(W_{ij} + W_{ji}), W_2 = \sum_{i=1}^{n}(W_i + W_j)^2$$

W_i、W_j 为相关权重矩阵的第 i 行和第 j 列之和。根据 Z 值的大小，在设定显著性水平下作出接受或拒绝零假设的判断，取显著性水平 $\alpha = 0.05$，当 $Z < -1.96$ 或 $Z > 1.96$ 时拒绝零假设，观测变量的空间自相关显著；否则接受零假设（Jay Lee，2001）。

该方法在 ArcGIS 9.3 的软件平台上实现。

3. 趋势分析

趋势分析（Trend Analysis）是探索性数据分析（ESDA）中的一个功能模块，可以将样本点数据生成三维透视图，以帮助识别数据集的全局趋势。选择此方法是为了识别我国各省份的人均经济指标和人均旅游经济指标的空间上的分布趋势。

该方法在 ArcGIS 9.3 的软件平台上实现。

（二）区域经济发展格局的动态演变

本书应用区域重心模型和重心偏离的方法来研究区域经济发展格局的空间演变，该方法的具体内涵如下。

借鉴牛顿力学中质心的概念，引入区域重心的概念：设某一区域由 n 个平面

空间单元构成，其中第 i 个平面空间单元的重心坐标为 (x_i, y_i)，w_i 为该单元的属性值，则这一区域的重心坐标为

$$
\begin{cases}
\overline{X} = \dfrac{\displaystyle\sum_{i=1}^{n} w_i x_i}{\displaystyle\sum_{i=1}^{n} w_i} \\[2em]
\overline{Y} = \dfrac{\displaystyle\sum_{i=1}^{n} w_i y_i}{\displaystyle\sum_{i=1}^{n} w_i}
\end{cases}
\tag{5-3}
$$

式(5-3)中，如果属性值 w_i 为平面空间单元的面积，则坐标值就是区域的几何重心（空间形状的几何中心），同理可衍生出经济重心（指区域内各经济子矢量的合力点，即维持区域经济平衡的点）、人口重心等概念。当某一空间现象的重心显著区别于区域几何中心，便指示了这一空间现象的不均衡分布，或称"重心偏离"。偏离的方向指示了空间现象的"高密度"部位，偏离的距离则指示了均衡程度（李秀彬，1999）。

该方法在 ArcGIS 9.3 的软件平台上实现，成图借助 Photoshop 软件实现。

（三）区域经济相对发展速率的演变

本书应用相对发展速率（Nich）来分析经济发展格局的速度差异。相对发展速率能够客观反映各地区发展速度之间的差异（欧阳南江，1993；吴康，韦玉春，2008），计算公式如下。

$$
\text{Nich} = \frac{y_{ti} - y_{(t-1)i}}{y_t - y_{t-i}}
\tag{5-4}
$$

式(5-4)中，y_{ti}、$y_{(t-1)i}$ 分别代表第 i 个区域在时间 t 和时间 $t-1$ 的人均统计指标，和分别代表所有区域在时间 t 和时间 $t-1$ 的人均统计指标。

为了表示两个时间段之间的相对发展速度的变化情况，引入对比函数 s，其计算公式为

$$
s = \frac{\text{nich}_2 - \text{nich}_1}{\text{nich}_1}
\tag{5-5}
$$

同时，为了直观体现相对发展速度在空间上的差异特征，借助于趋势分析。相对发展速率在 office 2007 的 Excel 中进行计算，成图借助 ArcGIS 9.3 和 Photoshop 来实现。

（四）经济发展格局的影响因素分解

以往的研究主要采用基尼系数分解法对区域经济发展格局的主要影响因素进行解析，这种方法虽然易于操作，但其包含的影响指标有限，因此，无法全面地、深入地解释区域经济发展格局变动的影响因素。本书通过构建加权重心向量分解模型和主成分分析法，从多个角度、多个侧面分析了经济差异的主要影响因素。

1. 加权重心向量分解模型

为了分析经济发展差异的主要影响因素，本书构建了加权重心向量分解模型，该模型的构建基于以下思路。

第一，由于区域经济发展差异的存在，人均经济指标的空间重心不可能与区域的几何重心重合，这种空间上的偏离包含两种信息：①偏离的距离。距离大则反映人均经济指标在区域间的差异显著，距离小则反映人均经济指标在区域间的差异较小。②偏离的方向。方向指向人均经济指标"高密度"的区域，即在空间上集聚的区域。这种加权重心既有数量性又有方向性，符合矢量特点。

第二，人均经济指标受不同因素（子指标）的影响，因此，人均经济指标空间重心的偏离，其实质是各影响因素空间重心偏离的结果。分析各影响因素空间重心矢量与人均经济指标空间重心矢量的关系，能够揭示各因素对人均经济指标空间重心偏离的贡献。该贡献包括两部分内容：①贡献的方向，即该影响因素的作用方向，是抑制还是促进了人均经济指标空间重心的偏离；②贡献的权重，即各因素的作用力大小。

基于上述思路，本书构建的加权重心矢量分解模型的原理如图 5-1 所示，该模型包括方向分解和权重分解两部分内容。

（1）方向分解。

图 5-1 中，点 O 为区域的几何重心，点 W 为人均经济指标的空间重心，点 A_1，A_2，A_3，…分别是人均经济指标的子指标的空间重心。定义点 O 为坐标的原点 $(0, 0)$，且矢量 OW 方向为正向，那么点 W、A_1、A_2、A_3…的坐标分别为 (x, y)、(x_1, y_1)、(x_2, y_2)、(x_3, y_3)，…，其矢量分别表示为 OW，OA_1，OA_2，OA_3，…。按照模型构建的基本思路，矢量 OW 是矢量 OA_1，OA_2，OA_3，…共同作用的结果，为了表征不同子指标对综合指标作用的方向性，将其分解到坐标轴 OW 上，对应的分矢量分别为 Oa_1、Oa_2、Oa_3…。以图示为例，Oa_1、Oa_2 为正，反映子指标 A_1、A_2 对人均指标重心在空间偏离起到促进作用，Oa_3 为负，反映子指标 A_3 对人均指标重心在空间偏离起到抑制作用。

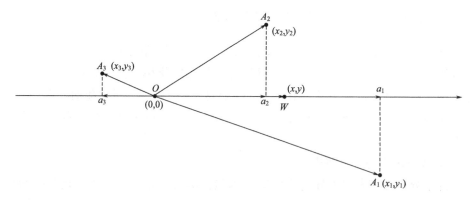

图 5-1　加权重心矢量方向分解模型

（2）权重分解。

人均经济指标空间重心的偏离，一定是由其子指标的空间重心的偏离引起的。即使所有的子指标的空间重心与区域的几何重心重合，即这些子指标在区域中是均衡分布的，但是只要有一个子指标的空间重心出现偏离，那么人均经济指标的空间重心一定是偏离的。因此，人均经济指标的空间偏离，一定程度上是由出现空间偏离的子指标决定的，而且偏离程度越大，其影响也相对较大。基于这样的逻辑分析，为了表示各子指标作用权重的相对大小，本书构建权重函数：

$$\omega_i = \frac{|o\alpha_i|}{|ow|} = \frac{\sqrt{(x_i - x')^2 + (y_i - y')^2}}{\sqrt{x^2 + y^2}} \tag{5-6}$$

式（5-6）中，ω_i 表示子指标 A_i 对人均经济指标的作用权重，$|o\alpha_i|$ 表示子向量 OA_i 在坐标轴上投影的空间距离，$|ow|$ 表示人均经济指标空间重心到坐标原点的空间距离。求解 ω_i 的意义，一方面是为了分析导致人均经济指标出现空间偏离的主要子指标是哪些；另一方面从促进区域经济协调均衡发展的角度，ω_i 值大的子指标，是下一步进行区域调控的主攻方向。

该方法在 ArcGIS 9.3 中实现。

2. 主成分分析法

本书选择影响旅游经济发展的诸多社会经济指标，以期从中找出影响旅游经济发展的主要因素，为此，需要应用主成分分析法（Principal Component Analysis，PCA），以降低维度，并提取主成分及其方差贡献率，以此表征旅游经济发展格局的主要影响因素及其影响权重。

（1）基本操作。

应用 SPSS 统计分析软件对指标进行因子分析，以主成分分析法作为因子提取方法，经过方差最大旋转，以特征值大于 1 为因子提取标准；根据主因子的方差贡献率，以及因子上的负荷排序，对旅游经济发展格局的影响因素进行解释。

（2）指标修正。

本书选择主成分分析法，既要剔除众多指标中关联程度较高的变量，又要尽量减少原指标包含信息的损失，同时，又要求对原始指标进行必要的处理以突出专业研究领域，从而便于对分析结果作专业性解释。旅游是一种市场消费行为，社会经济环境是旅游的基础，以区域（省份）为尺度的旅游经济发展研究应包括水平和能力两部分。以总量代表市场或者经济、人口的规模，是水平的概念，突出乘数效应和规模效益的作用；以单位水平或者人均水平代表发展程度，是能力的概念。对指标的修正，应将水平和能力结合起来，消除忽视人均水平，只重规模的弊端。因此，需要对某些指标的总量与单位（人均）水平两者相乘，然后开二次方（赵英丽，2006）。例如，将经济发展水平中的经济密度指标，调整为 $\sqrt{G \cdot G_p}$，其中，G 表示 GDP，G_p 表示经济密度。

该方法在 SPSS 16.0 中实现。

（五）区域经济发展与旅游经济发展之间的关系

本书应用栅格数据空间相关性分析（Band Collection Statistics，BCS）来分析区域经济空间格局与旅游经济发展空间格局之间的关系。借助 ArcGIS 9.3 软件平台，分别将区域经济数据和旅游经济数据生成栅格数据，栅格数据里对应的空间象元的属性值就代表了对应数据在空间中的分布情况，以这些空间象元为比照对象，计算其属性值的相关性，就能客观反映出区域经济格局与旅游经济格局的相关性，以此来解释它们之间的关系。

该方法在 ArcGIS 9.3 的软件平台上实现。

二、数据获取

（一）区域经济差异分析的相关数据

1. 数据指标

本书以全国 31 个省份（不包含我国香港、澳门和台湾地区）为基本研究尺度，并在此基础上上升到东、中、西三大地带，其中，东部包括北京、天津、河北、广东、海南、福建、辽宁、山东、上海、江苏、浙江 11 个省份；中部包括江西、吉林、黑龙江、河南、山西、湖北、湖南、安徽 8 个省份；西部包括重庆、四川、贵州、广西、云南、西藏、陕西、甘肃、青海、宁夏、新疆、内蒙古

12 个省份。

区域经济差异分析主要数据指标包括各省份的人均 GDP、人均第一产业增加值、人均第二产业增加值、人均第三产业增加值、GDP 增速、第一产业增速、第二产业增速、第三产业增速。

旅游经济差异分析主要数据指标包括各省份的人均旅游总收入、人均国内旅游收入、人均旅游外汇收入、入境旅游人次、国内旅游人次、人均旅游总收入增速、人均国内旅游收入增速、人均旅游外汇收入增速。

2. 数据时段

区域经济差异分析数据的时间跨度为 1991—2010 年共 20 年，考虑到物价的影响，对各年份 GDP 指标（总量 GDP 及人均 GDP）和各产业增加值指标均进行处理转化为实际数据，即用当年价格计算的总量 GDP、人均 GDP 及各产业增加值除以以 1991 年为基期的物价指数。之所以以 1991 年为研究的起始年份，原因如下：其一，从 20 世纪 90 年代初开始，伴随着沿海城市逐步开放，我国东部地区开始率先发展起来，区域经济差异便开始逐步积累；其二，20 世纪 90 年代初，我国改革开放已有 10 余年的历程，已经取得了瞩目的经济成效，因此，从此时开始研究旅游经济发展的宏观经济格局，更具针对性。

旅游经济差异分析的时间跨度为 1994—2010 年共 17 年。比区域经济差异分析的数据滞后 3 年的原因如下：其一，旅游数据的可获得性较差；其二，旅游业是经济发展到一定阶段的产业，旅游数据相比较经济发展数据在一定程度上具有滞后性。

3. 数据来源

城市点位、省份行政边界等地理信息数据来自国家基础地理信息中心 1：400 万数据库。

各省份的人均 GDP、人均第一产业增加值、人均第二产业增加值、人均第三产业增加值、GDP 增速、第一产业增速、第二产业增速、第三产业增速来自《新中国 60 年统计资料汇编》和 2009—2011 年的《中国统计年鉴》，并经适当运算而得。

各省份的人均旅游总收入、人均国内旅游收入、人均旅游外汇收入、入境旅游人次、国内旅游人次、人均旅游总收入增速、人均国内旅游收入增速、人均旅游外汇收入增速来自对应年份的《中国旅游统计年鉴》及副本、《新中国 60 年统计资料汇编》、各省份的国民经济和社会发展统计公报，并经适当运算而得。

1997 年重庆成立直辖市，该年之前的重庆市相关数据从四川省剥离出来。

(二) 影响旅游经济发展的社会经济数据

Leiper（1979）从结构功能和空间结构两个层面上讨论了旅游系统，重点突出了客源地、目的地和旅游通道 3 个空间要素，他把旅游系统描述为由旅游通道连接的客源地和目的地的组合，他的模型充分体现了地理空间的味道，得到了学术界和理论界的广泛应用，成为旅游地理学的最基本模型之一。本书为了深入探析社会经济指标对旅游经济发展的影响，用系统论的观点对 Leiper 的旅游地理系统模型进行分析。本书认为，旅游经济是根植在宏观区域腹地中的复杂系统，由目的地系统、客源地系统和旅游通道系统三部分组成，各自都包括数目不等的子系统，每一个子系统又由不同的要素组成，要素由不同的指标来体现。不同要素之间相互作用，系统与系统之间不停地进行能量流、信息流、物质流的交换，共同组成了旅游经济的系统构成，如图 5-2 所示。

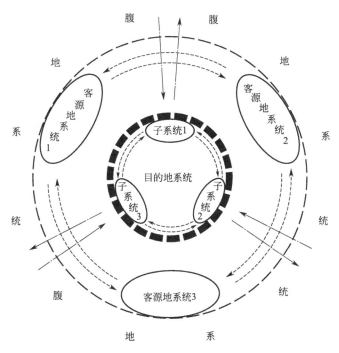

图 5-2　旅游经济系统的结构示意图

本书在对旅游系统进行解析的基础上，根据相关研究进展，从目的地系统、客源地系统、旅游通道系统和腹地系统四个角度来设计指标体系，拟通过主成分分析法，提取影响旅游业发展的主要影响因素，分析其对旅游业发展的贡献及因子组成，以期揭示社会经济要素与旅游经济系统之间的内在关联。

指标体系的设计一方面兼顾传统因子，另一方面力求体现新因子对旅游发展的影响。共分为4个一级指标（目的地系统、客源地系统、旅游通道系统、区域背景系统），10个二级系统（旅游资源禀赋、旅游接待情况、居民年龄结构、居民收支水平、居民受教育水平、交通通信水平、经济发展水平、产业构成、城市发展水平、经济外向水平）和41个三级指标（见表5-1）。数据指标均来自2011年的《中国统计年鉴》和《中国旅游统计年鉴》，部分数据进行了简单运算。

表5-1 旅游经济系统的指标体系

一级指标	二级指标	三级指标	一级指标	二级指标	三级指标
目的地系统	旅游资源禀赋	5A级景区数量	旅游通道系统	交通通信水平	公路密度
		4A级景区数量			高速公路密度
		3A级景区数量			互联网上网人数
	旅游接待情况	旅行社总数			旅客周转量
		饭店数			邮电业务总量
		房间数			移动电话年末用户
		床位数			铁路营业里程
客源地系统	居民年龄结构	0~14岁比重	区域背景系统	经济发展水平	GDP
		15~64岁比重			人均GDP
		65岁以上比重			经济密度
	居民收支水平	城镇居民人均可支配收入		产业构成	第一产业比重
		农村居民年人均纯收入			第二产业比重
		居民消费水平			第三产业比重
		农村居民消费水平		城市发展水平	建成区绿地覆盖率
		城镇居民消费水平			人均城市道路面积
		人均储蓄存款余额			人均公园绿地面积
	居民受教育水平	未上过学人数比重			每万人拥有公共厕所
		小学人口比重			每万人拥有公共交通车辆
		初中文凭人数比重		经济外向水平	进出口总额
		高中文凭人数比重			外商投资总额
		大专以上文凭人数比重			

第三节 我国区域经济的时空差异分析

一、区域经济发展格局

(一) 基于反距离空间插值的分析

1. 1991 年人均 GDP 的空间格局

1991 年人均 GDP 的空间格局相对均匀,在东、中、西三大地带的比值大约为 5:2:3,区域间的差异存在,但并不显著。东部地区最强,中部地区最弱,全国出现三个极值区域,即京津、上海和广东。但极值区域与其他地区的差异并不明显,而且在东部沿海几个极值区域并没有在空间上连接在一起,反映出人均 GDP 的指标在 1991 年时,处于增长极发育阶段,尚未在其周围形成明显的区域整体优势。

2. 2010 年人均 GDP 的空间格局

2010 年人均 GDP 的空间格局明显出现区域差异,自东部向西部逐级递减,东、中、西三大地带的比值大约为 7:2:1,区域间的差异显著。东部地区最强,中部超越西部,在全国层面出现东部的带状高值区域,其中尤以京津、苏浙沪、广东为最高值。相比较 1991 年而言,20 年的差异化发展,已使东部地区形成了明显的整体优势,并且由于空间传递效应,东部地区的优势开始向距离更近的中部传递,使其人均 GDP 指标超越西部。

(二) 基于空间趋势分析

从空间趋势来看,1991 年人均 GDP 在南-北方向表现出一致性趋势,北方的人均 GDP 指标高于南方,且逐级递减;东-西方向表现出 U 形趋势,人均 GDP 指标东部最高,西部次之,中部最低。2010 年,人均 GDP 在南-北、东-西方向均表现出明显的一致性趋势,自北向南逐渐降低,自西向东逐渐升高(见图 5-3,图中 X 轴指向东方,Y 轴指向北方)。

对比两个年份的人均 GDP 的空间趋势,在东-西方向上的特征变化:东部超过西部、东西之间的差异在扩大;在南-北方向上的特征变化:中部提升并几乎与北方持平、南北方向的差异虽有扩大但不明显。

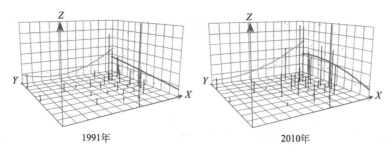

1991年　　　　　　　　　　　　　2010年

图5-3　1991年、2010年人均GDP空间趋势分析图

（三）基于全局空间自相关分析

对1991—2010年的区域经济指标进行空间自相关分析，当Moran's I 指数大于0时，其值越大，空间自相关性越显著，否则空间自相关性越不显著。Moran's I 指数为正，说明要素在空间上呈现出集聚分布特征；Moran's I 指数为负，说明要素在空间上呈现出离散分布特征，计算结果见表5-2。

表5-2　1991—2010年区域经济指标 Moran's I 指数

年份	人均GDP		人均第一产业		人均第二产业		人均第三产业	
	Moran's I 指数	Z score	Moran's I 指数	Z score	Moran's I 指数	Z score	Moran's I 指数	Z score
1991	0.15	2.65	−0.07	−0.60	0.13	2.23	0.07	1.36
1992	0.14	2.51	−0.06	−0.50	0.14	2.47	0.09	1.75
1993	0.14	2.56	−0.05	−0.34	0.17	2.96	0.12	2.17
1994	0.15	2.64	−0.05	−0.20	0.19	3.29	0.13	2.36
1995	0.16	2.83	−0.04	−0.05	0.20	3.48	0.14	2.51
1996	0.18	3.14	−0.05	−0.25	0.22	3.73	0.14	2.64
1997	0.18	3.15	−0.06	−0.35	0.23	3.89	0.13	2.48
1998	0.18	3.09	0.07	1.44	0.21	3.58	0.09	1.87
1999	0.18	3.06	0.07	1.45	0.22	3.64	0.08	1.78
2000	0.20	3.41	0.06	1.28	0.25	4.10	0.09	1.89
2001	0.19	3.24	0.04	0.96	0.24	3.94	0.09	1.78
2002	0.20	3.32	0.03	0.96	0.26	4.11	0.08	1.80
2003	0.21	3.45	0.02	0.81	0.25	3.96	0.10	2.01
2004	0.22	3.65	−0.03	0.09	0.26	4.13	0.10	1.99
2005	0.25	4.00	−0.04	−0.06	0.28	4.35	0.11	2.20
2006	0.25	4.05	0.01	0.53	0.27	4.23	0.12	2.25

续表

年份	人均GDP		人均第一产业		人均第二产业		人均第三产业	
	Moran's I 指数	Z score	Moran's I 指数	Z score	Moran's I 指数	Z score	Moran's I 指数	Z score
2007	0.25	4.04	-0.03	0.10	0.27	4.25	0.11	2.15
2008	0.27	4.24	-0.02	0.19	0.26	4.08	0.11	2.18
2009	0.25	4.00	-0.04	-0.06	0.25	3.82	0.12	2.33
2010	0.28	4.29	-0.04	-0.07	0.23	3.53	0.16	2.88

人均 GDP 和人均第二产业指标的值均大于 1.96，而且 Moran's I 均大于 0，表明这两个指标均表现出明显的空间集聚分布的特征。而且人均 GDP 与人均第二产业指标的 Moran's I 值自 1991 年以来总体趋势是逐渐变大，说明这两个指标的空间集聚分布的特征在加强，即各省份人均 GDP 和人均第二产业的空间差异不断扩大。

人均第三产业指标的值除 7 个年份之外，均大于 1.96，Moran's I 指数均大于 0，因此人均第三产业指标表现出明显的空间集聚分布的特征。从空间自相关显著的几个年份的 Moran's I 值来看，总体比较平稳，表明自 1991 年以来，我国各省份的人均第三产业的空间差异性一直都比较明显，但差异保持稳定，变动不大。

人均第一产业指标的值均小于 1.96，说明其空间自相关不显著。而且 Moran's I 在正负之间有变动，这表明我国人均第一产业在空间上的差异并不明显。

二、区域经济发展格局的空间演变

（一）人均 GDP 发展格局的空间演变

相比较全国 31 个省份的空间几何重心，1991—2010 年的人均 GDP 空间重心，平均东偏北 13°，平均偏离距离为 261.46km。1991—2010 年的人均 GDP 具有明显的空间偏离现象，而且几乎都指向东偏北 13° 的方向。

从 1991—2010 年的人均 GDP 空间重心的空间演变来看，大致可以分为四个阶段。

第一阶段：1991—1994 年。该阶段人均 GDP 空间重心一直向东南方向偏离，且年份间偏离距离较大。相比较全国 31 个省份的空间几何重心，该阶段人均 GDP 空间重心的偏离距离也在加大。这反映出这个时期东南沿海的经济在改革开放 10 多年的积累中已经开始具有集聚效应，并在 1992 年邓小平南方谈话之后，获得了更加快速的发展。东南沿海经济的快速发展一定程度上加剧了我国区域经济的不均衡现象。

第二阶段：1995—1999 年。该阶段人均 GDP 空间重心向东北方向偏离，但年份间偏离距离不大。相比较全国 31 个省份的空间几何重心，该阶段人均 GDP 空间重心的偏离距离在加大。这反映出这个时期在东部沿海开放格局的局面下，东南沿海经济经历多年积累，扩散效应开始加强，逐步带动北部沿海地区的经济发展。随着东部沿海经济整体的快速发展，我国区域经济的不均衡现象在加剧。

第三阶段：2000—2006 年。该阶段人均 GDP 空间重心向北方偏离，但年份间偏离距离不大。相比较全国 31 个省份的空间几何重心，该阶段人均 GDP 空间重心的偏离距离几乎不变。这一时期，随着前期我国区域经济不均衡现象的加剧，国家陆续提出了西部大开发、振兴东北等老工业基地的区域发展战略。以区域协调发展为目的的重大区域战略的提出与实施，在区域间的经济平衡发展方面起到了重要作用，人均 GDP 的空间重心开始向上述区域战略的指向区域倾斜。考虑到西部地区的基础薄弱，经济发展的前期周期较长，区域战略的短期效益并不明显，而东北地区具有较好的工业基础，工业振兴在国家的强力推动下，短期效益相对明显，因此，在综合作用下，这一阶段的人均 GDP 空间重心以北偏为主。

第四阶段：2007—2010 年。该阶段人均 GDP 空间重心向西方偏离，但年份间偏离距离在逐步扩大。相比较全国 31 个省份的空间几何重心，该阶段人均 GDP 空间重心的偏离距离在减小，这说明随着西部经济的发展，我国经济长期在东部集聚分布而产生的区域不均衡现象将得到明显改善。1999 年提出的西部大开发战略，战略效应在这一阶段得到明显的体现，另外，2004 年提出的中部崛起战略，西部与中部的快速发展，必将有力促进我国区域经济的均衡发展。

(二) 人均第一产业发展格局的空间演变

1991—2010 年的人均第一产业空间重心，围绕全国 31 个省份空间几何重心周围波动，以南北方向波动为主，平均偏离距离为 34.72km，可见 1991—2010 年的人均第一产业指标并没有明显的空间偏离现象。

人均第一产业指标并没有像人均 GDP 指标出现明显空间偏离的现象，在一定程度上反映了我国第一产业的发展格局在空间上相对均衡，国家在不同时期实施的区域发展战略，战略效应主要体现在第二产业和第三产业上。

（三）人均第二产业发展格局的空间演变

相比较全国 31 个省份的空间几何重心，1991—2010 年的人均第二产业空间重心，平均东偏北 16°，平均偏离距离为 340.83km。1991—2010 年的人均第二产业具有明显的空间偏离现象，而且几乎都指向东偏北 16° 的方向。与人均 GDP 的空间重心对比，人均第二产业指标的空间偏离现象更为明显。

从 1991—2010 年的人均第二产业空间重心的空间演变来看，大致可以分为三个阶段。

第一阶段：1991—1997 年。该阶段人均第二产业空间重心一直处于人均第二产业平均重心的东北方向波动，且年份间偏离距离较小。反映出在东北振兴战略实施之前，东北地区的第二产业占有较高的比重，并因此对全国的人均第二产业格局产生了较大影响。

第二阶段：1998—2004 年。该阶段人均第二产业空间重心开始向南偏离，年份间偏离距离较小。相比较全国 31 个省份的空间几何重心，该阶段人均第二产业空间重心的偏离距离在缩小。这说明东北振兴战略在东北地区以工业为主的产业结构调整中的作用十分明显，适当降低了东北地区的第二产业比例，优化了产业结构。由于第二产业在区域间的相对平衡，从而导致人均第二产业指标在空间上逐渐趋于平衡。

第三阶段：2005—2010 年。该阶段人均第二产业空间重心开始明显向西偏离，年份间偏离距离较大。相比较全国 31 个省份的空间几何重心，该阶段人均第二产业空间重心的偏离距离在缩小。这充分说明了，随着西部大开发和中部崛起战略的实施，其战略效应开始在第二产业上得到明显体现，也反映了国家战略对第二产业发展的效果非常明显。

（四）人均第三产业发展格局的空间演变

相比较全国 31 个省份的空间几何重心，1991—2010 年的人均第三产业空间重心，平均东偏北 18°，平均偏离距离为 283.30km，具有明显的空间偏离现象。人均第三产业指标相比较人均 GDP 指标，在空间上偏离现象更为明显，但比人均第二产业指标的偏离现象小。

从 1991—2010 年的人均第三产业空间重心的空间演变来看，大致可以分为两个阶段。

第一阶段：1991—1997 年。该阶段人均第三产业空间重心一直向北方偏离，且年份间偏离距离较大。反映出这个时期在东部沿海开放格局的局面下，东南沿海经济经历多年积累，扩散效应开始加强，逐步带动北部沿海地区的经济发展，而且这种带动作用在第三产业上有很明显的体现。

第二阶段：1998—2010 年。该阶段人均第三产业空间重心，在其平均重心周围波动，年份间偏离距离较小，几大区域战略的实施对人均第三产业空间重心的影响没有得到体现。人均第三产业空间重心的微小波动，可能反映了东北振兴和东部地区的产业结构转型升级有关，产业转型升级的核心指向产业就是第三产业，东北和东部在第三产业上的此消彼长，导致这一时段人均第三产业的空间重心并没有出现过大的偏离。第三产业在某种程度上体现了产业发展的高级状态，在区域的经济发展获得了一定积累之后，才能获得较好发展。但是，一个区域第三产业的发展，是需要在工业经济发展起来后来带动其发展，还是根据第三产业中不同产业的特点区别对待，需要认真甄别。

一个值得关注的现象是，2007 年之后，人均第三产业的空间重心偏离距离已经开始大于人均第二产业的空间重心偏离距离，随着区域战略效应的逐渐显现，对其响应较快的人均第二产业重心必然趋于均衡，同时各地第三产业的比重在不断提升，因此，未来导致我国区域经济差异的主要原因将变成人均第三产业的空间不均衡分布。因此，在第三产业上做文章，是未来进行区域经济均衡发展工作的重点。

三、区域经济格局演变的速度差异

（一）人均 GDP 格局演变的速度差异

根据式(5-4)、式(5-5)，分别计算出全国 31 个省份人均 GDP 在 1991—2000 年和 2001—2010 年两个时段的相对发展速率、s 值。根据 s 值的正负分为上升区和下降区，进而根据区间分布把 2001 年以来全国 31 个省份的人均 GDP 的相对发展速度分为显著上升、缓慢上升、显著下降和缓慢下降四种类型（见表5-3）。

表5-3　1991—2000 年、2001—2010 年人均 GDP 的相对发展速度及 s 值

区域	省份	1991—2000 年	2001—2010 年	s
东部	北京	2.78	1.90	-0.32
东部	天津	2.10	2.18	0.04
东部	河北	0.92	0.85	-0.08
东部	广东	1.51	1.20	-0.20
东部	海南	0.78	0.70	-0.10

续表

区域	省份	1991—2000 年	2001—2010 年	s
东部	福建	1.41	1.18	−0.16
东部	辽宁	1.28	1.27	−0.01
东部	山东	1.13	1.29	0.14
东部	上海	3.49	1.78	−0.49
东部	江苏	1.46	1.67	0.15
东部	浙江	1.68	1.51	−0.10
中部	江西	0.57	0.67	0.17
中部	吉林	0.85	1.00	0.18
中部	黑龙江	0.99	0.76	−0.23
中部	河南	0.68	0.79	0.16
中部	山西	0.64	0.82	0.29
中部	湖北	0.67	0.90	0.34
中部	湖南	0.66	0.78	0.18
中部	安徽	0.59	0.66	0.12
西部	重庆	0.64	0.92	0.43
西部	四川	0.55	0.69	0.26
西部	贵州	0.32	0.43	0.34
西部	广西	0.55	0.67	0.23
西部	云南	0.53	0.45	−0.15
西部	西藏	0.50	0.48	−0.05
西部	陕西	0.57	0.91	0.58
西部	甘肃	0.46	0.49	0.06
西部	青海	0.55	0.77	0.41
西部	宁夏	0.60	0.87	0.46
西部	新疆	0.78	0.71	−0.09
西部	内蒙古	0.77	1.68	1.19

为了反映两个时间段不同省份发展速度在全国层面的趋势，应用趋势分析法，分析在南北、东西两个方向维度上，两个时间段人均 GDP 相对发展速度的空间趋势（见图 5-4）。

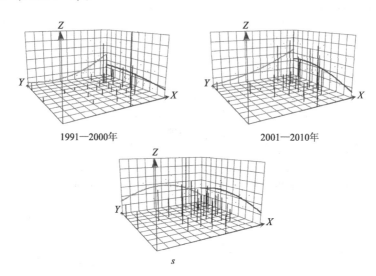

1991—2000年　　　　　　　　2001—2010年

图 5-4　1991—2000 年、2001—2010 年人均 GDP 的相对发展速度及 s 值趋势分析图

分析表明，人均 GDP 的相对发展速度自 1991 年以来呈现如下特点。

第一，1991—2000 年，Nich 大于 1（说明人均 GDP 增速快于全国平均增速）的有 9 个省份，全部位于东部地区。在东-西方向上，东部的人均 GDP 相对发展速度明显高于中、西部地区，中、西部地区的相对发展速度相当，但西部略高。在南-北方向上，北部和中部的相对发展速度持平，并略高于南部的相对发展速度。

第二，2001—2010 年，Nich 大于 1 的有 11 个省份，其中东部地区有 9 个，中、西部地区各 1 个。在东-西方向上，东部的人均 GDP 相对发展速度高于中部地区，西部地区最慢；在南-北方向上，北部略高于中部的相对发展速度，并明显高于南部的发展速度。

第三，1991—2000 年与 2001—2010 年两个时段的 s 值对比来看，有 12 个省份的 s 值为负，说明增速放缓，其中有 8 个位于东部地区。19 个省份 s 值为正的，说明增速在加快，其中有 7 个位于中部地区，占中部省份数量的 87.5%，有 9 个位于西部地区，占 75%。在东-西方向上，中、西部呈赶超之势，中部最快，东部处于下降态势；在南-北方向上，中部的发展态势要好于北部和南部（见表 5-4）。

表5-4　2001年以来人均GDP的相对发展速度 s 值的变化

区域	省份	相对发展速度变化趋势	区域	省份	相对发展速度变化趋势
东部	北京	显著下降	中部	湖北	显著上升
东部	天津	缓慢上升	中部	湖南	缓慢上升
东部	河北	缓慢下降	中部	安徽	缓慢上升
东部	广东	显著下降	西部	重庆	显著上升
东部	海南	缓慢下降	西部	四川	显著上升
东部	福建	显著下降	西部	贵州	显著上升
东部	辽宁	缓慢下降	西部	广西	显著上升
东部	山东	缓慢上升	西部	云南	显著下降
东部	上海	显著下降	西部	西藏	缓慢下降
东部	江苏	缓慢上升	西部	陕西	显著上升
东部	浙江	缓慢下降	西部	甘肃	缓慢上升
中部	江西	缓慢上升	西部	青海	显著上升
中部	吉林	缓慢上升	西部	宁夏	显著上升
中部	黑龙江	显著下降	西部	新疆	缓慢下降
中部	河南	缓慢上升	西部	内蒙古	显著上升
中部	山西	显著上升			

(二) 人均第一产业格局演变的速度差异

对比分析表5-5和图5-5，人均第一产业的相对发展速度自1991年以来呈现如下特点。

表5-5　人均第一产业、第二产业、第三产业的相对发展速度及 s 值

地区	省份	人均第一产业			人均第二产业			人均第三产业		
		1991—2000年	2001—2010年	s	1991—2000年	2001—2010年	s	1991—2000年	2001—2010年	s
东部	北京	0.25	0.04	-0.85	1.89	0.75	-0.60	4.46	3.59	-0.20
东部	天津	0.68	0.20	-0.71	2.53	2.32	-0.08	2.27	2.38	0.05
东部	河北	1.41	1.26	-0.11	1.18	0.91	-0.23	0.69	0.70	0.02
东部	广东	-0.43	0.53	2.25	1.25	1.25	0.00	1.14	1.27	0.11

续表

地区	省份	人均第一产业			人均第二产业			人均第三产业		
		1991—2000年	2001—2010年	s	1991—2000年	2001—2010年	s	1991—2000年	2001—2010年	s
东部	海南	3.64	2.12	-0.42	0.47	0.41	-0.12	0.96	0.78	-0.19
东部	福建	1.71	1.04	-0.40	1.43	1.26	-0.12	1.14	1.11	-0.02
东部	辽宁	0.99	1.37	0.39	1.41	1.42	0.01	1.03	1.07	0.04
东部	山东	-1.77	1.28	1.73	0.43	1.43	2.33	0.23	1.13	3.81
东部	上海	0.34	0.02	-0.94	3.58	1.38	-0.61	4.50	2.57	-0.43
东部	江苏	1.51	0.98	-0.35	1.89	1.75	-0.07	1.24	1.70	0.38
东部	浙江	1.28	0.61	-0.53	2.29	1.55	-0.33	1.42	1.63	0.15
中部	江西	1.16	0.86	-0.26	0.51	0.80	0.58	0.58	0.49	-0.16
中部	吉林	1.64	1.31	-0.20	0.79	1.11	0.40	0.83	0.81	-0.02
中部	黑龙江	1.04	1.29	0.24	1.39	0.75	-0.46	0.74	0.69	-0.07
中部	河南	1.46	1.24	-0.15	0.80	0.96	0.19	0.49	0.51	0.06
中部	山西	0.52	0.58	0.12	0.71	0.98	0.39	0.68	0.68	0.00
中部	湖北	0.98	1.47	0.49	0.68	0.91	0.34	0.68	0.78	0.15
中部	湖南	1.22	1.30	0.06	0.61	0.75	0.24	0.67	0.72	0.07
中部	安徽	1.52	0.97	-0.36	0.50	0.74	0.47	0.54	0.51	-0.06
西部	重庆	0.92	0.80	-0.13	0.62	1.08	0.74	0.68	0.74	0.09
西部	四川	1.19	1.10	-0.07	0.49	0.75	0.53	0.53	0.55	0.03
西部	贵州	0.70	0.61	-0.12	0.32	0.34	0.07	0.29	0.51	0.78
西部	广西	1.32	1.38	0.05	0.51	0.68	0.33	0.48	0.54	0.12
西部	云南	0.93	0.78	-0.16	0.58	0.42	-0.28	0.46	0.43	-0.06
西部	西藏	1.16	0.48	-0.58	0.33	0.35	0.06	0.57	0.65	0.14
西部	陕西	0.61	1.10	0.80	0.62	1.02	0.64	0.59	0.75	0.26
西部	甘肃	0.78	0.87	0.12	0.45	0.50	0.10	0.46	0.42	-0.10
西部	青海	0.63	0.88	0.40	0.57	0.90	0.60	0.58	0.59	0.02
西部	宁夏	0.74	0.93	0.26	0.62	0.89	0.44	0.62	0.84	0.36
西部	新疆	1.29	1.93	0.50	0.82	0.74	-0.11	0.73	0.47	-0.36
西部	内蒙古	1.57	1.67	0.06	0.74	1.92	1.60	0.72	1.40	0.95

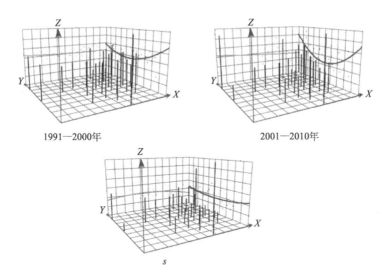

图 5-5　1991—2000 年、2001—2010 年人均第一产业的相对发展速度及 s 值趋势分析图

第一，1991—2000 年，Nich 大于 1 的有 16 个省份，其中东部有 5 个，中部有 6 个，西部有 5 个，呈现相对均衡的发展态势。在东-西方向上，人均第一产业指标的相对发展速度表现出微弱的一致性趋势，西部稍高，东部最低。在南-北方向上，人均第一产业的相对发展速度呈现出明显的 U 形趋势，南部最高，北部次之，中部最低。

第二，2001—2010 年，Nich 大于 1 的有 15 个省份（自治区、直辖市），其中东部有 5 个，中部有 5 个，西部有 5 个，呈现相对均衡的发展态势。在东-西方向上，人均第一产业的相对发展速度没有明显差别，西部稍高，东部最低。在南-北方向上，人均第一产业的相对发展速度呈现出明显的 U 形趋势，南部与北部几乎持平且北部最高，中部最低。

第三，1991—2000 年与 2001—2010 年两个时段的 s 值对比来看，有 17 个省份的 s 值为负，说明增速放缓，其中有 8 个位于东部地区，4 个位于中部，5 个位于西部。14 个省份 s 值为正的，说明增速在加快，其中有 3 个位于东部，4 个位于中部地区，有 7 个位于西部地区。在东-西方向上，中部发展态势最好，西部、东部的发展趋势基本相同；在南-北方向上，北部和南部发展态势稍好于中部。

（三）人均第二产业格局演变的速度差异

对比分析表 5-5 和图 5-6，人均第二产业的相对发展速度自 1991 年以来呈现如下特点。

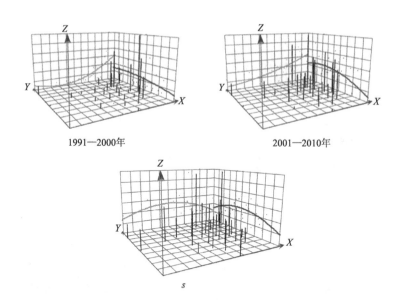

1991—2000年   2001—2010年

s

图5-6 1991—2000年、2001—2010年人均第二
产业的相对发展速度及 s 值趋势分析图

第一，1991—2000年，Nich 大于1的有10个省份，其中东部有9个，中部有1个，也就是说西部全部省份的人均第二产业相对发展速度都低于全国的平均水平，呈现明显不均衡的发展态势。在东-西方向上，人均第二产业的相对发展速度具有 U 形趋势，东部最快，并明显高于中、西部地区，中部最慢。在南-北方向上，北部和中部稍高于南部。

第二，2001—2010年，Nich 大于1的有12个省份，其中东部有8个，中部有1个，西部有3个，呈现明显不均衡的发展态势。在东-西方向上，人均第二产业的相对发展速度呈现一致性趋势，东部最高，中部次之，西部最低。在南-北方向上，人均第二产业的相对发展速度呈现微弱的倒 U 形趋势，中部稍高于北部，并明显高于南部。

第三，1991—2000年与2001—2010年两个时段的 s 值对比来看，有11个省份的 s 值为负，说明增速放缓，其中有8个位于东部地区，1个位于中部，2个位于西部。20个省份 s 值为正，说明增速在加快，其中有3个位于东部，7个位于中部地区，有10个位于西部地区。在东-西方向上，中部发展态势最好，西部次之，并略好于东部；在南-北方向上，中部发展态势好于北部，南部处于下降态势。

（四）人均第三产业格局演变的速度差异

对比分析表 5-5 和图 5-7，人均第三产业的相对发展速度自 1991 年以来呈现如下特点。

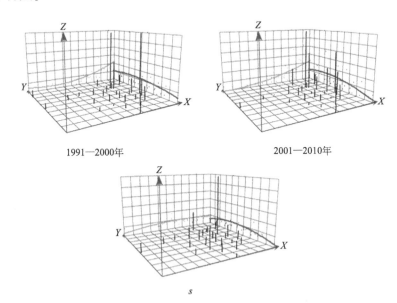

图 5-7 **1991—2000 年、2001—2010 年人均第三产业的相对发展速度及 s 值趋势分析图**

第一，1991—2000 年，Nich 大于 1 的有 8 个省份，全部位于东部，说明增速高于全国平均水平的省份主要集聚于东部地区。在东-西方向上，人均第三产业的相对发展速度具有明显趋势，西部与中部几乎持平，并明显低于东部。在南-北方向上，人均第三产业的相对发展速度呈现出微弱的倒 U 形趋势，中部最高，南部最低。

第二，2001—2010 年，Nich 大于 1 的有 10 个省份，其中东部有 9 个，西部有 1 个，说明增速高于全国平均水平的省份主要集聚于东部地区。在东-西方向上，人均第三产业的相对发展速度具有明显一致性趋势，东部最高，中部次之，西部最低。在南-北方向上，人均第三产业的相对发展速度呈现出微弱的倒 U 形趋势，中部最高，南部最低。

第三，1991—2000 年与 2001—2010 年两个时段的 s 值对比来看，有 17 个省份的 s 值为负，说明增速放缓，其中有 8 个位于东部，4 个位于中部，5 个位于西部。14 个省份 s 值为正的，说明增速在加快，其中有 3 个位于东部，4 个位于中部地区，有 7 个位于西部地区。在东-西方向上，人均第三产业的相对发展速度的趋势不明显，东部、中部的发展态势稍好于西部；在南-北方向上，呈现出微弱的倒 U 形趋势，中部的态势稍好于北部，南部处于下降态势。

第四节　我国旅游经济的时空差异分析

一、旅游经济发展格局

（一）基于反距离空间插值的分析

1. 1994 年人均旅游收入的空间格局

1994 年人均旅游收入的空间格局具有一定集聚性，在东、中、西三大地带的比值大约为 5∶3.5∶1.5，区域间的差异比较显著。东部地区最强，西部地区最弱，全国出现两个极值区域，即京津和广东。但极值区域与其他地区的差异并不明显，而且在东部沿海几个极值区域在空间上相互独立，并没有沿东部沿海形成集聚带，这与该时期全国的经济空间格局基本类似。

2. 2010 年人均旅游收入的空间格局

2010 年人均旅游收入的空间格局明显出现区域差异，自东部向西部逐级递减，东、中、西三大地带的比值大约为 6∶3∶1，区域间的差异显著。东部地区最强，中部次之，西部最弱。在全国层面出现东部的带状高值区域，其中尤以京津、苏浙沪为最高，与辽宁、山东、福建和广东一起，形成我国东部沿海的人均旅游收入的带状优势区域，这与同期我国的人均 GDP 的空间格局基本一致。

（二）基于空间趋势分析

从空间趋势来看，1994 年人均旅游收入在南-北方向表现出微弱一致性趋势，北方的人均旅游收入指标高于南方，且逐级递减，但总体差异不大；东-西方向表现出微弱一致性趋势，人均旅游收入指标东部最高，中部次之，西部最低。2010 年，人均旅游收入在南-北方向上出现倒 U 形趋势，中部最高，北部次之，南部最低；在东-西方向均表现出明显的一致性趋势，自西向东逐渐升高（见图 5-8）。

对比两个年份的人均 GDP 的空间趋势，在东-西方向上的特征变化：东、西之间的差异在扩大；在南-北方向上的特征变化：中部获得明显提升，成为高值区域，这与苏浙沪等地区在经济发展引导下旅游业的快速发展有关。

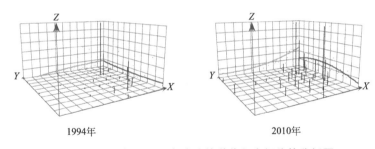

图 5-8　1994 年、2010 年人均旅游收入空间趋势分析图

（三）基于全局空间自相关分析

人均旅游收入在 1996 年、2008 年和 2010 年大于或等于 1.96，而且 Moran's I 均大于 0，说明这三个年份表现出明显的空间集聚分布特征。其他年份小于 1.96，空间自相关不显著，但是 Moran's I 均大于 0，说明这些年份出现比较微弱的集聚分布特征。

人均国内旅游收入，除了 1997 年、1999—2004 年小于 1.96 之外，其他年份均大于 1.96，而且 Moran's I 均大于 0，说明这些年份表现出明显的空间集聚分布特征。人均国内旅游收入 Moran's I 值自 1994 年以来总体趋势是逐渐变大，说明该指标空间集聚分布的特征在加强，即在空间上不均衡的态势在加剧。

人均旅游外汇收入小于 1.96，Moran's I 大多小于 0，说明空间自相关不显著，空间上呈现微弱的离散分布特征，自 2008 年之后，Moran's I 大于 0，指标开始在空间上微弱集聚（见表 5-6）。

表 5-6　1994—2010 年旅游经济指标 Moran's I 指数

年份	人均旅游收入		人均国内旅游收入		人均旅游外汇收入	
	Moran's I 指数	Z score	Moran's I 指数	Z score	Moran's I 指数	Z score
1994	0.03	1.07	0.09	1.98	−0.13	−1.77
1995	0.06	1.54	0.12	2.42	−0.12	−1.55
1996	0.10	2.32	0.17	3.33	−0.11	−1.39
1997	0.06	1.45	0.09	1.83	−0.10	−1.14
1998	0.08	1.69	0.10	2.04	−0.08	−0.98
1999	0.07	1.53	0.09	1.85	−0.08	−0.92
2000	0.06	1.48	0.09	1.87	−0.09	−0.98

续表

年份	人均旅游收入		人均国内旅游收入		人均旅游外汇收入	
	Moran's I 指数	Z score	Moran's I 指数	Z score	Moran's I 指数	Z score
2001	0.04	1.18	0.07	1.59	−0.10	−1.09
2002	0.05	1.24	0.07	1.61	−0.09	−0.89
2003	0.06	1.42	0.07	1.61	−0.09	−0.20
2004	0.07	1.51	0.09	1.84	−0.06	−0.42
2005	0.08	1.68	0.10	2.04	−0.05	−0.32
2006	0.08	1.77	0.11	2.12	−0.05	−0.23
2007	0.08	1.76	0.11	2.12	−0.04	−0.14
2008	0.10	2.05	0.12	2.32	−0.01	−0.39
2009	0.09	1.78	0.29	4.69	0.01	0.59
2010	0.10	1.96	0.28	4.54	0.00	0.52

二、旅游经济发展格局的空间演变

(一) 人均旅游总收入发展格局的空间演变

相比较全国 31 个省份的空间几何重心，1994—2010 年的人均旅游收入空间重心，平均东偏北 12°，平均偏离距离为 406.77km，比区域经济指标中偏离距离最远的人均第二产业空间重心的偏离距离还要远 65.94km，可见 1994—2010 年的人均旅游收入空间格局的空间偏离现象十分明显，而且几乎都指向东偏北 12° 的方向。

从 1994—2010 年的人均旅游收入空间重心的空间演变来看，大致可以分为三个阶段。

第一阶段：1994—1999 年。虽然该阶段人均旅游收入空间重心在年份间的偏离方向和偏离有所波动，但大致向东北方向偏离，即远离全国 31 个省份的空间几何重心，说明这一阶段人均旅游收入的空间格局不均衡程度在加剧。这种空间不均衡程度加剧的现实，与同时期人均 GDP 的空间演变趋势几乎一致，反映了旅游经济与区域经济具有较高的一致性，旅游经济具有宏观背景经济发展的路径依赖性，即宏观经济的发展是支撑旅游经济发展的基础。

第二阶段：2000—2003 年。该阶段人均旅游收入空间重心向南方偏离，相比较全国 31 个省份的空间几何重心，该阶段人均旅游收入空间重心的偏离距离在缓慢减小，说明这一阶段人均旅游收入的空间格局不均衡程度在缩小。这种趋势与同期人均第二产业空间重心的偏离趋势具有较高的一致性，反映出东北振兴等区域发展战略对这一时期第二产业的影响，也间接影响了旅游经济发展的格局变化。

第三阶段：2004—2010 年。该阶段人均旅游收入空间重心虽出现短暂波动，但总体趋势朝向西方，相比较全国 31 个省份的空间几何重心，该阶段人均旅游收入空间重心的偏离距离在减小，说明这一阶段人均旅游收入的空间格局不均衡程度在缩小。这种趋势，与同时期人均 GDP、人均第二产业空间重心的空间演变趋势具有较高的一致性，进一步体现了区域经济对旅游经济的支撑和引领作用。

（二）人均国内旅游收入发展格局的空间演变

相比较全国 31 个省份的空间几何重心，1994—2010 年的人均国内旅游收入空间重心，平均东偏北 12°，平均偏离距离为 405.51km，几乎与人均旅游收入空间重心的偏离距离和偏离方向一致。

从 1994—2010 年的人均国内旅游收入空间重心的空间演变来看，与人均旅游收入空间重心的空间演变轨迹也几乎一致，也分为三个阶段。

第一阶段：1994—1999 年。重心向东北方向偏离，不均衡程度加剧。

第二阶段：2000—2003 年。重心向南方偏离，不均衡程度在缓慢缩小。

第三阶段：2004—2010 年。重心向西方偏离，不均衡程度在缩小。

（三）人均旅游外汇收入发展格局的空间演变

相比较全国 31 个省份的空间几何重心，1994—2010 年的人均旅游外汇收入空间重心，平均东偏北 9°，平均偏离距离为 428.57km，比人均旅游收入空间重心的偏离距离远 21.80km，可见，1994—2010 年的人均旅游外汇收入具有更明显的空间偏离现象。人均外汇收入的这种不均衡趋势，是人均旅游收入空间不均衡现象的主要原因。

从 1994—2010 年的人均旅游外汇收入空间重心的空间演变来看，大致可以分为两个阶段。

第一阶段：1994—1998 年。该阶段人均旅游外汇收入的空间重心大致向北方偏离，导致其空间不均衡现象加剧。

第二阶段：1999—2010 年。该阶段人均旅游外汇收入的空间重心大致向南方偏离，导致其空间不均衡现象减小。

三、旅游经济格局演变的速度差异

(一) 人均旅游收入格局演变的速度差异

结合表5-7、表5-8和图5-9，经综合分析，人均旅游收入的相对发展速度自1994年以来呈现如下特点。

表5-7　1994—2000年、2001—2010年人均旅游收入的相对发展速度及 *s* 值

区域	省份	1994—2000年	2001—2010年	*s*
东部	北京	6.06	2.82	−0.54
东部	天津	3.06	2.66	−0.13
东部	河北	0.56	0.34	−0.39
东部	广东	−1.96	0.81	1.41
东部	海南	−0.25	0.67	3.71
东部	福建	−0.36	0.96	3.64
东部	辽宁	−0.01	1.97	197.93
东部	山东	0.87	0.97	0.12
东部	上海	10.57	3.35	−0.68
东部	江苏	1.44	1.80	0.25
东部	浙江	1.76	1.87	0.07
中部	江西	0.62	−0.05	−1.09
中部	吉林	0.40	0.85	1.10
中部	黑龙江	0.61	0.66	0.09
中部	河南	0.42	0.74	0.78
中部	山西	0.48	1.03	1.16
中部	湖北	0.90	0.70	−0.22
中部	湖南	0.36	0.69	0.92
中部	安徽	0.48	0.56	0.16
西部	重庆	0.68	0.96	0.42
西部	四川	0.46	0.70	0.52
西部	贵州	0.31	0.93	1.96
西部	广西	−0.04	0.56	14.58
西部	云南	0.81	0.58	−0.29
西部	西藏	0.44	0.79	0.81
西部	陕西	0.60	0.77	0.28
西部	甘肃	0.16	0.29	0.82
西部	青海	0.31	0.37	0.17
西部	宁夏	0.32	0.32	0.01
西部	新疆	0.69	0.34	−0.51
西部	内蒙古	0.26	1.00	2.89

表5-8　2001年以来人均旅游收入的相对发展速度 s 值的变化

区域	省份	相对发展速度变化趋势	区域	省份	相对发展速度变化趋势
东部	北京	显著下降	中部	湖北	缓慢下降
东部	天津	缓慢下降	中部	湖南	显著上升
东部	河北	缓慢下降	中部	安徽	缓慢上升
东部	广东	显著上升	西部	重庆	缓慢上升
东部	海南	显著上升	西部	四川	缓慢上升
东部	福建	显著上升	西部	贵州	显著上升
东部	辽宁	显著上升	西部	广西	显著上升
东部	山东	缓慢上升	西部	云南	缓慢下降
东部	上海	显著下降	西部	西藏	显著上升
东部	江苏	缓慢上升	西部	陕西	缓慢上升
东部	浙江	缓慢上升	西部	甘肃	显著上升
中部	江西	显著下降	西部	青海	缓慢上升
中部	吉林	显著上升	西部	宁夏	缓慢上升
中部	黑龙江	缓慢上升	西部	新疆	显著下降
中部	河南	缓慢上升	西部	内蒙古	显著上升
中部	山西	显著上升			

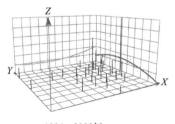
1994—2000年

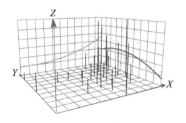
2001—2010年

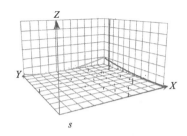

图5-9　1994—2000年、2001—2010年人均旅游收入的相对发展速度及 s 值趋势分析图

第一，1994—2000 年，Nich 大于 1 的只有 5 个省份，全部位于东部地区。在东-西方向上，东部的人均旅游收入相对发展速度明显高于中、西部地区，

中、西部地区的相对发展速度相当，但西部略高。在南-北方向上，呈现倒 U 形趋势，中部最高，北部次之，南部最低。

第二，2001—2010 年，Nich 大于 1 的有 8 个省份，其中东部地区有 6 个，中、西部地区各 1 个。在东-西方向上，东部的人均旅游收入相对发展速度最快，中、西部地区较慢且速度相当；在南-北方向上，与 1994—2000 年时间段的速度趋势相类似，呈现倒 U 形趋势，中部最高，北部次之，南部最低。

第三，1994—2000 年与 2001—2010 年两个时段的 s 值对比来看，有 8 个省份的 s 值为负，说明增速放缓，其中有 4 个位于东部地区，中、西部地区各有 2个。23 个省份 s 值为正的，说明增速在加快，其中有 7 个位于东部地区，有 6 个位于中部地区，有 10 个位于西部地区。在东-西、南-北方向上，相对发展速度都没有表现出明显的空间趋势。全国人均旅游收入在 2001 年以来发展态势呈现显著提升的省份，在全国呈现"品"字形分布，即位于北部的甘肃、内蒙古、山西、辽宁和吉林高集聚区，位于南部的贵州、湖南、广西、海南、广东和福建高集聚区，位于西南的西藏高集聚区。发展态势上并没有呈现出明显的东、中、西的区域差异，但是全国达 74.19%的省份都处于增速在加快的态势下，对全国的旅游经济的发展都是有益的。

（二）人均国内旅游收入格局演变的速度差异

对比分析表 5-9 和图 5-10，人均国内旅游收入的相对发展速度自 1994 年以来呈现如下特点。

表 5-9　人均国内旅游收入、人均旅游外汇收入的相对发展速度及 s 值

省份	人均国内旅游收入			人均旅游外汇收入		
	1994—2000 年	2001—2010 年	s	1994—2000 年	2001—2010 年	s
北京	5.79	2.84	-0.51	12.40	2.50	-0.80
天津	2.98	2.51	-0.16	4.03	3.38	-0.16
河北	0.55	1.38	1.51	0.53	0.09	-0.82
广东	-1.48	0.69	1.47	-9.79	2.35	1.24
海南	-0.22	0.64	3.92	-0.71	0.83	2.17
福建	-0.16	0.87	6.47	-3.84	1.88	1.49
辽宁	0.02	1.93	87.13	-0.35	1.43	5.08
山东	0.92	0.95	0.03	-0.25	0.64	3.53
上海	10.33	2.97	-0.71	14.07	7.51	-0.47
江苏	1.39	1.72	0.24	2.22	1.77	-0.20

续表

省份	人均国内旅游收入			人均旅游外汇收入		
	1994—2000 年	2001—2010 年	s	1994—2000 年	2001—2010 年	s
浙江	1.71	1.78	0.04	2.35	2.14	-0.09
江西	0.63	-0.07	-1.11	0.35	0.22	-0.39
吉林	0.40	0.85	1.12	0.39	0.29	-0.27
黑龙江	0.57	0.65	0.14	1.19	0.46	-0.62
河南	0.42	0.75	0.79	0.27	0.13	-0.49
山西	0.48	1.03	1.15	0.35	0.41	0.17
湖北	0.91	0.70	-0.23	0.44	0.34	-0.23
湖南	0.33	0.68	1.08	0.87	0.35	-0.60
安徽	0.49	0.55	0.13	0.31	0.34	0.09
重庆	0.66	0.94	0.42	0.87	0.68	-0.22
四川	0.48	0.71	0.48	0.00	0.08	16.66
贵州	0.31	0.95	2.08	0.36	0.05	-0.85
广西	0.28	0.55	0.99	-5.67	0.36	1.06
云南	0.76	0.55	-0.29	1.60	0.71	-0.56
西藏	0.18	0.78	3.36	5.27	0.63	-0.88
陕西	0.56	0.75	0.36	1.44	0.64	-0.56
甘肃	0.14	0.30	1.18	0.52	-0.04	-1.08
青海	0.31	0.37	0.20	0.31	0.06	-0.80
宁夏	0.33	0.33	0.01	0.11	0.02	-0.86
新疆	0.68	0.34	-0.50	0.89	0.11	-0.88
内蒙古	0.25	0.98	2.97	0.44	0.66	0.49

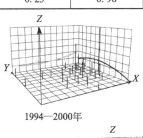

1994—2000年

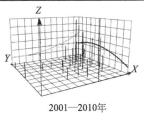

2001—2010年

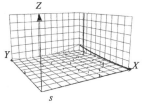

图 5-10　1994—2000 年、2001—2010 年人均国内旅游收入的相对发展速度及 s 值趋势分析图

第一，1994—2000 年，Nich 大于 1 的只有 5 个省份，全部位于东部地区。在东-西方向上，东部的人均国内旅游收入相对发展速度高于中、西部地区，中、西部地区的相对发展速度相当，但西部略高。在南-北方向上，呈现倒 U 形趋势，中部最高，北部次之，南部最低。

第二，2001—2010 年，Nich 大于 1 的有 8 个省份，其中东部地区有 7 个，中部地区有 1 个。在东-西方向上，东部的人均国内旅游收入相对发展速度最快，中部次之，西部最慢；在南-北方向上，与 1994—2000 年时间段的速度趋势相类似，呈现倒 U 形趋势，中部最高，北部次之，南部最低。

第三，1994—2000 年与 2001—2010 年两个时段的 s 值对比来看，有 7 个省份的 s 值为负，说明增速放缓，其中有 3 个位于东部地区，中、西部地区各有 2 个。24 个省份 s 值为正的，说明增速在加快，其中有 8 个位于东部地区，有 6 个位于中部地区，有 10 个位于西部地区。在东-西、南-北方向上，相对发展速度都没有表现出明显的空间趋势，但全国达 77.42% 的省份都处于增速在加快的态势下，全国国内旅游呈现全面开花的状态。

（三）人均旅游外汇收入格局演变的速度差异

对比分析表 5-9 和图 5-11，人均旅游外汇收入的相对发展速度自 1994 年以来呈现如下特点。

第一，1994—2000 年，Nich 大于 1 的只有 9 个省份，3 个位于东部，1 个位于中部，5 个位于西部，说明这一时期西部旅游的发展速度领跑全国。在东-西方向上，人均旅游外汇收入发展相对速度的空间趋势是西部最高，东部次之，中部最低；在南-北方向上，呈现倒 U 形趋势，中部最高，北部次之，南部最低。

第二，2001—2010 年，Nich 大于 1 的有 8 个省份，其中东部地区有 7 个，中部地区有 1 个。在东-西方向上，东部的人均旅游外汇收入相对发展速度最快，中部次之，西部最慢；在南-北方向上，与 1994—2000 年时间段的速度趋势相类似，呈现倒 U 形趋势，中部最高，略高于北部，南部最低。

第三，1994—2000 年与 2001—2010 年两个时段的 s 值对比来看，有 21 个省份的 s 值为负，说明增速放缓，其中有 6 个位于东部地区，8 个位于中部地区，7 个位于西部地区，全国超过 65% 的省份的发展速度放缓。在东-西方向上，中部处于增速加快的态势，东部、西部发展速度减慢；在南-北方向上，自南向北的发展态势逐渐减缓。

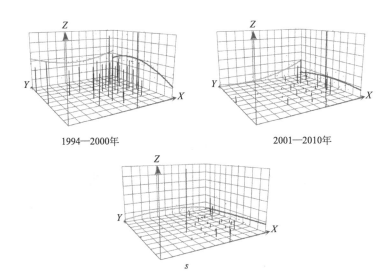

1994—2000年　　　　　　　　　　2001—2010年

图 5-11　1994—2000 年、2001—2010 年人均旅游外汇

收入的相对发展速度及 s 值趋势分析图

第五节　我国区域经济格局与旅游经济
格局的影响因素与关系

一、我国区域经济与旅游经济格局时空演变的子指标解析

(一) 区域经济格局时空演变的子指标分解

根据加权重心矢量分解模型，为了更好地分析各子指标对人均 GDP 空间格局变化的影响，将研究时段均匀划分为 5 个时间节点：1991 年、1995 年、2000 年、2005 年和 2010 年。分别计算 5 个时间节点上，人均第一产业、人均第二产业、人均第三产业指标对人均 GDP 空间重心的作用方向与权重，该方向与权重能够反映上述三个子指标对人均 GDP 空间格局的影响，表现出以下特征 (见表 5-10)。

表 5-10　人均 GDP 加权重心矢量分解

要素区间	人均第一产业		人均第二产业		人均第三产业	
	方向	数值	方向	数值	方向	数值
1991	+	0.16	+	1.45	+	0.98
1995	+	0.11	+	1.31	+	1.05

续表

要素区间	人均第一产业		人均第二产业		人均第三产业	
	方向	数值	方向	数值	方向	数值
2000	-	0.04	+	1.29	+	1.04
2005	-	0.03	+	1.20	+	1.04
2010	-	0.09	+	1.07	+	1.14

第一，从作用的方向来看。人均第二产业与人均第三产业的作用方向一直为正，说明其对人均 GDP 空间格局的不均衡现象一直起促进作用。人均第一产业在 1991 年、1995 年两个时间节点对人均 GDP 空间格局的不均衡现象一直起促进作用，在 2000 年后起抑制作用。

第二，从作用的权重来看。人均第二产业与人均第三产业的作用权重一直较高，结合其方向一直为正，说明这两个指标是促进人均 GDP 空间格局的不均衡现象的主要原因，而其中人均第二产业是造成我国人均 GDP 空间格局长期不均衡现象的首要因素。人均第一产业的作用权重一直较小，虽然其作用方向上有波动，但总体上对人均 GDP 空间格局的不均衡现象影响不大。

第三，从变化趋势来看。首先，人均第一产业的作用方向由正变负，这对我国经济格局长期不均衡发展的现状而言，非常有利，因为终于有因素开始对我国经济格局不均衡现象产生抑制作用了；其次，人均第二产业的作用权重出现变小趋势，说明其对我国人均 GDP 空间格局的不均衡现象的促进作用在减弱；最后，人均第三产业的作用权重在增大，说明其对我国人均 GDP 空间格局的不均衡现象的促进作用在增强，2010 年时大于人均第二产业的作用力，说明人均第三产业开始取代人均第二产业，成为我国人均 GDP 空间格局不均衡现象的主要原因，而且从趋势看，未来影响我国的区域经济协调发展的重点应在第三产业，从而使第三产业成为协调区域协调发展的重要杠杆。

（二）旅游经济格局时空演变的子指标分解

根据加权重心矢量分解模型，为了更好地分析各子指标对人均旅游收入空间格局变化的影响，将研究时段均匀划分为 4 个时间节点：1994 年、2000 年、2005 年和 2010 年。分别计算 4 个时间节点上，人均国内旅游收入、人均旅游外汇收入指标对人均旅游收入空间重心的作用方向与权重，该方向与权重能够反映上述两个子指标对人均旅游收入空间格局的影响，表现出以下特征（见表 5-11）。

表 5-11　人均旅游收入加权重心矢量分解

要素区间	人均国内旅游收入		人均旅游外汇收入	
	方向	数值	方向	数值
1994	+	0.99	+	1.03
2000	+	1.02	+	0.90
2005	+	0.94	+	1.18
2010	+	0.99	+	1.29

第一，从作用的方向来看。人均国内旅游收入与人均旅游外汇收入的作用方向一直为正，说明其对人均旅游收入空间格局的不均衡现象一直起促进作用。

第二，从作用的权重来看。除了 2000 年外，人均旅游外汇收入的作用权重都大于人均国内旅游收入的权重，结合其方向一直为正，说明人均旅游外汇收入是促进人均旅游收入空间格局不均衡现象的主要原因，即人均旅游外汇收入的"更加不均衡"带动人均旅游收入的不均衡。

第三，从变化趋势来看。首先，人均国内旅游收入的作用权重虽有波动，但几乎没有多大变化，说明其对我国人均旅游收入空间格局不均衡现象的促进作用几乎没变；其次，人均旅游外汇收入的作用权重整体趋势是在变大，说明其对我国人均旅游收入空间格局的不均衡现象的促进作用在增强。

二、我国区域经济时空差异的影响因素分析

（一）国家区域发展战略是造成我国区域经济时空差异变化的核心动力

我国区域经济差异形成的主要原因是东部与中、西部地带之间的经济发展差异过大，而形成东部与中、西部地带之间经济发展差异的主要原因是中国非农产业（第二产业和第三产业）在东部地区集聚。非农产业在东部地区的集聚是产业的区位选择与国家战略共同作用的结果，而要实现区域经济的时空变化，使其向区域均衡方向发展，长远影响可能是经济发展的扩散效应，但国家的区域发展战略是时效性好且可控的核心动力。

人均 GDP 空间重心的时空偏离特点，与我国先后实施的几大区域发展战略有着较高的相关性，尤其是区域发展战略对第二产业的影响较大，从而通过人均第二产业空间重心的空间偏离来带动人均 GDP 空间重心的空间偏离，进而实现区域经济朝均衡方向发展。

（二）不同产业类型对我国区域经济时空差异有不同影响

我国第一产业的空间发展格局趋于均衡，因此人均第一产业的空间重心并没有出现明显的空间偏离现象，其对我国区域经济的不均衡现象影响较小。人均第二产业不仅是长期以来影响我国区域经济差异的首要因素，同时对区域发展战略的响应较快，使其在区域发展战略的引导下成为我国区域经济差异时空变化的主要原因。由于第三产业是第二产业发展的内生结果，其对区域发展战略的响应相对较慢，在第二产业日益趋于均衡发展的趋势下，第三产业由于长期经济发展的积累而产生的区域不均衡格局，将是未来影响我国区域不均衡现象的首要原因。因此，加大对第三产业的分析和关注，是未来解决我国区域协调发展的重点。对第三产业的理解，本书有两个基本观点：第一，选择路径依赖，即首先发展第二产业，通过第二产业发展形成的经济积累，来带动第三产业的发展，并由此来解决目前我国区域经济的不均衡现象；第二，对第三产业进行细分，选择合适的产业类型，摆脱路径依赖，在欠发达地区率先发展，用直接的路径来解决我国区域经济的不均衡现象。结合本书前几章的分析，第三产业中的旅游业，是对资源禀赋依赖度较高的劳动密集型产业，在区域经济不均衡发展的宏观背景下，完全可以依托欠发达地区的资源与劳动力优势，利用对经济发达地区的要素"引流"，来实现在欠发达地区的率先发展，进而成为促进区域协调发展的重要力量。

三、我国旅游经济时空差异的影响因素分析

应用主成分分析法，来分析造成旅游经济时空差异的主要社会经济指标。经SPSS 16.0 的操作分析，提取 5 个代表性因子，累计方差贡献率82.93%，解释了41 个原始社会经济变量的绝大部分信息，因子分析效果显著。其中前两个因子占据主要的方差贡献率，达 64.68%，后三个因子的方差贡献率相差不多，视指标的载荷予以选择性的归纳概括（见表5-12）。归纳各因子载荷较大的指标信息，并按因子载荷大小排列，结合指标属性进行筛选，可以分析旅游经济发展的主要影响因子。

表 5-12　影响旅游经济发展的主要因子

因子	特征值	方差贡献率/%	累计方差贡献率/%
因子 1	17.90	43.65	43.65
因子 2	8.62	21.03	64.68
因子 3	3.64	8.88	73.56

因子	特征值	方差贡献率/%	累计方差贡献率/%
因子4	2.16	5.26	78.82
因子5	1.68	4.11	82.93

影响我国旅游经济时空差异的主要因素如下。

(一) 居民收入水平

第一主成分排在前列的指标主要有农村居民年人均纯收入（0.8990）、城镇居民人均可支配收入（0.8969）、城镇居民消费水平（0.8811）、农村居民消费水平（0.8761）、居民消费水平（0.8732）、人均GDP（0.8520）、人均储蓄存款余额（0.8157）、GDP（0.7544）。以上指标负荷都大于0.7500，反映了该主成分主要包含的信息是居民收入水平，可概括为居民收入水平因子。该因子累计方差贡献率43.65%，是影响旅游经济时空差异的主要社会经济属性。

发达的居民生活水平，往往分布在区域经济发达的地区，这些地区拥有较大的社会经济规模和完善的旅游基础设施，包括交通、住宿和旅行社等，从而使其有条件成为旅游经济发达的区域。

(二) 交通便利度与旅游本底条件

第二主成分排在前列的指标主要有旅客周转量（0.8144）、移动电话年末用户（0.7017）、互联网上网人数（0.6813）、4A级景区数量（0.6218）、饭店数（0.5947）、5A级景区数量（0.5939）、人均城市道路面积（0.5862）、旅行社总数（0.5599）、邮电业务总量（0.5488）、3A级景区数量（0.4906）、高速公路密度（-0.4626）、铁路营业里程（0.4401）、床位数（0.4348）。以上指标负荷较大，包含的信息是交通通信水平和旅游发展的本底条件，可概括为交通便利度与旅游本底条件因子。该因子累计方差贡献率21.03%，是第二大影响因子，说明交通便利度与旅游本底条件是影响旅游经济发展的重要因素。

而以互联网上网人数、移动电话年末用户所表征的交通通信水平，并不是传统的交通水平，从某种程度上体现了信息化对潜在出游力的提高开始产生影响。近些年，在旅游经济比较发达的地区交通设施已经达到了一定的水平，单纯交通线路（主要是铁路和公路）的实际长度、密度及人均占有量等已经完全不能涵盖区域的交通条件，表征区域之间联系能力和强度的因子逐渐演变为区域之间的信件、长途电话、传真等的规模以及以互联网为依托的信息传输、银行转账的规模等，并逐渐转化为影响旅游经济发展的新因子。

旅游景区的等级与数量、旅游接待设施的规模与等级，是发展旅游经济的本底基础，体现的是旅游地的自然与社会资源禀赋，历来是发展旅游经济的先天条件。

(三) 居民受教育水平与年龄构成

第三主成分排在靠前的指标主要有初中文凭人数比重（-0.6933）、未上过学人数比重（0.6306）、0~14岁比重（0.4981）、大专以上文凭人数比重（0.4837）、15~64岁比重（-0.4791）、高中文凭人数比重（-0.4727）、小学人口比重（0.4209）。以上指标负荷较大，包含的信息是旅游地的人口结构特征，可概括为居民受教育水平与年龄构成因子。该因子累计方差贡献率8.88%，是第三大影响因子，说明居民受教育水平与年龄构成是影响旅游经济发展的主要因素之一。

居民的受教育水平和年龄构成体现的是居民的结构特征，之所以成为影响旅游经济发展的主要影响因素，在一定程度上体现了旅游经济是与人密切联系的产业，是劳动密集型产业。发展旅游经济，需要依托当地的人力资源，一是作为旅游从业人员的主要来源，二是当地居民在经济生活水平逐渐提高之后，都是潜在的游客来源。

(四) 城市发展水平

第四主成分排在靠前的指标主要有每万人拥有公共厕所（0.6475）、每万人拥有公共交通车辆（0.5201）、人均公园绿地面积（0.4921）、人均城市道路面积（0.4685）、建成区绿地覆盖率（-0.4127）。以上指标负荷较大，包含的信息是旅游地的城市基础设施情况，可概括为城市发展水平因子。该因子累计方差贡献率5.26%，是第四大影响因子，说明城市发展水平是影响旅游经济发展的主要因素之一。

城市发展水平包含以下几个信息量：第一，较好的城市环境，是旅游产品的主要形式；第二，城市居民一直以来都是我国居民出游的主力军。因此，城市发展水平是提升旅游经济地位的重要支撑。

需要说明的是，对西部地区这样的城市化水平较低、城市发展水平不高的地区而言，城市发展对旅游经济的发展十分重要。首先，西部地区旅游资源丰富，而且相比较东部地区而言，其旅游资源具有较强的吸引力，同时，西部居民尚不具备较强的出游能力，因此，西部地区发展旅游业的一个路径之一就是吸引东部地区的客源，而相对分散的城市就能发展成为区域旅游的集散节点，从而为游客提供中转集散功能。其次，城市的发展，能够以极化效应带动整个区域的经济发展，区域经济发展是旅游经济的孵化器，因此，通过城市发展来优化区域的经济基础，从而为旅游经济的发展创造条件。

（五）产业结构调整

第五主成分排在靠前的指标主要有第二产业比重（0.4904）、第一产业比重（-0.4252）、第三产业比重（-0.4087）。以上指标负荷较大，包含的信息是旅游地的产业结构特征情况，可概括为产业结构调整因子。该因子累计方差贡献率4.11%，是第五大影响因子，说明产业结构调整是影响旅游经济发展的主要因素之一。

伴随着我国产业全面转型升级，产业结构的不断优化，必将给我国产业经济带来新形势和新格局，并进而影响旅游经济空间格局。

四、区域经济格局与旅游经济格局的关系分析

分别以 2010 年 31 个省份的人均 GDP、人均第一产业、人均第二产业、人均第三产业、人均旅游总收入、人均国内旅游收入和人均旅游外汇收入为空间经济发展格局的要素属性值，通过 ArcGIS 9.3 软件分别生成每个指标的空间格局的栅格数据，应用栅格数据空间相关性分析模块，计算各经济指标空间格局的相关性（见表5-13）。

表 5-13　2010 年各经济指标空间格局之间的相关系数矩阵

	人均 GDP	人均第一产业	人均第二产业	人均第三产业	人均旅游总收入	人均国内旅游收入	人均旅游外汇收入
人均 GDP	1.0000	—	—	—	—	—	—
人均第一产业	-0.0068	1.0000	—	—	—	—	—
人均第二产业	0.9701	0.0255	1.0000	—	—	—	—
人均第三产业	0.9619	-0.1607	0.8740	1.0000	—	—	—
人均旅游总收入	0.9018	-0.2368	0.8082	0.9586	1.0000	—	—
人均国内旅游收入	0.9002	-0.2323	0.8110	0.9523	0.9987	1.0000	—
人均旅游外汇收入	0.8347	-0.2496	0.7161	0.9211	0.9221	0.9008	1.0000

可以看出，除人均第一产业以外，我国的人均 GDP 指标与各指标的相关性都较高，而在旅游业的相关指标中，人均国内旅游收入的空间分布与人均 GDP 和人均第三产业的空间分布相关性都较高。

本 章 小 结

本章综合运用空间分析的相关方法，对区域经济和旅游经济的人均指标进行了如下分析：①经济发展格局；②经济发展格局的空间演变；③经济格局演变的速度差异；④经济格局空间演变的子指标分解；⑤经济格局时空差异的影响因素；⑥区域经济与旅游经济的空间相关性。并得出以下主要结论。

（1）经济发展格局的区域差异是我国经济发展的普遍现象。不管是人均指标还是人均旅游收入等指标，都具有一定的空间集聚性特征。其中，人均经济指标的集聚特征总体上要比人均旅游收入的集聚特征明显，而且与人们习惯上的空间认知，即"东强西弱"的空间特征相一致。

（2）经济发展格局的演变具有阶段性特征，总体上有一定的规律可循，并与区域发展战略等国家层面的重大举措有一定的关联性，但由于不同指标对相关举措的响应程度不同，从而相应地使空间格局出现异质性特点。人均 GDP，人均第一、第二、第三产业，人均旅游收入，人均国内旅游收入四个指标，在2000 年之后的发展格局总体上趋于收敛，这是我国一系列区域发展战略实施的直接结果。由于第一产业的空间分布格局相对均衡，因此，人均第一产业空间格局的演变轨迹变动并不明显，第三产业也没有呈现出明显的收敛趋势，但在人均GDP、人均第二产业等在空间上趋于收敛的背景下，第三产业的发展格局也将呈现出收敛特征。人均旅游外汇收入，受一些独立的事件影响较大，其发展格局波动性较大。

（3）对全国总体发展趋势而言，在不同时间段，东部指标的发展速度相对较高，中、西部发展速度相对较低，但是发展态势东部在下降，中、西部在提升是个普遍现象。体现这一现象最有代表性的指标是人均 GDP 和人均第二产业指标，因为 GDP 能够反映全国的经济总体格局，第二产业对国家政策有较快的响应因而能够反映出全国的宏观区域调控方向，因此，这两个指标呈现的这种特点，应该是全国层面的普遍现象。

（4）造成区域经济格局空间不均衡的主要原因是人均第二产业和人均第三产业的空间不均衡分布，人均第三产业逐渐取代人均第二产业指标成为影响未来我国区域经济不均衡的首要原因。尽管国内旅游收入在旅游收入中的比重较高，但是，人均旅游外汇收入空间格局的"更加不均衡"是造成我国区域经济格局不均衡的主要原因。

（5）国家区域战略和不同产业类型对相关战略的响应是我国区域经济差异

的主要影响因素。居民收入水平、交通便利度与旅游本底条件、居民受教育水平与年龄构成、城市发展水平、产业结构调整等因子是影响我国旅游经济差异的主要影响因素。这些影响因素是解释经济差异的原因，同时也是指导经济的区域协调发展的重要杠杆。

　　应当特别指出的是，通过分析，本书发现，第三产业将是未来影响我国区域经济差异现象的首要原因。因此，加大对第三产业的分析和关注，是未来解决我国经济区域协调发展问题的重点。第三产业中的旅游业，是资源依托型产业和劳动密集型产业，在区域经济不均衡发展的宏观背景下，完全可以依托欠发达地区的旅游资源与劳动力资源优势，利用对发达地区的要素"引流"作用，来实现在欠发达地区的率先发展，进而成为促进区域经济协调发展的重要手段。

第六章 旅游业影响下的区域经济差异协调机制与基本路径

本书的第四章、第五章分别针对旅游业对区域经济差异的影响进行了理论和实证分析，研究的主要目的，是期望以发展旅游业为手段，促进欠发达地区经济社会发展，尽快缩小其与发达地区的经济差异，促进我国区域经济协调发展。为此，本章从以下几个方面展开：第一，根据相关的研究成果，归纳区域经济协调发展的一般路径与机制；第二，提出旅游业影响下的区域经济差异协调机制和基本路径；第三，提出以旅游业带动区域经济协调发展的保障措施。

第一节 区域经济协调发展的一般机制

一、区域经济协调发展的内涵

区域经济协调发展是区域经济发展走向成熟的标志。区域经济协调发展的相关理论，是在区域均衡和非均衡发展理论的发展演化中产生的，目的是要探索如何实现区域之间经济的共同发展与共同繁荣，实现区域经济利益与国家经济利益的和谐（吴殿廷，2003）。

在我国最早正式出版的有关区域协调发展战略的研究成果《中国区域协调发展战略》（1994）中，区域经济协调发展的内涵被解释如下：①先富后富，共同富裕；②公平竞争，特别强调发展机会的公平；③承认市场机制作用下区域发展的不平衡性，但是政府要扶持欠发达区域的发展，消灭绝对贫困；④实施空间一体化战略。而在"十一五"规划纲要中，我国政府又从实际操作层面上对区域经济协调发展战略的内涵作出了解释：根据资源环境承载能力、发展基础和潜力，按照发挥比较优势、加强薄弱环节、享受均衡化基本公共服务的要求，逐步形成主体功能定位清晰，东、中、西良性互动，公共服务和人民生活水平差异趋向缩小的区域协调发展格局。

从以上的表述可以看出，区域经济协调发展的主要任务是缩小区域经济差异，实现区域之间经济关系的和谐，经济发展水平和人民生活水平的共同提高，社会的共同进步。然而，区域经济差异是一种客观、必然的经济现象，且适度的经济差异有利于资源的有效配置和区域经济增长保持活力，因此，区域经济差异不可能也不能被完全消除。从这个角度来看，区域经济协调发展与"区域经济平衡发展"或"区域经济同等增长"等概念有着明显的差别，理论上的"平衡""均衡"或"同等"以区域间收入均等化为标志，达到均衡的区域经济格局是地区间人均收入均等的，而协调以地区间的人均收入差异是否合理为标志，当差异大到影响了整体经济增长效率的程度时，经济就是不协调的。魏后凯认为，区域经济协调发展是一种非均衡协调发展，其含义是：地区和产业间协调发展是前提，但又允许国家对重点地区和产业实行适度的倾斜政策，让某些产业和地区率先发展起来，然后再通过产业的关联作用和增长极的扩散效应，带动其他产业和地区发展，即通过"先富后富"，达到"共同富裕"的目的。

二、区域经济协调发展的目标

区域经济协调发展的目标包括直接目标和关联目标两个方面。

（一）直接目标

第一，将区域经济差异控制在合理、适度的范围之内。通过第五章的分析可以看出，近年来，我国的区域经济差异呈现出持续快速扩大的趋势，这不仅导致区域之间经济关系严重失调，而且严重影响着我国的社会安定和民族团结。在这一背景下，国家提出促进区域经济协调发展的最直接、最主要的目标就在于将区域经济差异缩小至合理、适度的范围之内，保持经济增长的效率性和公平性，并从根本上解决由不断扩大的区域经济差异所引发的一系列经济、社会问题。

第二，促进各个区域的经济实现较快增长。从保障区域的正当经济权益、协调区际利益关系考虑，区域经济协调发展不能以牺牲某些区域的经济利益为代价来换取另一些区域经济的高速增长，而是要实现各个区域的经济利益的同向增长。只有各个区域的经济都能实现较快增长，才能真正地建立起区域之间合理的经济联系和利益分配关系，也才能实现国家整体经济的持续快速增长。

第三，增强区域之间的经济联系，进而形成互动的发展关系。区域经济协调发展必须实现区域之间在经济利益上的紧密联系，通过产业之间的技术和经济联系、要素的市场供给与需求关系、企业之间的组织联系等，形成发展上的相互依赖、相互依存关系。一方面，紧密的经济联系有利于区域之间相互协调利益关系，减少区域冲突；另一方面，紧密的经济联系有利于区域之间发挥比较优势，建立合理的区际分工，减少无效竞争，实现互利共赢。

（二）关联目标

从系统论的角度看，区域是一个由经济、社会、环境等子系统组成的，具有一定空间和功能结构的地域系统，因此，除上述三个直接的目标之外，区域经济协调发展还有两个关联目标。

其一，实现区域发展的公平与正义，促进社会和谐。区域经济发展与社会发展密不可分，互为因果。区域之间经济发展的失衡必然引起一系列的社会问题，从而引发区域发展的公平与正义的问题。在我国，区域经济差异不断扩大固然有许多客观的原因，但是国家一直以来所实施的区域非均衡发展战略所导致的区域之间在发展机遇和各级政府支持力度上的差异也是十分重要的原因，而这更容易在区域之间引起冲突和矛盾，影响社会和谐和稳定。因此，促进区域经济协调发展也是从根本上解决区域发展的公平与正义问题，促进社会和谐发展的途径之一。

其二，促进区域经济发展与生态环境的和谐，实现区域可持续发展。良好的生态环境是区域经济可持续发展的基础，区域经济协调发展的另一个关联目标就是要通过明确各个区域的主体功能，依靠合理的区际分工，转变经济发展方式，以实现各自的主体功能，从而在区域之间形成良性的生态联系，为各个区域和全国的可持续发展提供保障。

三、区域经济协调发展的机制

区域经济运行既受市场机制的约束，也受政府的干预。因此，实现区域经济协调发展的机制也包括市场和政府两个方面。

（一）市场机制

区域经济发展的核心是通过"先富后富"，从而达到共同富裕的目标，即既要保证经济增长的效率，也要保证公平。而对于类似我国这样的发展中大国而言，在区域经济协调发展的过程中不仅面临着缩小国内区际经济差异的任务，而且还担负着尽快缩小与发达国家之间的经济差异的重要使命。因此，保增长在任何一个时期都是经济社会发展所面临的重要任务。而市场机制的主要作用在于通过促进要素的自由、充分流动和产业的自由转移，从而提高资源的配置效率，促进区域产业结构调整升级，加速区域产业竞争优势转换，保证区域经济增长的效率。因此，市场机制在促进区域经济协调发展的过程中发挥着基础性和主导性作用。

（二）政府机制

然而，市场机制的固有缺陷和区域经济的多元性特征，使得我国区域经济差异很难仅仅通过市场机制的作用自发消除，因此，政府作用就成为促进区域经济协调发展的另一个重要机制。首先，在市场机制的作用下，生产要素的流动具有选择性，特别是在区域差异不断扩大的过程中，欠发达地区的高级要素，如人才、技术等会流向发达地区，而欠发达地区只保留一些不具备高级技能的劳动力、自然资源等低级要素和不可转移的要素，并导致其与发达地区的经济差异不断扩大。其次，由于欠发达地区存在着基础设施相对落后、产业配套能力较弱、市场化水平较低等问题，从而限制了其对生产要素的吸纳能力和对发达地区产业转移的承接能力。因此，政府对欠发达地区给予政策和资金上的支持，改善当地的基础设施条件和产业发展环境是十分必要的。此外，区域经济协调发展的两个关联目标的实现，即促进经济、社会和环境的和谐发展也需要政府力量的介入。

在政府对区域经济差异进行调控的政策工具和手段方面，财政政策作为一种投资、消费和就业信号，通过影响区域经济主体的行为，最终引导生产要素、资源和产品在区域之间进行重新分配和调整，对于缩小由于资源禀赋、历史原因及市场机制自发作用而形成的区域经济差异具有重要作用（周金荣，2009）。严格意义上的政府调控就是运用财政手段对区域经济差异进行调控的（张启春，2005），其形式包括中央政府对下级政府的转移支付、对各地区的直接投资和政府预算内的财政扶贫支出等。其中，财政扶贫是我国政府平衡区际经济差异所采用的主要形式，政府可以通过对欠发达地区和人口的直接救助改变其贫穷状况，还可以通过支持和援助欠发达地区基础设施建设、创造就业岗位及人力资本投资等方式改善当地的生活环境。

总之，应当将市场机制对资源的基础性配置作用与政府的调控作用这两种协调手段、机制相结合，促进区域经济协调发展。

（三）市场与政府失灵

市场机制可以最大限度地释放经济发展的能量，保证区域经济增长的效率，但却无法解决区际公平和代际公平的问题；旨在缩小区域经济差异的政府调控机制可以解决公平问题，但以政府间的财政转移支付为主的财政手段往往会造成市场扭曲，从而或多或少地降低全国整体的经济效率，使区域经济协调发展陷入平衡效率与公平的两难境地。与政府间财政转移支付等财政手段相比，发展旅游业，尤其是开展国内旅游，是一种促进财富区际转移，协调区域经济差异的更为有效的手段，这是因为，旅游者的出游决策过程可以被视为一个最优选择的过程，在这个过程中，偏好和价格信号起着主导作用，不会引起市场扭曲，而即使是与现实情况更为接近的、基于随机效用论的旅游者决策制定过程也不会造成市场扭曲（Mansfeld，1992）。

我国西部地区矿产能源、旅游资源、劳动力资源丰富，但多年的"积困积弱"和资源定价不合理，使得西部地区的资源优势并未转化为经济优势。当地经济基础薄弱、贫困面大，经济社会发展已经形成了对传统粗放式发展方式和国家输血式救济的路径依赖，区域自我发展能力长期弱势的局面没有根本性的扭转。因此，西部地区若想尽快改变自身的贫困现状，缩小与东部地区的经济差异，当务之急是要转变经济发展方式，并尽快培育区域的造血能力，即自我发展能力。林毅夫（2002）认为，在一个开放竞争的市场中，政府要优先发展符合本地区比较优势的产业，这样，这些产业中的企业才具有自生能力，即在没有外部扶持的条件下，该企业也能够获得不低于社会可接受的正常利润水平。同样，如果一个区域推行与本地资源禀赋相一致的经济战略和政策，发展和吸引与本地资源禀赋相符的产业和技术，这样的国民经济也将是有竞争力的，要素禀赋结构升级，从而产业和技术结构升级也会比较快。因此，遵循比较优势发展战略将有助于欠发达区域向发达区域收敛，从而有助于区域经济向着协调的方向发展。

发展以旅游业为代表的第三产业可以充分利用西部地区在旅游资源、劳动力资源等方面的比较优势，是西部地区转变经济发展方式，提升自我发展能力的重要选择。

第二节　旅游业影响下的区域经济差异协调机制与基本路径

从前两章的分析可以看出，目前我国区域经济和旅游经济的空间格局存在很高的相关性，即区域经济发展水平较高省份的旅游业发展水平也较高，区域经济发展水平较低省份的旅游业发展水平也较低；随着经济的发展，东部发达地区产业结构升级加速推进，留给旅游业的发展空间会逐渐缩小，区域经济发展与旅游业发展的关系将明显地表现为一种经济增长主导旅游业发展的状态；而中、西部欠发达地区正处于承接东部地区产业转移的初期，旅游业发展具有较大的后发优势，发展的空间也相对较大，对中、西部地区的旅游业投资可以获得更高的经济回报，也就是说，发展旅游业对西部地区经济社会发展的综合效应将大于东部地区，区域经济发展与旅游业发展的关系将更多地表现为一种旅游业发展拉动型的区域经济增长的模式。本节将在以上章节分析研究结果的基础之上，详细阐述旅游业影响下的区域经济差异协调机制与基本路径。

一、旅游业影响下的区域经济差异协调机制

区域旅游流分为区际旅游流和区内旅游流。当以国家为研究对象时，区际旅游流是指国际出入境旅游流，而区内旅游流则指国内旅游流；相应地，区域旅游市场可以划分为国际旅游市场和国内旅游市场。当以国内的某个区域板块，如我国的西部地区为研究对象时，区际旅游流是指东、中部地区与西部地区之间的旅游流，而区内旅游流是指旅游者在西部地区各省份的游览节点之间的流动；相应地，区域旅游市场也可以划分为区际旅游市场和区内旅游市场。区际旅游市场是指在东、中部与西部之间开展的以长途旅游为主的市场；而区内旅游市场是指在西部地区各个省份内部及其之间开展的以中短途旅游为主的市场。本节的重点是以东、西部地区之间的区内和区际旅游流和旅游市场为例来探讨国内旅游对我国区际经济差异的协调机制与基本路径。

无论是国内/区内旅游流还是国际/区际旅游流都会分别经历规模由小到大，相应的旅游市场从萧条到繁荣的发展过程，因而从旅游流角度出发，旅游业对区域经济差异的协调机制就可以在二维坐标系中表现出来（见图6-1）。

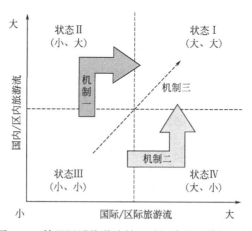

图6-1 基于区域旅游流的区域经济差异协调机制

分别以两个旅游流为坐标轴，流量由小到大的发展状态为坐标轴指向，

那么，两个旅游流的组合将会有四种状态，即状态Ⅰ（国内/区内旅游流流量大、国际/区际旅游流流量大），状态Ⅱ（国内/区内旅游流流量大、国际/区际旅游流流量小），状态Ⅲ（国内/区内旅游流流量小、国际/区际旅游流流量小）和状态Ⅳ（国内/区内旅游流流量小、国际/区际旅游流流量大）。其中，状态Ⅲ是一个国家或地区旅游业发展的初始阶段，即表现为国内/区内旅游和国际/区际旅游人次较少，相应的旅游市场不景气。状态Ⅱ是旅游业发展的一种中间状态，即国内/区内旅游人次较多，而国际/区际旅游人次较少。一般来说，发展国内/区内旅游是国际/区际旅游的基础，这是因为，旅游活动受空间距离、可支配收入和闲暇时间等条件的制约，旅游活动的空间范围呈现距离衰减的规律，即距离越远，出游人次越少，因此，旅游活动首先会从城市周边游和邻近省市游等以中、短途尺度为主的国内/区内旅游展开，再发展到去往与常住地空间和文化距离都相对较远的省份，甚至是其他国家的国际/区际旅游，这也是一个国家或地区旅游业发展的常规状态。状态Ⅳ也是旅游业发展的中间状态，即国内旅游/区内旅游人次较少，而国际/区际旅游人次（主要是入境旅游者或来自其他区域或省份的旅游者）较多，这种状态属于超常规发展状态。状态Ⅰ是任何一个国家或地区都想要达到的理想状态，即国内/区内旅游和国际/区际旅游流流量较大，相应的旅游市场都欣欣向荣。

一般来说，要想达到理想状态有三条途径：第一条是通过国际/区际旅游流的壮大，培育国际/区际市场，来引导整个旅游市场的繁荣，这种路径也称为拉动型发展路径；第二条是通过先发展国内/区内旅游市场，继而发展国际/区际旅游来繁荣振兴旅游业，这种路径也称为延伸型发展路径；第三条是两个市场平衡发展从而达到同时繁荣。相应地，旅游业协调区域经济差异的机制也有三种，即赶超机制——基于区内旅游的区域自我发展能力的培养机制（机制一）、帮扶机制——基于区际旅游的先行区域的拉动机制（机制二），以及协同机制——基于区际和区内旅游共同发展的互动机制（机制三）。

（一）赶超机制：基于区内旅游的区域自我发展能力培养机制

旅游业协调区域经济差异的机制一是基于区内旅游的区域自我发展能力培养机制，即通过积极开展区内旅游，释放消费潜力，拉动内需，发挥"内需"旅游市场对区域经济发展的促进作用；通过加强区域旅游业的微观主体——旅游企业的自生能力，从而提高整个区域的自我发展能力，进而提升西部地区的"赶超能力"。

1. 促进和鼓励西部地区居民开展以城市周边游和邻近省市游等以中、短途尺度为主的区内旅游活动

通过第四章的分析可以大致判断出，由于受区域之间空间距离、西部地区的人均可支配收入、区位条件和可进入性等因素的限制，总的来看东、西部地区之间的区际旅游流规模相差并不大，且东向旅游流流量略高于西向旅游流流量；但在东、西部地区区内旅游流方面，东部地区三大经济区之间的金三角双向旅游流流量显著大于西部地区的区内旅游流，而上述东、西地区在区内和区际旅游流方面的特征表现在图6-1中就是东部地区位于状态Ⅰ象限，西部地区位于状态Ⅲ象限，且东、西部地区在坐标轴上的垂直距离大于水平距离。因此，我国西部地区旅游业发展的重点应当立足于区域旅游市场，鼓励和促进西部地区居民开展以城市周边游和邻近省市游为主的中、短途旅游活动。与跨区域、长距离旅游相比，这种中、短途旅游受时间和支付能力的约束相对较小，且无须克服长距离的旅途劳顿等障碍，更容易开展和实现。而且还可以激活当地潜在的"内需"旅游市场，充分发挥"内需"旅游市场对当地旅游业发展，乃至区域经济发展的推动作用。

2. 西部地区旅游业发展应当立足于本土旅游企业，培育本土旅游企业的自生能力，减少对东部发达地区的依赖，从而减少旅游漏损

通过第二章和第四章的分析可以看出，旅游目的地从区外进口商品和服务的支出、对非本地员工的雇佣、外来旅游企业的利润输出，以及向上级政府缴纳的税收等都会造成旅游收入的漏损，从而降低旅游业对当地经济增长的贡献。甚至一些地区的旅游企业完全由外来所有者经营和操控，致使当地沦为发达地区的旅游"飞地"。因此，西部地区的旅游业发展应当立足于本土旅游企业，一方面要充分发挥旅游企业作为市场经济微观主体的自主性和主观能动性，让旅游企业在市场优胜劣汰的竞争中锻炼自身的适应力和生存力，培育竞争力；另一方面，地方政府应当加大对本土旅游企业的培育和支持力度，尤其是要努力完善当地的基础设施条件、配套服务体系和管理体制等，为旅游企业的发展创造良好的市场环境。此外，企业在发展的过程中应当量力而行，不盲目追求所谓的高端、精品，尽量使用当地市场上可获得的生产资料，尽量多雇佣当地劳动力。

总之，一方面要鼓励和促进本地区居民开展以中、短途为主的区内旅游，激活当地潜在的"内需"旅游市场，充分释放旅游消费对区域经济的拉动效应；另一方面要加强对本土旅游企业的培育和扶持力度，尽量使用本地的生产要素，使由于发展旅游业所引致的相关要素尽可能多地留在当地经济系统。两方面措施的结合将减少西部地区对外部客源市场和要素市场的过度依赖，降低西部地区旅游业发展的脆弱性和旅游漏损，从而为当地国民经济社会发展，尤其是主导产业的发展积累更多必要的资金、人才等要素，提升区域的自我发展能力。

（二）帮扶机制：基于区际旅游的先行区域的拉动机制

旅游业协调区域经济差异的机制二是基于区际旅游的先行区域的拉动机制，其作用路径是通过鼓励东部发达地区开展长距离、跨区域的西向旅游，搭建以旅游为"通道"的向西部地区输送旅游者、财富和相关要素的作用平台；并通过跨区域旅游合作，促进区域经济一体化发展，形成统一市场，打破要素流动的行政壁垒，促进要素和产业的自由流动和转移，进而实现区域经济协调发展。

1. 提高东部地区居民出游率，鼓励其进行跨区域、长距离旅游

尽管通过第四章的理论推导认为东部地区的西向旅游流规模较大，西部地区获得旅游客流的净输入量也应当较大，但通过对三大地带之间大、中尺度旅游流特征的分析，我们发现东部地区的西向旅游流并没有达到预期的规模，造成这一现象的原因可能在于以下几点：第一，西部地区的旅游宣传不到位，许多精品旅游资源"养在深闺人未识"；第二，西部地区的区位交通条件和可进入性较差，目的地的接待设施和旅游配套服务功能较为落后，在一定程度上限制了东部地区旅游者的进入和在西部地区各省份之间的扩散，导致西部地区实际的旅游接待量不尽如人意。另外，从 2010 年各地区国内旅游人均花费情况（见表6-1）来看，排名前 10 的省份除内蒙古和西藏外全部为东部地区，而排名靠后的 10 个省份，西部地区占了 7 个。由此可见，与东部地区相比，西部地区不光接待量较低，且人均旅游花费也较低，而两个人均花费相对较高的省份，尤其是西藏，人均旅游消费中交通所占比例过大。这表明西部地区的旅游产业链较短，产品结构单一，导致刚性消费占消费的比重较大，而如购物、娱乐等弹性消费项目不足。

因此，国家和西部地区的各级政府、旅游企业应当有倾向性地对西部地区的旅游资源进行宣传和推介，并通过有意识、有计划的旅游线路设计和东西之间的区域旅游合作来发挥东部旅游热点地区的辐射效应，促进和带动西部旅游温冷点逐渐升温；此外，要推动国民休闲计划的实施，以进一步提高东部发达地区居民的出游率，鼓励当地居民进行跨区域的长距离西向旅游；而西部地区也应当通过改善区位交通条件、基础设施条件，提高目的地的可进入性，并通过延长旅游产业链，丰富旅游产品的数量和种类来提高当地的旅游人均消费量。

表 6-1　2010 年各省份国内旅游人均花费

省份	花费/元	排名	省份	花费/元	排名	省份	花费/元	排名
内蒙古	1548	1	辽宁	896	12	云南	664	23
北京	1347	2	河南	888	13	宁夏	660	24
天津	1251	3	山东	833	14	广西	638	25
江苏	1207	4	贵州	818	15	陕西	638	26
上海	1175	5	山西	809	16	河北	611	27
吉林	1112	6	广东	749	17	青海	570	28
浙江	1032	7	江西	742	18	甘肃	551	29
福建	994	8	安徽	713	19	重庆	543	30
西藏	972	9	四川	687	20	黑龙江	530	31
海南	935	10	湖北	673	21			
新疆	925	11	湖南	669	22			

资料来源：2011 年《中国旅游统计年鉴》。

2. 充分发挥东部地区旅游企业的辐射效应，提高西部地区旅游企业的竞争力，并逐步向协调的方向发展

当前我国旅游经济的空间格局与区域经济的空间格局高度相关，即存在着东、中、西三级递减的空间格局，且东、西之间的级差较大。短期内这种不均衡的空间格局状态较难改变，但根据区域经济协调发展战略对旅游业的空间布局加以优化，通过发挥"经济发达+旅游热点"地带——东部地区的辐射带动效应，加强东、西部地区之间的旅游交流与合作，可以促进西部地区的旅游业和区域经济实现跨越式发展。

东、西部地区不仅在旅游接待量和旅游收入方面存在较大差异，在旅游企业竞争力上的差异也较大（见表 6-2），2009 年西部地区包括饭店、旅行社等在内的主要旅游企业固定资产总额为 2025.4 亿元，不足东部地区的一半；旅游企业的利润总额为 19 亿元，为东部地区的 35%；旅游企业的平均利润为 13.8 万元，低于 21.3 万元的全国平均水平，更是远落后于中、东部地区。可见，西部地区的旅游企业不仅规模小，且经营效益不佳，竞争力较弱。因此，西部地区在进一步加强自身的目的地建设的同时，应当树立"大旅游、大产业、大市场"的观念，以市场为纽带，以旅游企业为主体，加强与东部地区的旅游合作和互动，通过微观层面的联合互助，发挥东部地区的示范效应和带动效应。

表6-2 2009年三大地带旅游企业主要经济指标

地区	固定资产总额 /亿元	利润总额 /万元	企业总数 /家	平均利润 /万元
东部地区	4870.8	53.9	23368	23.1
中部地区	1379.8	32.9	12607	26.1
西部地区	2025.4	19	13745	13.8
全国	8275.9	105.8	49720	21.3

资料来源：2010年《中国旅游统计年鉴》。

（三）协同机制：基于区际和区内旅游共同发展的互动机制

旅游业协调区域经济差异的机制三是基于区际和区内旅游共同发展的协同机制，也就是西部地区要同时利用以上两种机制，形成"1+1>2"的合力效果。

在这一机制下，西部地区旅游业发展应当立足于国内旅游，尤其是区内的中、短途旅游，并充分认识到区内和区际两种旅游流，以及"内需"和"外需"两种旅游市场的重要性，在鼓励和促进西部地区居民开展中、短距离的区内旅游的同时，要加大宣传力度、改善区域环境，吸引中、东部地区的居民开展跨区域、长距离的西向旅游。在此基础上，西部地区可借助国内旅游的发展积累资金、人才等高级要素，逐步改善区域旅游基础设施条件，分阶段、有步骤地发展国际旅游：这种国际旅游可以首先从西南地区的边境旅游开始，再逐步向内陆地区推进，从而使西部地区旅游业逐步走上区内区际、国内国际旅游同时发展的轨道。

另外，西部地区应当广泛开展区内和区际旅游合作，通过区内上下游企业之间的纵向联合，或同行业内企业的兼并、重组等横向联合壮大旅游企业的规模，发挥企业在采购、销售等环节上的集团优势，提升区域旅游企业的自生能力和竞争力；通过与东部地区旅游企业的区际合作，发挥地区间在客源市场和要素市场上的互补效应，以及发达地区的辐射带动效应，使东、西部地区之间的旅游业，进而区域经济向着协调的方向发展。

二、旅游业影响下的区域经济差异协调路径

分析旅游业影响下的区域经济差异协调路径，需要首先明确市场和政府在旅游业协调区域经济差异过程中的作用和角色。

（一）市场的调节作用与市场失灵

市场是决定区域经济发展的主导力量，是优化要素配置的最有效的方式，在促进区域经济协调发展的过程中发挥着基础性和主导性作用。

如果说西部地区以往的以优先发展重工业为目标的发展战略是政府主导型发展战略的集中体现，那么，以旅游业作为西部地区的特色优势产业，发挥其对区域发展的综合带动作用，实现西部地区保护环境和发展经济、富民兴边等多重目标则是西部地区从政府主导型发展战略向市场主导型发展战略的重要转变。

在以往的重工业优先发展战略下，由于重工业作为资本密集型产业，不符合西部地区的比较优势，因此，其优先增长无法借助于市场机制得以实现，政府只能人为地、强制性地通过降低资本、能源、原材料和农产品的价格来控制发展成本，使西部地区的要素和产品市场处于长期扭曲的状态，资源优势无法转化成为经济优势，区域经济缺乏自我发展的能力。而以旅游业作为西部地区的特色产业或主导产业，不仅是市场主导型发展战略的重要体现，而且还是一种促进财富区际转移，协调区域经济差异的更为有效的手段。在旅游者的出游决策过程中，偏好和价格信号起着主导作用，不会引起市场扭曲；而伴随着旅游者由发达地区向欠发达地区的流动，资金和人才等高级要素也会在市场的调节作用下自组织地流向欠发达地区，为欠发达地区发展主导产业和承接东部地区的产业转移"筑巢引凤"。

但是，要想西部地区从传统的资源消耗型发展路径中脱离出来，选择一条在短期内经济效益低于高能耗产业，但从长期来看却有利于当地经济、社会和环境的可持续发展的发展路径是单纯依靠市场作用所无法实现的，市场自动选择的长期性使得经济发展方式转变、产业结构升级是一个较为漫长的过程，需要政府引导与干预。另外，区域内旅游企业为了争夺市场而展开的恶性价格竞争、资源依托型旅游景区为了获取经济收益而使景区的接待量超过所在地的环境和社会承载力，以及社区居民在景区开发和经营过程中利益受损等问题的解决都是单纯依靠市场力量所无法实现的。

（二）政府的干预作用与政府淡出

在市场作用失灵时，政府力量的介入是实现区域经济协调发展的重要保障。但政府的干预作用不仅仅发生在市场作用失灵时，在旅游业和区域经济发展的常态情况下，政府的干预作用也是弥补市场固有缺陷和不足的重要方面。政府一方面要在政策上给予支持和优惠；另一方面要在基础设施和公共设施上加强投资力度，使产业发展的环境面貌发生改变，经济发展与社会、环境的关系更加和谐。政府干预的目的应该是促使市场机制功能的恢复，而不是替代。同时，旅游业发展过程中所必需的经济公平和社会公平，都离不开政府干预。

此外，从旅游业协调区域经济差异的实践过程来看，政府对区域经济协调发展的推动作用具有阶段性特征。在发展的初期，政府的干预能够帮助西部地区摆脱对传统高能耗经济发展方式的路径依赖，引导当地以旅游业为特色产业或主导产业，从而实现产业结构升级和发展方式转变的顺利进行，因为在这个阶段，政府干预的正效应大于负效应，政府干预的效率是递增的。但是，随着区域经济协调度的不断提高，政府干预的负效应开始大于正效应，效率递减，政府就应当适时淡出，作用空间让位于市场机制。应当指出的是，政府的淡出是一个相对的概念，并不是政府完全脱离对区域经济协调发展的能动作用。

（三）旅游业协调区域经济差异的基本路径

市场的调节作用与市场功能的失灵，以及政府的干预作用与政府的淡出，体现的是市场和政府两大动力主体的优势互补。不管是市场主导型模式，还是政府主导型模式，市场与政府的作用力都在区域经济协调发展的过程中有所体现，只不过在某一阶段，某一方的作用力较大、占主导地位而已，市场与政府的互补作用是贯穿始终的。

根据旅游业影响下的区域经济差异协调机制，以及政府和市场在区域经济发展过程中的协调互补作用，并结合第四章有关要素流动影响下的区域经济差异变动趋势的分析图，本书尝试构建了旅游业协调区域经济差异的基本路径，如图 6-2 所示。

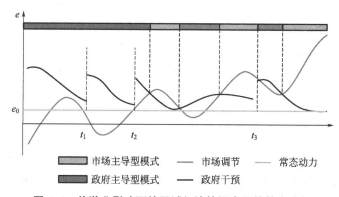

图6-2 旅游业影响下的区域经济协调发展的基本路径

在图 6-2 中，横轴 t 表示区域经济协调发展的轨迹，代表区域经济从较低层次的相对非均衡→较低层次的相对均衡→较高层次的相对非均衡→较高层次的相对均衡的过程；此处的表述是相对均衡或非均衡，主要原因在于，区域经济非均衡发展是一种必然，也是区域经济增长的动力，而区域经济均衡则强调的是一种理想中的状态，即各个区域共同富裕，不存在任何差异的状态，事实上这种状态不仅在现实中不存在，而且我们所谓的区域经济协调发展也是一种非均衡的协调发展。纵轴 e 表示动力效应，当政府的干预效应大于市场的调节效应时，是政府主导型模式；反之，则是市场主导型模式。由于政府干预是弥补市场的缺陷和不足，会随时根据市场调节的动力效应以及区域经济发展的不同阶段进行调节，当市场失灵或者区域经济发展发生层次跃升的情况时，政府应及时发挥其能动作用，进行合理干预，因此，政府干预具有跃动和不连续等特点。图 6-2 中，t_1、t_2 和 t_3 分别表示市场失灵、区域经济发展发生层次跃升的时间节点。随着市场调节机制的不断完善，政府的干预应适时淡出，此时政府的作用就是区域经济发展过程中常态动力 e_0，这些常态动力是指无论区域经济发展到什么阶段，也无论市场的调节作用是否失灵，都应贯彻始终的政策措施，主要包括配套服务体系的完善、公平公正的管理体制建设等。

在西部地区实施以旅游业协调区域经济差异的初始阶段，为了使区域尽快摆脱对以往粗放式经济发展方式的路径依赖，需要政府给予强有力的引导和支持，此时，政府的力量居于主导地位，市场的作用处于弱势地位；由于政府的作用效果有时滞，基础设施的完善和产业发展环境的优化也需要假以时日，因此，政府主导模式会持续一段时间，且作用力度会随着市场机制的壮大而减弱。此外，市场失灵现象的存在，以及区域发展层次跃升等情况的出现，使得政府需要随时进行政策干预，从而应对发展过程中的各种变化，于是便出现了政府主导型模式和市场主导型模式之间的更替。

随着区域经济发展水平由低级向高级阶段发展，总体趋势是：政府干预作用逐渐下降，市场作用由于区域经济发展的制度、政策环境的不断优化逐渐显现而变得更加成熟，发展模式也逐渐倾向于市场主导型模式（见图 6-2）。

需要特别指出的是，基于旅游业的区域经济协调发展的基本路径有一个假定条件，即政府能够充分掌握产业发展的所有市场信息，而且能够在复杂的环境中作出最理性的判断和决策。为此，政府需要经常性地进行市场调研和相关专题研究，并重视专家智囊的意见，及时诊断旅游业与区域经济的发展阶段以及市场调节的动力效应，为及时制定正确合理的政策措施奠定基础。

第三节　基于旅游业的区域经济协调发展的政策建议

上述基于旅游业的区域经济差异的调控机制与路径的运行需要相应的体制保障，以及人力、物力的支持。针对当前西部地区旅游业与区域经济的发展现状，并结合本书的研究结论，此处就基于旅游业的区域经济协调发展模式提出以下的政策建议。

一、以政府为主导，通过发展旅游业加速西部经济发展方式转变

根据上文对旅游业影响下的区域经济差异协调路径的推演，在基于旅游业的区域经济协调发展的初期，实施政府主导型战略，是西部地区尽快摆脱区域经济发展对粗放式发展方式的路径依赖，加速经济发展方式转变的关键。而该战略能否成功，主要取决于实施这一战略的政策导向和实施内容，具体来说可以归纳为以下四个方面。

（一）确定旅游业的产业地位，完善政府管理体制

旅游业在国民经济中的产业地位决定了政府对旅游产业政策的实施力度。西部地区各省份旅游资源赋存状况各不相同，根据各地的具体情况来确定自身旅游业的产业地位，继而采取切实可行的方针政策，是实施政府主导型战略的第一步（李树民，等，2002）。根据我国西部各省份"十一五"规划，西部地区的 12 个省份均将旅游业定位为优势产业，而四川、云南、西藏和陕西更是将旅游业定位于支柱产业，相应地政府对旅游业的支持力度也就更大，优惠倾斜也就越多。"十二五"时期是西部大开发的重要推进期，也是旅游业发展的黄金时期，及时摸清和更新本地区旅游资源的本底情况，掌握旅游业的市场动向，有针对性地调整本地区旅游业的产业地位，并制定相应的政策对进一步发挥旅游业的综合带动作用是十分必要的。

同时，西部地区要完善国家和地方旅游局、旅游企事业单位的机构设置、隶属关系和权力划分等方面的具体体系和组织制度；明确政府在旅游市场管理和区域管理的主体地位，并充分调动各类旅游企业、旅游非政府组织等的积极性和能动性；明确各级政府的管理职责和范围，理顺国家与地方、整体与局部的关系；加大社会参与程度，给予社会组织和居民个人表达意愿的渠道和方式等，这些都是实施政府主导型战略的必要组织保障。

（二）确定旅游业的方针政策，制定科学发展规划

通过政府制定相应的方针政策，从约束和激励两个方面来引导和改变企业和消费者的行为，是实施政府主导型发展战略的关键。

首先，西部地区旅游业发展较晚，旅游业发展的市场机制还不够完善，区域

内旅游企业为了争夺市场而展开的恶性价格竞争、旅游者权益受到侵害，以及社区居民在景区开发和经营过程中利益受损等问题的解决都需要政府介入；其次，我国西部地区生态补偿机制极其不健全，而大多数省份又处于生态环境脆弱区，再加上旅游业的数量型、粗放式发展模式，势必会对当地的生态环境系统造成破坏；最后，西部地区是我国少数民族地区的聚集地，少数民族的原生文化和民俗风情也是西部地区的核心旅游吸引物，然而，由于发展旅游业许多地区出现了少数民族居住环境变迁、文化原真性流失等现象。

针对以上现象，政府的主要作用是构建一个以法治为基础的良性竞争市场环境；建立健全的生态补偿机制，对旅游地的环境社会承载力和旅游接待量进行监测，并完善对危害生态资源环境等行为和现象的惩罚机制，保证区域经济、社会和环境的可持续发展；对民族文化旅游资源进行保护性的开发，让当地的民族文化在开发过程中传承，并通过相关的立法和规定来确保上述步骤的实现。

西部开发，旅游先行；而旅游发展，规划先行。根据上述旅游业发展的方针政策，结合各省份交通区位、资源禀赋、经济社会发展的基本情况等制定科学的旅游业发展规划，并将旅游规划与宏观层面的区域、省域规划相结合，提高旅游规划的适用性和可行性。

(三) 强化旅游公共服务建设，改善产业发展环境

第四章的分析结果显示，尽管我国西部地区旅游资源丰富、特色鲜明，美誉度和丰裕度都较高，但西部地区接待旅游者的数量并不尽如人意。区位不便、交通不畅、基础设施及配套服务设施建设落后、旅游目的地可进入性较差等，限制了其他区域板块旅游者的进入，也制约了西部地区旅游业的发展，并成为限制西部地区旅游业区域经济效应发挥的最大障碍。为此，政府应当强化西部地区旅游基础设施和配套设施的建设，将投资和扶持的重点放在西部地区交通、通信等旅游公共服务的建设上来，消除西部地区旅游业发展的"短板"。同时，政府应当通过实行旅游公共服务合同外包、公共服务购买、政府间协议、特许经营等多种供给方式，鼓励民间和社会资本参与旅游公共服务供给。

通过强化旅游公共服务建设，西部地区旅游业和相关产业发展的软、硬环境得以改善，从而为西部地区吸引更多的外部资金和人才等生产要素的流入创造条件。

(四) 树立西部地区旅游形象，加大旅游宣传力度

旅游客流的产生不仅取决于客源市场的收入、人口规模、以往的旅游经历等需求因素，还取决于旅游目的地的吸引力和旅游宣传等供给方面的因素。从需求

因素的角度来看，目前东部地区是我国主要的客源地，居民可支配收入、人口规模等都相对较大；从供给的因素来看，西部地区的旅游资源丰富而有特色。因此，导致西部地区旅游接待量不足的主要原因就在于当地的旅游宣传，尤其是对西部地区整体旅游形象的宣传力度不足。

与东部地区相比，目前西部地区旅游宣传工作存在着以下问题：省域层面的针对自身旅游形象的宣传促销活动少；旅游宣传活动往往是由旅游部门完成，其他相关部门对旅游宣传活动的扶持和参与力度较小；旅游宣传促销的专项经费短缺等。针对这些问题，政府应当发挥其在区域旅游整体形象塑造和宣传工作中的主导作用，增加旅游目的地形象策划和宣传投入，并广泛引导和发动包括新闻传媒、科教、外事等部门的参与，号召会展节庆、招商引资、公务商务、探亲访友等官方、民间活动突出旅游宣传内容，各方形成合力，共同打造和宣传新时期下西部地区整体旅游新形象。

二、立足后发优势，以发展旅游业培育西部地区的自我发展能力

（一）提高居民出游力，鼓励开展中、短途区内旅游

针对我国西部地区内部旅游流流量不足，"内需"旅游对区域经济发展的贡献有限等问题，要提高西部地区居民的出游力，鼓励和促进当地居民开展以城市周边游和邻近省市游为主的中、短途旅游活动，充分激活当地潜在的"内需"旅游市场，发挥"内需"旅游市场对当地旅游业发展，乃至区域经济发展的推动作用。

目前，导致我国西部地区居民出游力较低的原因在于：①与东部地区相比，西部地区的居民可支配收入较低，且由于当地公共服务和社会保障不完善，收支的不确定性较大，限制了居民的消费意愿和能力；②带薪休假制度和国民休闲计划尚未实施和普及，居民休闲时间的集中导致旅游市场供需出现时间上的不匹配。其中，原因①是导致西部地区居民出游力较低的主要原因。

因此，针对上述原因，政府应当多渠道增加西部地区的居民收入，努力提高低收入者和农民的收入水平；优化政府支出结构，加快建立覆盖城乡的社会保障体系，推进基本公共服务均等化，解除居民旅游消费的后顾之忧，提高居民的旅游消费倾向；加强对居民旅游消费的引导，丰富居民假日休闲生活，仿照家电下乡探索旅行社送旅游下乡活动，推出针对低收入群体和农村居民的旅游产品、旅游门票和相关旅游消费项目的优惠政策。

（二）延长旅游产业链条，优化旅游产品供给结构

除内蒙古和西藏外，西部地区各省份国内旅游人均消费水平均较低，且从旅游消费结构来看，餐饮、住宿、交通等刚性消费所占的比重较大，而休闲、娱乐、购物等弹性消费量所占比重不足。造成这一现象的主要原因在于西部地区旅游产业链较短，旅游产品种类单一，数量有限，旅游产业链低端，且以附加值较低的纯观光旅游为主，休闲、度假和体验旅游项目与产品较少，旅游业与相关产业的互动融合较少。

因此，西部地区应当在发挥传统观光型旅游产品比较优势的基础上，深入挖掘旅游产品的文化内涵，提升产品的科技含量，增加参与性、互动性强的旅游项目，满足旅游者求新奇、求体验的多维旅游需求。大力推动旅游产品的升级换代，由目前以观光游览旅游产品为主打的单一结构向包含观光、度假、休闲、购物等旅游产品的多样化结构转变，增加旅游产品的层次性，并提高产品附加值。积极开发旅游相关要素，引导特色风味餐饮产品、旅游纪念品等产业化发展，延长旅游产业链。努力引导西部地区工业、农业、科教、体育等产业与旅游业结合形成新业态，尤其是要最大限度地发挥西部地区在农业资源方面的优势，探索农业与旅游业结合的新模式、新产品，从而达到提高农产品附加值，促进农民增收致富，实现农村剩余劳动力的非农就业等多业并举的目标。

（三）加强区域内旅游合作，提升区域旅游竞争力

随着西部地区产业格局的不断调整，作为第三产业龙头的旅游业正在逐步成为西部经济发展中新的增长点。

从宏观层面上看，过去的"靠山吃山，靠水吃水""单打独斗"的旅游发展模式将不会有市场，而只有通过加强区域内旅游合作，走区域旅游联合发展之路，将点线旅游经济转化为块状旅游经济，才能将区域旅游品牌做精做大，从而将西部地区旅游业的发展推向一个新的阶段。因此，西部各省份要在政府主导型战略的政策支持下，转变观念，从大区域、大产业的发展角度出发，实行区域内旅游合作，各省份或景区利用自身的资源优势、产品优势、市场优势、信息优势等联合开发旅游资源、设计旅游线路、开拓旅游市场，共同打造区域旅游主题和形象，从而形成西部旅游整体品牌，进一步提升区域旅游竞争力。

从微观层面上看，企业是市场经济的微观主体，企业竞争力强，则产业乃至区域的竞争力就强，因此，西部地区自我发展能力的培育，以及区域旅游业竞争力的提升需要以旅游企业自生能力的培养为基础。目前我国西部地区旅游

企业普遍存在着规模体量小、抵御风险能力相对较弱、空间分布分散、经营绩效较差的问题，因此，应加大对中小旅游企业的投融资支持、技术支持、信息咨询、国际交流与合作等公共服务的供给，优化旅游企业发展的公共服务环境。不断完善对中小旅游企业的财税扶持和鼓励做大做强的政策支持，提升中小旅游企业的市场竞争力，进一步激发其市场活力。西部地区的旅游企业可以通过政府牵头和搭台，通过同行业内部企业之间，如饭店、旅行社、景点等的兼并、重组、相互收购和持股等方式，形成以资产为纽带的大型跨区域旅游企业集团，实现旅游企业的规模经济和范围经济，增强西部地区旅游产业的竞争力。

三、突出引领作用，充分发挥东部地区的示范带动效应

区域经济协调发展一方面需要欠发达地区通过自我发展能力的提升来努力追赶，另一方面需要发达地区发挥示范带动作用来积极帮扶。东部地区是我国的旅游热点地区，也是我国旅游业区域经济效应较高的区域。在稳定经济效益的同时，东部地区要突出地区旅游发展的示范性和引领性作用，为中、西部地区区域旅游的发展提供帮助和经验借鉴。

（一）加强跨区域旅游合作，发挥先行区域的带动作用

东、西部地区之间无论是在区域经济发展水平，还是在旅游资源和市场的特征方面都具有较大的差异性，如果说西部地区内各省份之间的旅游合作是为了将区域内分散、弱小、同质性的旅游经济主体聚集在一起，形成合力，发挥"1+1>2"的效应的话，那么，东、西部地区之间的跨区域旅游合作则是为了充分发挥利用二者在旅游资源和市场方面的差异性，相互借力，形成互补。在这个过程中，西部地区可以为东部发达地区过剩的旅游内需提供承接地，在缓解东部地区旅游接待压力的同时，获取包括旅游收入提升、就业量增加、区域形象改善等在内的综合收益。

此外，通过加强东、西部地区之间的旅游合作，鼓励东部地区政府、企业投资西部旅游资源的开发，并扶持西部地区旅游人才队伍的建设，协助西部地区旅游产品的宣传，不仅可以实现西部地区旅游业的快速发展，从而提高旅游业的区域综合效应；而且还可以通过合作促进区域经济一体化的发展，以及统一市场的形成，打破要素流动的行政壁垒，促进生产要素和产业的自由流动和转移，从而促进区域经济协调发展。

（二）提高居民出游力，鼓励开展跨区域、长距离旅游

从第四章的理论分析来看，由于东、西部地区的旅游资源具有较大的差异性，再加上东部地区经济相对发达，居民可支配收入较高，因此，应当有大批量的东部地区的旅游者到西部地区旅游，并将东部地区的资源和财富也一并"输送"到西部地区，从而使旅游成为东部地区向西部地区输血、输水的"通道"，西部地区也因而成为这种跨区域旅游流影响下的主要受益方，获得旅游客流的净输入和旅游净收益。

但是，现实的情况并没有理论推演那么理想，由于西部地区基础条件和可进入性较差，旅游宣传力度不足，且东部地区居民的出游行为受闲暇时间的约束越来越强，东部地区的西向旅游流规模并未达到理想的状态。因此，针对这一问题，政府应当加速完善和实施带薪休假制度和国民休闲计划，降低闲暇时间不足对东部地区居民长距离跨区域旅游的约束，并在东、西部地区之间的旅游通道建设、西部地区的目的地建设上加大投入力度，鼓励东部地区居民开展长距离的西向旅游。

本 章 小 结

（1）本章根据区域经济协调发展的相关研究成果，归纳了区域经济协调发展的一般路径与机制。在此基础上，本书结合第四章的相关理论成果，归纳总结了旅游业协调区域经济差异的三种机制。

赶超机制——基于区内旅游的区域自我发展能力的培养机制，即通过积极开展区内旅游，释放消费潜力，拉动内需，发挥"内需"旅游市场对区域经济发展的促进作用；通过加强区域旅游业的微观主体——旅游企业的自生能力，从而提高整个区域的自我发展能力，进而提升西部地区的"赶超能力"。

帮扶机制——基于区际旅游的先行区域的拉动机制，即通过鼓励东部发达地区开展长距离、跨区域的西向旅游，搭建以旅游为"通道"的向西部地区输送旅游者、财富和相关要素的作用平台；并通过跨区域旅游合作，促进区域经济一体化发展，形成统一市场，打破要素流动的行政壁垒，促进要素和产业的自由流动和转移，进而实现区域经济协调发展。

协同机制——基于区际和区内旅游共同发展的互动机制，即西部地区要同时利用以上两种机制，形成"1+1>2"的合力效果。

（2）本章根据上述协调机制，以及政府和市场在区域经济发展过程中的协

调互补作用，尝试构建了旅游业协调区域经济差异的基本路径，其重点是协调政府和市场在旅游业协调区域经济差异的过程中的关系；进而针对当前西部地区旅游业与区域经济的发展现状，就基于旅游业的区域经济协调发展模式提出以下的政策建议：①以政府为主导，通过发展旅游业加速西部地区经济发展方式转变；②立足后发优势，以发展旅游业来培育西部地区的自我发展能力；③突出引领作用，充分发挥东部地区的示范带动效应。

第七章　结论与展望

第一节　主要研究结论

由于资源禀赋、地理区位、历史积累等原因，区域经济差异的存在有着客观必然性，适度的经济差异有利于推动资源的有效配置和产业的空间转移，而过大的经济差异则会对经济社会发展造成严重的负面影响。目前，我国东、中、西三大地带之间的经济差异十分明显，而西部地区与东部乃至全国平均水平的差异更大，西部地区已经成为制约我国区域经济协调发展的"短板"。"十二五"时期是我国进一步实施区域协调发展总体战略和具体落实主体功能区开发战略的重要时期，而西部大开发战略被摆在了优先位置。国家鼓励西部地区充分发挥资源优势，实施以市场为导向的优势资源转化战略，在资源富集地区发展特色优势产业，以促进地区经济快速发展，并逐步缩小与东部地区的差异。旅游业具有综合性和关联性强的产业属性，且旅游者在空间上的流动，会带动资金、信息、技术、人才等生产要素的流动，从而使得以发展旅游业来协调区域经济差异成为可能。

因此，本书运用区域分工理论、经济增长理论等分析了我国西部地区以旅游业为优势产业，实现西部地区经济快速发展，从而缩小与东部发达地区经济差异的可行性；然后运用区域要素流动理论和区域旅游流理论分析了旅游业对区域经济差异的影响机理，并对我国旅游业对区经济差异的影响机理进行了初步验证；继而从时间和空间两个维度对我国区域经济差异、旅游经济差异及其之间的关系进行了分析；最后，根据区域经济协调发展的一般机制与路径，提出以旅游业带动区域经济协调发展的机制、路径和保障措施。主要结论如下。

第一，发展旅游业是西部地区在保护环境、发展经济、富民兴边等多重目标下的必然选择，可以作为西部地区促进区域经济发展，尽快缩小与东部地区经济差异的"特色优势产业"或主导产业。

我国"十二五"规划纲要中明确提出要以"发挥区域资源优势，发展特色优势产业"来促进区域经济协调。西部地区在自然资源和劳动力资源方面都具有明显的比较优势，而从当前西部地区的产业发展情况来看，第一、第二产业所占比重过大，产业结构对民生的带动作用有限，尤其是对与劳动力就业、城市化和消费的带动作用有限。另外，在生态环境压力下，西部地区的第一、第二产业未来的增长潜力较小，比较优势将逐步下降，第三产业的比较优势较为明显。而旅游业是第三产业的龙头，发展旅游业不仅可以充分发挥西部地区在旅游和劳动力资源方面的比较优势，而且还可以促进西部地区农村剩余劳动力的转移，有利于西部地区"两型社会"的建设，并有利于西部地区的边疆稳定和民族团结。

第二，区域旅游流可以分为区际旅游流和区内旅游流，在区际旅游流影响下，区域经济差异存在条件收敛；而区内旅游流会导致区域经济差异扩大。

区际旅游流的特征表现为发达地区向欠发达地区的扩散和发达地区之间的旅游流交换，欠发达地区获得的是旅游客流的净输入。在区际旅游流影响下，区域经济差异的变动趋势为：一方面，各种要素以旅游消费、投资、就业等的形式从发达地区向欠发达地区扩散，即产生要素的扩散效应，从而缩小区域经济差异；另一方面，流入欠发达地区的要素由于旅游漏损而产生回流效应，并导致区域经济差异扩大。一般认为，一个地区基础设施条件和产业发展环境越好，旅游企业的自生能力越强，那么，该地区的旅游漏损就越少，因此，在区际旅游流影响下，区域经济差异存在条件收敛。区内旅游流的特征是发达地区内旅游流在流量、流速上都要大于欠发达地区。在区内旅游流的影响下，要素在发达地区流动性更强、更活跃、范围也更加广阔，因此，区内旅游流对发达地区经济增长的促进作用大于欠发达地区，从而导致区域经济差异扩大。

第三，我国东、西部之间存在着双向的跨区域旅游流，东部地区的西向旅游流规模略大于西部地区的东向旅游流规模；而东、西部地区内的旅游流特征为东部地区的区内旅游流规模大，西部地区的区内旅游流规模小。

第四，短期内，旅游业对区域要素集聚能力空间分布格局的影响并不显著，但从长期来看，旅游业的经济效应在东、中、西三大地带之间的差异趋于收敛，也就是说，随着时间的发展，在初始年份旅游业发展水平较低的省份拥有更快的增长速度，西部地区在旅游业和经济社会发展上具有后发优势，在未来一段时间内，旅游业对西部地区经济社会发展的综合贡献将大于东部地区。从而进一步验证了以旅游业作为西部地区的特色优势产业，甚至是某些旅游资源丰裕度、美誉度极高，但环境相对脆弱的省份的主导产业来培育是可行的。

第五，旅游业协调区域经济差异的机制有三种：赶超机制——基于区内旅游的区域自我发展能力的培养机制、帮扶机制——基于区际旅游的先行区域的拉动机制，以及协同机制——基于区际和区内旅游共同发展的互动机制。

赶超机制即通过积极开展区内旅游，释放消费潜力，拉动内需，发挥"内需"旅游市场对区域经济发展的促进作用；通过加强区域旅游业的微观主体——旅游企业的自生能力，从而提高整个区域的自我发展能力，进而提升西部地区的"赶超能力"。

帮扶机制即通过鼓励东部发达地区开展长距离、跨区域的西向旅游，搭建以旅游为"通道"的向西部地区输送旅游者、财富和相关要素的作用平台；并通过跨区域旅游合作，促进区域经济一体化发展，形成统一市场，打破要素流动的行政壁垒，促进要素和产业的自由流动和转移，进而实现区域经济协调发展。

协同机制即西部地区要同时利用以上两种机制，形成"1+1>2"的合力效果。

第二节　进一步研究展望

旅游业对区域经济差异的影响及其调控是一个涉及多领域、多变量，内容丰富的研究课题。尽管本书试图建立旅游业对区域经济差异的影响机理、协调机制与基本路径的较为完整的研究体系，但仍有许多问题有待进一步研究。

第一，旅游业影响下的要素流动效应研究。由于我国旅游统计制度的不完善，有关旅游业的投入产出数据都不完整，因此，无法将由旅游业引致的要素效应从其他经济活动所引致的要素效应中剥离出来，从而影响研究的客观性和准确性。未来的研究应当进一步明确旅游业影响下的要素方向、流动模式和流动效应。

第二，关于区域旅游流的研究。本书对我国区际旅游流和区内旅游流的估计主要是通过各省份主要目的地和客源地城市之间的航空班次、铁路班次等来进行推算的。这种方法只能大致推断我国旅游流的相对流量，无法精确反映旅游流的流向、流量、人均消费结构等信息。在相关旅游统计数据严重缺乏、研究经费不足的情况下，采用这种估算方法实为无奈之举。分析区域旅游流，尤其是国家宏观层面的包括31个省份旅游流特征的工作庞大而复杂，因此，需要政府牵头和大力扶持，而各研究单位也可在财力许可的范围内，加强相关方面的研究，从而推动我国的旅游统计制度和工作向着更加完善和细致的方向发展。

第三，关于西部地区尺度细分的研究。本书在此对西部地区以"旅游业为优势产业，加快经济发展，促进区域协调发展"这一笼统的说法进行反思：西部地区地域辽阔，区域内部各片区，如西北和西南之间的异质性很强，而旅游业发展与区域经济发展之间的关系也不尽相同，本书以西部这一宏观尺度为研究对象，今后的研究方向应当是对板块进行细分，在更细分尺度下，研究各分区旅游业发展与区域经济发展的互动协调关系。

第四，对旅游业与区域经济发展的评估和监控研究。本书提出了旅游业协调区域经济差异的基本路径，强调政府和市场的协调互补作用，其中政府的实施干预至关重要。政府何时进行干预、采取什么样的干预措施才是最合理的，这需要对旅游业和区域经济发展进行科学的评估和监控，主要包括对市场机制的评估和监控、对旅游业和区域经济发展阶段的评估和监控。评估和监控市场机制，才能及时对市场失灵作出反馈；评估和监控旅游业及区域经济发展阶段，才能准确把握其发展轨迹，并及时制定政府干预措施，使旅游业与区域经济沿着一条协调互动、健康、可持续的路径发展。因此，对旅游业与区域经济发展进行评估和监控，并及时作出反馈，也应当是下一步研究的重点之一。

参 考 文 献

(一) 中文文献

安然，张舟，罗静，2009. 基于湖北省主体功能区布局的旅游发展战略研究[J]. 华中师范大学学报 (3)：166-170.

敖荣军，韦燕生，2006. 中国区域旅游发展差异影响因素研究——来自1990—2003年的经验数据检验[J]. 财经研究 (3)：32-43.

白廷斌，Geoffrey Wall，2010. 旅游与发展：一个分析框架的形成与演变[J]. 旅游学刊 (4)：13-19.

保继刚，楚义芳，1999. 旅游地理学[M]. 北京：高等教育出版社：203.

保继刚，2010. 区域旅游经济影响评价：模型应用与案例研究[M]. 天津：南开大学出版社：270-293.

蔡昉，都阳，2000. 中国地区经济增长的趋同与差异[J]. 经济研究 (10)：30-37.

蔡昉，王德文，2002. 比较优势差异、变化及其对地区差异的影响[J]. 中国社会科学 (5)：41-54.

陈东田，吴人韦，2002. 旅游度假地开发影响评价研究[J]. 中国园林 (6).

陈栋生，2005. 论区域协调发展[J]. 北京社会科学 (2)：3-10.

陈栋生，2006. 协调发展区域经济是重大战略问题[J]. 当代经济 (6)：1.

陈佳贵，等，2007. 中国工业化进程报告：1995—2005年中国省域工业化水平评价与研究 [M]. 北京：中国社会科学出版社：63.

陈建军，葛宝琴，2008. 区域协调发展内生机制的理论研究——以要素流动和产业转移为基点[J]. 中国矿业大学学报：社会科学版 (12)：59-66.

陈文成，2010. 基于ESDA的闽西发展不平衡格局动态分析[J]. 地理与地理信息科学 (2)：67-71.

陈湘满，何灵，陈勇强，2006. 湖南区域差异变化规律及趋势研究[J]. 科技与经济 (5)：47-50.

陈秀琼，黄福才，2006. 中国入境旅游的区域差异特征分析[J]. 地理学报 (12)：1271-1280.

陈秀山，徐瑛，2004. 中国区域差异影响因素的实证研究[J]. 中国社会科学 (5)：117-129.

陈秀山，张可云，2003. 区域经济理论[M]. 北京：商务印书馆：283.

陈秀山，2005. 中国区域经济问题研究[M]. 北京：商务印书馆.

陈玉宇，黄国华，2006. 中国地区增长不平衡与所有制改革[J]. 经济科学 (1)：5-19.

陈智博，吴小根，汤澍，等，2008. 江苏省旅游经济发展的空间差异[J]. 经济地理 (6)：1064-1067.

仇方道，朱传耿，佟连军，等，2009. 淮海经济区县域经济差异变动的空间分析[J]. 地理科学 (1).

崔玉泉，王儒智，孙建安，2000. 产业结构变动对经济增长的影响[J]. 中国管理科学 (3)：53-57.

大卫·李嘉图，1962. 政治经济学及赋税原理[M]. 郭大力，王亚南，译. 北京：商务印书馆：113.

戴魁早，2010. 旅游业发展与区域经济增长的动态关系——基于桂林市 1980 年—2008 年数据的实证检验[J]. 广西社会科学 (8)：46-50.

戴学锋，巫宁，2006. 中国出境旅游高速增长的负面影响探析[J]. 旅游学刊 (2)：41-45.

邓庆远，2005. 影响我国区域经济差异的政府宏观调控与制度创新因素[J]. 经济经纬 (4)：43-46.

董先安，2004. 浅释中国地区收入差异：1952—2002[J]. 经济研究 (9)：48-59.

杜肯堂，戴士根，2004. 区域经济管理学[M]. 北京：高等教育出版社：198.

樊纲，2000-08-16. 要素流动与缩小地区差异[N]. 中国经济时报.

范剑勇，杨丙见，2002. 美国早期制造业集中的转变及其对中国西部开发的启示[J]. 经济研究 (8)：66-73.

范剑勇，2004. 市场一体化、地区专业化与产业集聚趋势——兼谈对地区差异的影响[J]. 中国社会科学 (6)：39-51.

冯子标，焦斌龙，2005. 分工、比较优势与文化产业发展[M]. 北京：商务印书馆：107-108.

傅晓霞，吴利学，2006. 技术效率、资本深化与地区差异——基于随机前沿模型的中国地区收敛分析[J]. 经济研究 (10)：52-61.

高新才，童长凤，2008. 区域创新悖论突破——欠发达区域的选择[J]. 社会科学家 (4)：56-59.

高新才，2008. 我国区域发展战略的嬗变[J]. 改革 (1)：52-54.

郭华，蔡建明，2011. 河南省县域经济空间演化格局及机制分析[J]. 中国人口、资源与环境 (11)：128-135.

郭庆旺，赵志耘，贾俊雪，2005. 中国省份经济的全要素生产率分析[J]. 世界经济 (5)：46-53.

郭兆淮，1999. 论所有制结构与缩小地区经济差异[J]. 经济理论与经济管理 (5)：67-69.

韩延玲，2004. 新疆三大区域经济差异现状与动态分析[J]. 干旱区地理 (2)：273-278.

贺灿飞，梁进社，2004. 中国区域经济差异的时空变化：市场化、全球化与城市化[J]. 管理世界 (8)：8-17.

贺灿飞，谢秀珍，2006. 中国制造业地理集中于省区专业化[J]. 地理学报 (2)：212-222.

胡鞍钢，2001. 地区与发展：西部开发新战略[M]. 北京：中国计划出版社.

胡良民，苗长虹，乔加君，2002. 河南省区域经济发展差异及其时空格局研究[J]. 地理科学进展（3）：268-274.

纪昀，2000. 从新古典到新兴古典：国际贸易理论的最新发展[J]. 世界经济研究（1）：83-87.

贾俊雪，郭庆旺，2007. 中国区域经济趋同与差异分析[J]. 中国人民大学学报（5）：61-68.

贾若祥，2010. "十二五"区域协调发展的重点及相应体制机制安排[J]. 中国发展观察（6）：23-25.

建设部、国家旅游局联合课题组，2006. 建设好旅游型村镇是促进乡村城镇化的又一坦途[J]. 小城镇建设（7）：30-32.

姜海宁，陆玉麒，吕国庆，2009. 江苏省入境旅游经济的区域差异研究[J]. 旅游学刊（1）：23-28.

蒋满元，2007. 要素跨区域流动对区域经济增长和波动的影响探讨[J]. 财经科学（8）：43-49.

金波，王合生，1999. 旅游经济地区结构域区域经济协调发展研究[J]. 山东师范大学学报：自然科学版（4）：437-439.

金相郁，郝寿义，2006. 中国区域发展差异的趋势分析[J]. 财经科学（7）：110-117.

克鲁格曼，2000. 流行的国际主义[M]. 北京：中国人民大学出版社：114.

黎洁，2007. 旅游卫星账户与旅游统计制度研究[M]. 北京：中国旅游出版社：2.

李丁，李平安，2009. 基于 ESDA 的甘肃省县域经济空间差异分析[J]. 干旱区资源与环境（12）：1-5.

李二玲，覃成林，2002. 中国南北区域经济差异研究[J]. 地理学与国土研究（11）：76-78.

李戈，1999. 区域差异的制度分析[J]. 经济体制改革（3）：40-44.

李国璋，张唯实，2011. 制度差异与中国区域经济发展研究[J]. 统计与决策（7）：115-117.

李辉文，2004. 现代比较优势理论的动态性质——兼评"比较优势陷阱"[J]. 经济评论（1）：42-47.

李辉文，2006. 现代比较优势理论研究[M]. 北京：中国人民大学出版社.

李江帆，李冠霖，江波，2001. 旅游业的产业关联和产业波及分析——以广东为例[J]. 旅游学刊（3）：19-25.

李静，孟令杰，吴福象，2006. 中国地区发展差异的再检验：要素积累抑或 TFP[J]. 世界经济（1）：12-22.

李树民，陈实，2002. 论西部旅游业实施政府主导型战略的宏观分析[J]. 人文杂志（5）：66-68.

李天元，王连义，1999. 旅游学概论[M]. 天津：南开大学出版社：253.

李小建，乔家君，2001. 20 世纪 90 年代中国县际经济差异的空间分析[J]. 地理学报（2）：136-145.

李小建，周雄飞，等，2008. 河南农区经济发展差异地理影响的小尺度分析[J]. 地理学报（2）：147-155.

李秀彬，1999. 地区发展均衡性的可视化测度[J]. 地理科学（3）：254-257.

李子奈，2011. 计量经济学模型方法论[M]. 北京：清华大学出版社，2011.

连玉君，2003. 人力资本要素对地区经济增长差异的作用机制——兼论西部人力资本积累策略的选择[J]. 财经科学（5）：95-98.

林毅夫，蔡昉，李周，1998. 中国经济转型时期的地区差异分析[J]. 经济研究（6）：3-10.

林毅夫，李永军，2003. 比较优势、竞争优势与发展中国家的经济发展[J]. 管理世界（7）：21-28.

林毅夫，刘培林，2003. 中国的经济发展战略与地区收入差异[J]. 经济研究（3）：19-25.

林毅夫，1994. 关于制度变迁的经济学理论：诱致性变迁与强制性变迁[M]//财产权利与制度变迁：产权学派与新制度学派译文集. 上海：上海人民出版社，上海三联出版社：422.

林毅夫，2002. 发展战略、自生能力和经济收敛[J]. 经济学（2）：269-300.

刘长生，简玉峰，2008. 我国旅游业发展与经济增长的关系研究——基于不同省份的个体数据和面板数据分析[J]. 旅游科学（5）：23-32.

刘锋，2011. 旅游业发展地位及其在国家区域战略实施中的作用[M]//中国旅游发展分析与预测：2011年. 北京：社会科学文献出版社.

刘海英，赵英才，张纯洪，2004. 人力资本"均化"与中国经济增长质量关系研究[J]. 管理世界（11）：15-21.

刘黄金，2006. 地区间生产率差异与收敛——基于中国各产业的分析[J]. 数量经济技术经济研究（11）：50-58.

刘慧，2006. 区域差异测度方法与评价[J]. 地理研究（4）：710-718.

刘军，徐康宁，2010. 产业聚集、经济增长与地区差异——基于中国省级面板数据的实证研究[J]. 中国软科学（7）：91-102.

刘树成，李强，等，1994. 中国地区经济发展研究[M]. 北京：中国统计出版社：141-165.

刘伟，李绍荣，2001. 所有制变化与经济增长和要素效率提升[J]. 经济研究（1）：3-9.

刘夏明，魏英琪，等，2004. 收敛还是发散？——中国区域经济发展争论的文献综述[J]. 经济研究（7）：70-81.

刘振礼，王兵，1996. 新编中国旅游地理[M]. 天津：南开大学出版社：42.

柳卸林，陈傲，2011. 中国区域创新能力报告2011[M]. 北京：科学出版社：4.

卢云亭，1988. 现代旅游地理学[M]. 南京：江苏人民出版社：652-663.

陆大道，刘毅，樊杰，1999. 我国区域政策实施效果与区域发展的基本态势[J]. 地理学报（6）：496-508.

陆大道，2003. 中国区域发展的新因素与新格局[J]. 地理研究（3）：261-271.

陆大道，2009. 关于我国区域发展战略与方针的若干问题[J]. 经济地理（1）：2-5.

马克思，恩格斯，1995. 马克思恩格斯全集：第一卷[M]. 北京：人民出版社：267.

马荣华，黄杏元，朱传耿，2002. 用 ESDA 技术从 GIS 数据库中发现知识[J]. 遥感学报（2）：102-107.

马荣华，蒲英霞，马晓冬，2007. GIS 空间关联模式发现[M]. 北京：科学出版社，2007.

马耀峰，李天顺，1999. 中国入境旅游研究[M]. 北京：科学出版社：1-2.

迈克尔·波特，2002. 国家竞争优势[M]. 北京：华夏出版社.

毛蒋兴，严志强，等，2008. 欠发达地区经济发展差异综合评价研究——以广西为例[J]. 改革与战略（1）：92-95.

孟斌，王劲峰，张文忠，等，2005. 基于空间分析方法的中国区域差异研究[J]. 地理科学（4）：393-400.

欧向军，2006. 区域经济发展差异理论、方法与实证[M]. 北京：经济科学出版社.

欧阳南江，1993. 改革开放以来广东省区域差异的发展变化[J]. 地理学报（3）：204-217.

潘建民，李肇荣，黄进，2003. 旅游业对广西国民经济的贡献率研究[M]//张广瑞，魏小安，刘德谦. 2002—2004 年中国旅游发展：分析与预测. 北京：社会科学文献出版社.

潘竟虎，张佳龙，张勇，2006. 甘肃省区域经济空间差异的 ESDA-GIS 分析[J]. 西北师范大学学报：自然科学版（6）：83-88.

潘士远，史晋川，2002. 内生经济增长理论：一个文献综述[J]. 经济学（4）：753-786.

彭国华，2005. 中国地区收入差异、全要素生产率及其收敛分析[J]. 经济研究（9）：19-29.

彭玮，邹进泰，2011. 湖北省跨越式发展的解析与思考[J]. 湖北社会科学（5）：63-66.

彭颖，陆玉麒，2010. 成渝经济区县域经济差异的空间分析[J]. 人文地理（5）：97-102.

普荣，2008. 限制、禁止开发区旅游业发展模式探索——以云南省为例[J]. 云南地理环境研究（3）：79-84.

齐邦锋，江冲，刘兆德，2010. 山东省旅游经济差异及旅游空间结构构建[J]. 地理与地理信息科学（5）：98-102.

钱纳里，鲁滨逊，赛尔奎，1989. 工业化和经济增长的比较研究[M]. 吴奇，王松宝，等译. 上海：上海三联出版社：320.

曲鲁宁，2008. 我国地区经济发展差异及其发展态势分析[J]. 北方经济（8）：59-61.

任建军，阳国梁，2010. 中国区域经济发展差异及其成因分析[J]. 经济地理（5）：784-789.

申葆嘉，2003. 关于旅游带动经济发展问题的思考[J]. 旅游学刊（6）：21-24.

沈坤荣，耿强，2001. 外国直接投资、技术外溢与内生经济增长——中国数据的计量检验与实证分析[J]. 中国社会科学（5）：82-93.

生延超，钟志平，2009. 旅游产业与区域经济的耦合协调度研究[J]. 旅游学刊（8）：23-29.

石传玉，王亚菲，王可，2003. 我国对外贸易与经济增长关系的实证分析[J]. 南开经济研究（1）：53-58.

斯洛博丹·翁科维奇，2003. 旅游经济学[M]. 杨达洲，译. 北京：商务印书馆.

宋德勇，1998. 改革以来中国经济发展的地区差异状况[J]. 数量经济技术经济研究（3）：15-18.

宋增文，2007. 基于投入产出模型的中国旅游业产业关联度研究[J]. 旅游科学 (2)：7-12.

宋子千，郑向敏，2001. 旅游业产业地位衡量指标的若干理论思考[J]. 旅游学刊 (4)：27-30.

苏继伟，邱沛光，2005. 旅游业对地区经济发展的贡献分析[J]. 统计与决策 (8)：115-116.

孙海刚，2007. 市场化进程中的中国地区经济差异成因研究[J]. 财经研究 (9)：101-111.

孙军，王先柱，2010. 要素流动的层次演进与区域协调发展[J]. 云南财经大学学报 (2)：128-133.

覃成林，1997. 中国区域经济差异研究[M]. 北京：中国经济出版社.

覃成林，姜文仙，2011. 区域协调发展：内涵、动因与机制体系[J]. 开发研究 (1)：14-18.

覃成林，唐永，2007. 河南区域经济增长俱乐部趋同研究[J]. 地理研究 (3)：548-556.

唐顺铁，郭来喜，1998. 旅游流体系研究[J]. 旅游学刊 (3)：38-41.

唐伟，钟祥浩，2010. 成都都市圈县域经济时空差异及空间结构演变[J]. 长江流域资源与环境 (7)：732-737.

陶金龙，袁勇志，何会涛，2004. 苏州市旅游业经济拉动效应的实证分析[J]. 社会科学家 (5)：99-102.

万广华，陆铭，陈钊，2005. 全球化与地区间收入差异：来自中国的证据[J]. 中国社会科学 (3)：17-26.

汪德根，陈田，2011. 中国旅游经济区域差异的空间分析[J]. 地理科学 (5)：528-536.

汪阳红，2010. "十二五"时期促进我国区域协调发展的重点[J]. 宏观经济管理 (7)：15-24.

汪志，焦华富，等，2011. 皖江城市带县域经济发展差异演变特征分析[J]. 地理与地理信息科学 (1)：53-60.

王丁玲，2007. 九华山风景区旅游经济影响研究[D]. 芜湖：安徽师范大学：18-19.

王光龙，2011. 论经济要素流动：结构、原则、效应与演进[J]. 江海学刊 (4)：102-107.

王晶，2007. 福建省旅游业发展与区域经济增长的实证分析[J]. 经济与社会发展 (4)：73-75.

王凯，1999. 中国主要旅游资源赋存的省际差异分析[J]. 地理学与国土研究 (3)：69-74.

王丽，石培基，2007. 甘肃省旅游产业关联及产业波及分析[J]. 地理与地理信息科学 (1)：68-72.

王绍光，胡鞍钢，1999. 中国：不平衡发展的政治经济学[M]. 北京：中国计划出版社.

王维国，杜修立，2003. 现代经济增长理论及实证述评[J]. 财经问题研究 (8)：87-92.

王志刚，2004. 质疑中国经济增长的条件收敛性[J]. 管理世界 (3)：25-30.

韦伟，1995. 中国经济发展中的区域差异与区域协调[M]. 合肥：安徽人民出版社.

卫红，严艳，2010. 陕西旅游经济的时空发展演变研究[J]. 干旱区资源与环境 (10)：178-184.

魏后凯，刘楷，1994. 我国地区差异变动趋势分析与预测[J]. 中国工业经济 (4)：28-36.

魏后凯，1992. 论我国区际收入差异的变动格局[J]. 经济研究 (4)：61-65.

魏后凯，2002. 外商直接投资对中国区域经济增长的影响[J]. 经济研究（4）：20-29.

魏小安，2000. 关于旅游发展的几个阶段性问题[J]. 旅游学刊（5）：9-14.

文启湘，周昌林，2003. 西部地区市场体系建设的制度创新研究[J]. 福建论坛（3）：13-15.

吴传钧，1998. 中国经济地理[M]. 北京：科学出版社：256-257.

吴殿廷，2001. 试论中国经济增长的南北差异[J]. 地理研究（2）：238-246.

吴殿廷，2003. 区域经济学[M]. 北京：科学出版社.

吴殿廷，2011. 区域经济学：第二版[M]. 北京：科学出版社.

吴康，韦玉春，2008. 20世纪90年代以来江苏区域发展均衡性的测度分析[J]. 地理科学进展（1）：64-74.

吴三忙，李树民，2008. 1987年以来我国入境旅游区域差异特征与演变趋势分析[J]. 旅游科学（2）：38-43.

吴玉鸣，徐建华，2004. 中国区域经济增长集聚的空间统计分析[J]. 地理科学（6）：654-659.

吴玉鸣，2007. 中国区域研发、知识溢出与创新的空间计量经济研究[M]. 北京：人民出版社.

伍世代，王强，2008. 中国东南沿海区域经济差异及经济增长因素分析[J]. 地理学报（2）：123-134.

武剑，2002. 外国直接投资的区域分布及其经济增长效应[J]. 经济研究（4）：27-35.

武力超，陈熙龙，2011. 我国城市服务业发展影响因素的区域差异研究——基于1998—2008年省级面板数据的研究[J]. 山东经济（2）：62-67.

肖光明，2009. 珠三角城市旅游经济空间差异与协调发展战略研究[J]. 地理与地理信息科学（6）：72-77.

肖胜和，1997. 论我国贫困区发展旅游业的基础[J]. 云南师范大学学报（3）：79-83.

肖新成，2011. 江西省旅游业对经济增长贡献的统计分析[J]. 统计与决策（10）：89-91.

谢彦君，1990. 论旅游的现代化与原始化[J]. 旅游学刊（4）：49-51.

谢彦君，2004. 基础旅游学[M]. 北京：中国旅游出版社：274.

徐红罡，2004. 旅游业中的二元结构及公共政策研究[J]. 思想战线（1）：96-100.

徐现祥，舒元，2004. 中国省区经济增长分布的演进（1978—1998）[J]. 经济学（3）：619-638.

徐璋勇，2002. 对西部地区实现经济增长路径的实证分析[J]. 西北大学学报：哲学社会科学版（3）：16-19.

徐朝阳，林毅夫，2010. 发展战略与经济增长[J]. 中国社会科学（3）：94-108.

许月卿，贾秀丽，2005. 近20年来中国区域经济发展差异的测定与评价[J]. 经济地理（5）：600-603.

许召元，李善同，2006. 近年来中国地区差异的变化趋势[J]. 经济研究（7）：106-116.

亚当·斯密，1972. 国民财富的性质和原因的研究：上卷[M]. 郭大力，王亚南，译. 北京：商务印书馆：15.

闫坤，于树一，2006. 优化财政资源配置的新视角：旅游业的贡献[J]. 财贸经济（1）：46-50.

颜鹏飞，王兵，2004. 技术效率、技术进步与生产率增长：基于 DEA 的实证分析[J]. 经济研究（12）：55-65.

杨海军，肖灵机，邹泽清，2008. 工业化阶段的判断标准：霍夫曼系数法的缺陷及其修正——以江西、江苏为例的分析[J]. 财经论丛（2）：7-14.

杨开忠，1993. 迈向空间一体化[M]. 成都：四川人民出版社：187.

杨开忠，1994. 中国区域经济差异变动研究[J]. 经济研究（12）：28-33.

杨伟民，1992. 地区间收入差异的实证分析[J]. 经济研究（1）：70-74.

杨小凯，张永生，2001. 新贸易理论、比较利益理论及其经验研究的新成果：文献综述[J]. 经济学（1）：19-44.

杨勇，2006. 旅游业与我国经济增长关系的实证分析[J]. 旅游科学（2）：40-46.

杨治，1985. 产业经济学导论[M]. 北京：中国人民大学出版社：93.

姚慧琴，任宗哲，2009. 中国西部经济发展报告 2009[M]. 北京：社科文献出版社：90.

姚先国，张海峰，2008. 教育、人力资本与地区经济差异[J]. 经济研究（5）：47-57.

依绍华，2004. 旅游业的负面经济效应分析[J]. 桂林旅游高等专科学校学报（5）：11-13.

依绍华，2006. 测度旅游经济影响的难度与重要性[J]. 价格理论与实践（7）：33.

易丹辉，2008. 数据分析与 EViews 应用[M]. 北京：中国人民大学出版社：205.

于同申，2009. 发展经济学——新世纪经济发展的理论与政策[M]. 北京：中国人民大学出版社：53.

俞勇军，陆玉麒，2004. 江西省区域经济发展空间差异研究[J]. 人文地理（3）：41-45.

张敦富，覃成林，2001. 中国区域经济差异与协调发展[M]. 北京：中国轻工业出版社.

张华初，李永杰，2007. 中国旅游业产业关联的定量分析[J]. 旅游学刊（4）：15-19.

张欢，2007. 从 FDI 看东、中、西部地区经济增长路径差异[J]. 经济问题探索（5）：58-62.

张焕明，2005. 我国经济增长的地区趋同性及其路径分析——基于扩展的积累增长模型实证研究[J]. 财经研究（6）：16-27.

张吉鹏，吴桂英，2004. 中国地区差异研究：度量与成因[J]. 世界经济文汇（4）：60-81.

张可，栾贵琴，2009. 中部地区区域经济差异实证分析[J]. 经济问题探索（7）：13-18.

张凌云，1998. 我国旅游业地域非均衡性增长研究初论[J]. 南开经济研究（2）：71-74.

张启春，2005. 中国区域差异与政府调控——财政平衡机制和支持系统[M]. 北京：商务印书馆：134.

张伟，张梅蓉，2003. 后发优势——后发国家对外贸易的新解释[J]. 云南师范大学学报：哲学社会科学版（1）：24-28.

张文彤，2004. SPSS 统计分析高级教程[M]. 北京：高等教育出版社：213.

张晓峒，2007. 计量经济学基础[M]. 天津：南开大学出版社.

张燕文，2006. 基于空间聚类的区域经济差异分析方法[J]. 经济地理（4）：557-560.

张耀辉，2010. 区域经济协调的自然过程与政府调节[J]. 产经评论（5）：54-61.

赵黎明，2010. 发展乡村旅游，改善农村民生[J]. 旅游学刊（9）：7-8.

赵儒煜，邵昱晔，2011. 要素流动与区际经济增长[J]. 求索（2）：69-71.

赵英丽，2006. 新时期居民国内出游力影响因素研究[J]. 地域研究与开发（2）：52-57.

赵玉林，2008. 产业经济学[M]. 武汉：武汉理工大学出版社：52.

郑若谷，2009. 产业集聚、增长动力与地区差异——入世以来我国制造业的实证分析[J]. 经济管理（12）：14-22.

中国科学院可持续发展战略研究组，2010. 2010 中国可持续发展战略报告——绿色发展与创新[M]. 北京：科学出版社：376.

中国旅游研究院，2012. 中国区域旅游发展年度报告 2010—2011[M]. 北京：中国旅游出版社：27-28.

钟桂芬，2006. 山东省经济发展时空差异分析[J]. 山东师范大学学报：自然科学版（3）：84-87.

钟勉，刘家强，2002. 旅游产业与区域经济发展研究[J]. 西南民族学院学报（10）：194-197.

钟士恩，等，2009. 旅游流空间模式的基本理论及问题辨析[J]. 地理科学进展（5）：705-712.

钟士恩，等，2010. 国外边缘旅游研究进展及其对中国的启示[J]. 旅游学刊（8）：81-88.

仲雷，2004. GIS 支持下的安徽省区域发展均衡性分析[D]. 芜湖：安徽师范大学.

周兵，蒲勇健，2003. 一个基于产业集聚的西部经济增长实证分析[J]. 数量经济技术经济研究（8）：143-147.

周国富，2001. 中国经济发展中的地区差异问题研究[M]. 大连：东北财经大学出版社.

周金荣，2009. 促进区域经济协调发展的财政政策选择研究[J]. 经济与社会发展（7）：39-41.

周民良，1997. 论我国的区域差异与区域政策[J]. 管理世界（1）：174-184.

周四军，张默格，2006. 中国旅游业发展与经济增长的统计分析[J]. 统计与信息论坛（4）：60-63.

周玉翠，齐清文，冯灿飞，2002. 近 10 年中国省际经济差异动态变化研究[J]. 地理研究（6）：781-790.

朱承亮，师萍，岳宏志，等，2011. 人力资本、人力资本结构与区域经济增长效率[J]. 中国软科学（2）：110-119.

朱英明，2009. 区域制造业规模经济、技术变化与全要素生产率——产业集聚的影响分析[J]. 数量经济技术经济研究（10）：3-18.

朱勇，吴易风，1999. 技术进步与经济的内生增长——新增长理论发展述评[J]. 中国社会科学（1）：21-39.

邹东涛，马海霞，2000. 知识经济时代欠发达地区的发展路径[J]. 中国工业经济（1）：27-32.

左大康，1990. 现代地理学词典[M]. 北京：商务印书馆.

(二) 外文文献

ACEMOGLU D, 2008. Introduction to modern economic growth [M]. Princeton NJ: Princeton University Press.

ADVANI N, 1981. International tourism and national development[D]. New York: Connell University: 21.

AGUIGNIER P, 1988. Regional disparity since 1978[M]//Feuchtwang, et al. Transforming Chinas' economy in the eighties: the Urban Sector. London: Zed Books Ltd: 93-106.

ALLCOCK J B, 1986. Yugoslavia's tourism trade: pot of gold or pig in a poke[J]. Annals of Tourism Research, 14: 565-588.

ARCHER, 1980. Tourism multipliers: the state of the Bangor [M]//Occasional papers in economics. Bangor: University of Wales Press.

ASHEIM B, DUNFORD M, 1997. Regional futures[J]. Regional Studies, 3: 445-450.

AYRES R, 2000. Tourism as a passport to development in small states: reflections on Cyprus[J]. International Journal of Social Economics, 27 (2): 114 -133.

BAIDAL J A I, 2003. Regional development policies: an assessment of their evolution and effects on the Spanish tourist model[J]. Tourism Management, 24: 655-663.

BAIDAL J A I, 2004. Tourism planning in Spain: evolution and perspectives[J]. Annals of Tourism Research, 31: 313-333.

BALAGUER J, Cantavella-Jordá M, 2002. Tourism as a long-run economic growth factor: the Spanish case[J]. Applied Economics, 7: 877-884.

BARRO R, SALA-I-MARTIN X, 1992. Convergence [J]. Journal of Political Economy, 100: 223-251.

BAUMOL W J, PRODUCTIVITY, 1986. Growth, convergence and welfare: what the long-run data show[J]. American Economic Review, 76: 1072-1085.

BIANCHI R V, 2004. Tourism Restructuring and the politics of sustainability: a critical view from European periphery (the Canary islands) [J]. Journal of Sustainable Tourism, 6: 495-529.

BRITTON S G, 1982. The Political economy of tourism in the third world[J]. Annals of Tourism Research, 9: 331-358.

BROWN D O, 1998. In search of an appropriate form of tourism for Africa: lessons from the past and suggestions for the future[J]. Tourism Management, 19: 237-245.

BRUN J F, COMBES J L, RENARD M F, 2002. Are there spillover effects between coastal and non-coastal regions in China? [J]. China Economic Review, 13: 161-169.

BRYDEN J, 1973. Tourism and development: a case study of the Commonwealth Caribbean [M]. Cambridge: Cambridge University Press.

BUTLER R W, 1980. The concept of a tourism cycle of evolution[J]. Canadian Geographer, 24: 5-12.

Capó J, FONT A R, NADAL J R, 2007. Dutch disease in tourism economies: evidence from the Balearics and the Canary Islands[J]. Journal of Sustainable Tourism, 15: 615-627.

CHEN Ching-Fu, CHIOU-WEI Song Zan, 2009. Tourism expansion, tourism uncertainty and economic growth: new evidence from Taiwan and Korea[J]. Tourism Management, 30: 812-818.

COOPER M, 1980. The regional importance of tourism in Australia [J]. Australian Geographical Studies, 18: 146-154.

DE KADT E, 1979. Social planning for tourism in the eeveloping countries[J]. Annals of Tourism Research, 6: 36-48.

EDUARDO A, ALEXANDRE A, WILSON R, 2011. Domestic tourism and regional inequality in Brazil[J]. TD Nereus.

EUGENIO-MARTIN J L, MARTIN M N, SCARPA R, 2004. Tourism and economic growth in Latin American Countries: a panel data approach [J]. Fondazione Eni Enrico Mattei, Working Papers: 26.

FESER E, RENSKI H, GOLDSTEIN H, 2008. Clusters and economic development outcomes: an analysis of the link between clustering and industry growth [J]. Economic Development Quarterly, 22.

FUJITA M, HU Dapeng, 2001. Regional disparity in China 1985—1994: the effects of globalization and economic liberalization[J]. Annals of Regional Science, 35: 3-37.

GETIS A, ORD J K, 1992. The analysis of spatial association by use of distance statistics [J]. Geographical Analysis, 3: 180-240.

GOTTLIEB A, 1982. Americans' vacations[J]. Annals of Tourism Research, 9: 165-187.

GUNDUZ L, HATEMI J A, 2005. Is the tourism-led growth hypothesis valid for Turkey? [J]. Applied Economics, 8: 499-504.

Göymen K, 2000. Tourism and governance in Turkey [J]. Annals of Tourism Research, 22: 1025-1048.

HARRISON R, LEITCH C, 1996. Whatever you hit call the target: an alternative approach to small business policy [M]//Danson M. Small firm formation and regional economic development. London: Routledge: 221-247.

HJALAGER A M, 1996. Agricture diversification into tourism: evidence of a European Community development programme[J]. Tourism Management, 17: 103-111.

HOLZNER M, 2011. Tourism and economic development: the beach disease? [J]. Tourism Management, 32: 922-933.

JANSEN-VERBEKE M, SPEE R, 1995. A regional analysis of tourist flows within Europe[J]. Tourism Management, 1: 73-80.

KELLER C P, 1987. Stages of peripheral tourism development: Canada's northwest territories[J]. Tourism Management, 8 (1): 20-32.

KEOGH B, 1985. Social Impacts of outdoor recreation in Canada[M]. Toronto: John Wiley Press.

KIM T J, KNAAP G J, 2001. The spatial dispersion of economic activities and development trends in China: 1952—1985[J]. The Annals of Regional Science, 35: 39-57.

KRAKOVER S, 2004. Tourism development-centres versus peripheries: the Israeli experience during the 1990s[J]. International Journal of Tourism Research: 97-111.

KREAG G, 2001. The impact of tourism [EB/OL]. http://www.seagrant.umn.edu/tourism/pdfs/ImpactsTourism.pdf.

KREUTZWISER R D, 1973. A methodology for estimating tourist spending in Ontario Counties[D]. Unpublished MA thesis, University of Waterloo, Ontario.

LASANTA T, LAGUNA M, VICENTE-SERRANO, 2007. Do tourism-based ski resort contribute to the homogeneous development of the Mediterranean mountains? A case study in the central Spanish Pyrenees[J]. Tourism Management, 28: 1326-1339.

LEA J, 1988. Tourism and development in the third world[M]. London: Routledge.

LEE C G, 2008. Tourism and economic growth: the case of Singapore[J]. Regional and Sectoral Economic Studie, 1: 89-98.

LEE Chien-Chiang, CHANG Chun-Ping, 2008. Tourism development and economic growth: a closer look at panels[J]. Tourism Management, 29: 180-192.

LEE J, WONG D W S, 2001. Statistical analysis with Arc View GIS[M]. New York: John Wiley& SonsInc: 156-164.

LEIPER N, 1979. The framework of tourism: towards a definition of tourism, tourist, and the tourist industry[J]. Annals of Tourism Research, 6: 390-407.

LIARGOVAS P, GIANNIAS D, KOSTANDOPOULOS C, 2007. An assessment of the Community Support Framework (CSF) funding towards the tourist sector: the case of Greece[J]. Regional and Sectoral Economic Studies, 1: 47-66.

LIN S, 2000. Resource allocation and economic growth in China [J]. Economic Inquiry, 38: 515-526.

LIU Z H, 1998. Tourism and economic development: a comparative analysis of tourism in developed and developing Countries[M]//Tisdell C, Roy K C. Tourism and development: economic, social, political and environmental issues. New York: Nova Science Publishers: 21-37.

LONG Gen Ying, 1999. China's changing regional disparities during the reform period[J]. Economic Geography, 75: 59-70.

LUCAS R E, 1988. On the mechanics of economic development[J]. Journal of Monetary Economics, 22: 3-42.

MANKIW N, ROMER, WEIL, 1992. A contribution to the empirics of economic growth [J]. Quarterly Journal of Economics, 107: 407-437.

MANSFELD Y, 1992. From motivation to actual travel[J]. Annals of Tourism Research, 19: 399-419.

MATHIESON A, WALL G, 1982. Tourism: economic, physical and social impacts[M]. London and New York: Longman Group Limited: 14-28, 35-45.

MCGUIRE G, 2002. Trade in service: market access opportunities and the benefits of liberalization for developing economies[M]. United Nations Publications.

MUICA N, TURNOCK D, 2000. Expanding human resources on the Romanian periphery [J]. Geojournal, 50 (1): 181-198.

MURPHY P E, 1985. Tourism: a community approach[M]. New York &London: Methuen: 91.

NARAYAN P K, PRASAD B C, 2003. Does tourism granger causes economic growth in Fiji? [J]. Empirical Economics, 5: 199-208.

NILGUN C Y, 2006. Test for the effect of tourism receipts on economic growth in Turkey: structural break and causality analysis[J]. Dogus University Journal, 2: 162-171.

OH C O, 2005. The contribution of tourism development to economic growth in the Korean economy[J]. Tourism Management, 1: 39-44.

O'HARE G, BARRETT H, 1999. Regional inequalities in the Peruvian tourist industry[J]. The Geographical Journal, 1: 926-946.

PEARCE D, 1989. Tourism development[M]. Harlow, London & New York: Longman: 102-107.

PESSOA A, 2008. Tourism and regional competitiveness: the case of the Portuguese Douro Valley[J]. Revista Portuguesa de Estudos Regionais, 18: 55-75.

PLACE S E, 1991. Nature tourism and rural development in Tortuguero [J]. Annals of Tourism Research, 18: 186-201.

POIRIER R A, 2001. The political economy of tourism in Algeria [M]//Apostolopoulos Y, Loukissas P, Leontidou L. Mediterranean tourism: facets of socioeconomic development and cultural change. London: Routledge: 211-225.

POON A, 1993. Tourism, technology and competitive strategy[M]. [S.l.]: CAB International.

REID D, 2003. Tourism, globalization and development[M]. London: Pluto Press: 71-88.

RISKIN C, 1978. Chinas' political economy: the quest for development since 1949[M]. Oxford: Oxford University Press: 12-98.

RODENBURG E, 1980. The effects of scale in economic development: tourism in Bali[J]. Annals of Tourism Research, 7: 231-244.

ROMER P M, 1986. Increasing returns & long-run growth[J]. Journal of Political Economy, 94: 1002-1037.

SECKELMANN A, 2002. Domestic tourism: a chance for regional development in Turkey? [J]. Tourism Management, 23: 85-92.

SEETANAH B, 2011. Assessing the dynamic economic impact of tourism for island economies[J]. Annals of Tourism Research, 38: 291-308.

SHARPLEY R, TELFER D, 2002. Tourism and development: concepts and issues[M]. Toronto: Channel View Publications: 1-13.

SOUKIAZIS E, PROENCA S, 2008. Tourism as an alternative source of regional growth in Portugal: a panel data analysis at NUTS II and III levels[J]. Portuguese Economic Journal, 7: 43-61.

SUN H, PARIKH A, 2001. Exports, inward Foreign Direct Investment (FDI) and regional economic growth in China[J]. Regional Studies, 35: 187-196.

THOMAS L, LEATHERMAN, et al., 2010. Changes in stature, weight, and nutritional status with tourism-based economic development in the Yucatan [J]. Economics and Human Biology, 2: 153-158.

TOSUN C, 1999. An analysis of contributions of international inbound tourism to the Turkish economy[J]. Tourism Economics, 5: 217-250.

TOSUN C, TIMOTHY D J, Yüksel ztürk, 2003. Tourism growth, national development and regional inequality in Turkey[J]. Journal of Sustainable Tourism, 2&3: 133-161.

TSUI Kai Yuen, 1991. China's regional inequality: 1952—1985 [J]. Journal of Comparative Economics, 15: 1-21.

TURNER L, NASH J, 1975. The golden hordes: international tourism and the leisure periphery[M]. London: Constable.

VAR T, IMAM K Z, 2001. Tourism in Egypt: history, policies, and the state[M]//Apostolopoulos Y, Loukissas P, Leontidou L. Mediterranean tourism: facets of socioeconomic development and cultural change. London: Routledge: 181-196.

WANHILL S, BUHALIS D, 1999. Introduction: challenges for tourism in peripheral areas [J]. International Journal of Tourism Research, 1: 295-297.

WEI Y, LIU X, SONG S, et al., 2001. Endogenous innovation growth theory and regional income convergence in China[J]. Journal of International Development, 13: 153-168.

WHITFORD M, 2009. A framework for the development of event public policy: facilitating regional development[J]. Tourism Management, 30: 674-682.

WILLIAMS A M, SHAW G, 1988. Tourism and economic development: western European experiences [M]. London: Belhaven Press: 167.

YANG D, 1990. Patterns of China's regional development strategy [J]. China Quarterly, 122: 231-257.

YUKSEL F, BRAMWELL B, YUKSEL A, 1999. Stakeholder interviews and tourism planning at Pamukkale, Turkey[J]. Tourism Management, 20: 351-360.